"十三五"国家重点图书出版规划项目

中国社会科学院创新工程学术出版资助项目

新版《列国志》与《国际组织志》联合编辑委员会

主　　任　谢伏瞻
副 主 任　李培林　蔡　昉
秘 书 长　马　援　谢寿光
委　　员（按姓氏音序排列）

陈东晓	陈　甦	陈志敏	陈众议	冯仲平	郝　平	黄　平
贾烈英	姜　锋	李安山	李晨阳	李东燕	李国强	李剑鸣
李绍先	李向阳	李永全	刘北成	刘德斌	刘新成	罗　林
彭　龙	钱乘旦	秦亚青	饶戈平	孙壮志	汪朝光	王　镭
王灵桂	王延中	王　正	吴白乙	邢广程	杨伯江	杨　光
于洪君	袁东振	张倩红	张宇燕	张蕴岭	赵忠秀	郑秉文
郑春荣	周　弘	庄国土	卓新平	邹治波		

列国志 新版

GUIDE TO THE WORLD NATIONS

韩锋 赵江林 编著

PAPUA NEW GUINEA

巴布亚新几内亚

社会科学文献出版社
SOCIAL SCIENCES ACADEMIC PRESS (CHINA)

1 查
  Ja

INDONESIA
印度尼

2
里
甬

3
感

F

巴布亚新几内亚国旗

巴布亚新几内亚国徽

总理府（张明新 摄）

传统小木屋

身着传统民族服饰的儿童［大卫·莫里斯（David Morris）提供］

传统民族欢迎仪式
［大卫·莫里斯（David Morris）提供］

传统民族欢迎仪式（张明新 摄）

海岛景观(太平洋岛国贸易与投资专员署　提供)

海滩风光(太平洋岛国贸易与投资专员署　提供)

出版说明

《列国志》编撰出版工作自1999年正式启动，截至目前，已出版144卷，涵盖世界五大洲163个国家和国际组织，成为中国出版史上第一套百科全书式的大型国际知识参考书。该套丛书自出版以来，受到社会各界的广泛好评，被誉为"21世纪的《海国图志》"，中国人了解外部世界的全景式"窗口"。

这项凝聚着近千学人、出版人心血与期盼的工程，前后历时十多年，作为此项工作的组织实施者，我们为这皇皇144卷《列国志》的出版深感欣慰。与此同时，我们也深刻认识到当今国际形势风云变幻，国家发展日新月异，人们了解世界各国最新动态的需要也更为迫切。鉴于此，为使《列国志》丛书能够不断补充最新资料，更好地服务于社会各界，我们决定启动新版《列国志》编撰出版工作。

与已出版的144卷《列国志》相比，新版《列国志》无论是形式还是内容都有新的调整。国际组织卷次将单独作为一个系列编撰出版，原来合并出版的国家将独立成书，而之前尚未出版的国家都将增补齐全。新版《列国志》的封面设计、版面设计更加新颖，力求带给读者更好的阅读享受。内容上的调整主要体现在数据的更新、最新情况的增补以及章节设置的变化等方面，目的在于进一步加强该套丛书将基础研究和应用对策研究相结合，将基础研究成果应用于实践的特色。例如，增加了各国有关资源开发、环境治理的内容；特设"社会"一章，介绍各国的国民生活情况、社会管理经验以及存在的社会问题，等等；增设"大事纪年"，方便读者在短时间内熟悉各国的发展线索；增设"索引"，便于读者根据人名、地名、关键词查找所需相关信息。

顺应时代发展的要求，新版《列国志》将以纸质书为基础，全面整合国别国际问题研究资源，构建列国志数据库。这是《列国志》在新时期发展的一个重大突破，由此形成的国别国际问题研究与知识服务平台，必将更好地服务于中央和地方政府部门应对日益繁杂的国际事务的决策需要，促进国别国际问题研究领域的学术交流，拓宽中国民众的国际视野。

新版《列国志》的编撰出版工作得到了各方的支持：国家主管部门高度重视，将其列入"'十二五'国家重点图书出版规划项目"；中国社会科学院将其列为创新工程学术出版资助项目，王伟光院长亲自担任编辑委员会主任，指导相关工作的开展；国内各高校和研究机构鼎力相助，国别国际问题研究领域的知名学者相继加入编辑委员会，提供优质的学术指导。相信在各方的通力合作之下，新版《列国志》必将更上一层楼，以崭新的面貌呈现给读者，在中国改革开放的新征程中更好地发挥其作为"知识向导"、"资政参考"和"文化桥梁"的作用！

新版《列国志》编辑委员会
2013 年 9 月

前　言

自 1840 年前后中国被迫开关、步入世界以来，对外国舆地政情的了解即应时而起。还在第一次鸦片战争期间，受林则徐之托，1842 年魏源编辑刊刻了近代中国首部介绍当时世界主要国家舆地政情的大型志书《海国图志》。林、魏之目的是为长期生活在闭关锁国之中、对外部世界知之甚少的国人"睁眼看世界"，提供一部基本的参考资料，尤其是让当时中国的各级统治者知道"天朝上国"之外的天地，学习西方的科学技术，"师夷之长技以制夷"。这部著作，在当时乃至其后相当长一段时间内，产生过巨大影响，对国人了解外部世界起到了积极的作用。

自那时起中国认识世界、融入世界的步伐就再也没有停止过。中华人民共和国成立以后，尤其是 1978 年改革开放以来，中国更以主动的自信自强的积极姿态，加速融入世界的步伐。与之相适应，不同时期先后出版过相当数量的不同层次的有关国际问题、列国政情、异域风俗等方面的著作，数量之多，可谓汗牛充栋。它们对时人了解外部世界起到了积极的作用。

当今世界，资本与现代科技正以前所未有的速度与广度在国际流动和传播，"全球化"浪潮席卷世界各地，极大地影响着世界历史进程，对中国的发展也产生极其深刻的影响。面临不同以往的"大变局"，中国已经并将继续以更开放的姿态、更快的步伐全面步入世界，迎接时代的挑战。不同的是，我们所面临的已不是林则徐、魏源时代要不要"睁眼看世界"、要不要"开放"的问题，而是在新的历史条件下，在新的世界发展大势下，如何更好地步入世界，如何在融入世界的进程中更好地维护民族国家的主权与独立，积极参与国际事务，为维护世界和平，促进世界与人类共同发展做出贡献。这就要求我们对外部世界有比以往更深切、全面的了解，我们只有更全面、更深入地了解世界，才能在更高的层次上融入世界，也才能在融入世界的进程中不迷失方向，保持自我。

与此时代要求相比，已有的种种有关介绍、论述各国史地政情的著述，无论就规模还是内容来看，已远远不能适应我们了解外部世界的要求。人们期盼有更新、更系统、更权威的著作问世。

中国社会科学院作为国家哲学社会科学的最高研究机构和国际问题综合研究中心，有11个专门研究国际问题和外国问题的研究所，学科门类齐全，研究力量雄厚，有能力也有责任担当这一重任。早在20世纪90年代初，中国社会科学院的领导和中国社会科学出版社就提出编撰"简明国际百科全书"的设想。1993年3月11日，时任中国社会科学院院长的胡绳先生在科研局的一份报告上批示："我想，国际片各所可考虑出一套列国志，体例类似几年前出的《简明中国百科全书》，以一国（美、日、英、法等）或几个国家（北欧各国、印支各国）为一册，请考虑可行否。"

中国社会科学院科研局根据胡绳院长的批示，在调查研究的基础上，于1994年2月28日发出《关于编纂〈简明国际百科全书〉和〈列国志〉立项的通报》。《列国志》和《简明国际百科全书》一起被列为中国社会科学院重点项目。按照当时的

前　言

计划，首先编写《简明国际百科全书》，待这一项目完成后，再着手编写《列国志》。

1998年，率先完成《简明国际百科全书》有关卷编写任务的研究所开始了《列国志》的编写工作。随后，其他研究所也陆续启动这一项目。为了保证《列国志》这套大型丛书的高质量，科研局和社会科学文献出版社于1999年1月27日召开国际学科片各研究所及世界历史研究所负责人会议，讨论了这套大型丛书的编写大纲及基本要求。根据会议精神，科研局随后印发了《关于〈列国志〉编写工作有关事项的通知》，陆续为启动项目拨付研究经费。

为了加强对《列国志》项目编撰出版工作的组织协调，根据时任中国社会科学院院长的李铁映同志的提议，2002年8月，成立了由分管国际学科片的陈佳贵副院长为主任的《列国志》编辑委员会。编委会成员包括国际片各研究所、科研局、研究生院及社会科学文献出版社等部门的主要领导及有关同志。科研局和社会科学文献出版社组成《列国志》项目工作组，社会科学文献出版社成立了《列国志》工作室。同年，《列国志》项目被批准为中国社会科学院重大课题，新闻出版总署将《列国志》项目列入国家重点图书出版计划。

在《列国志》编辑委员会的领导下，《列国志》各承担单位尤其是各位学者加快了编撰进度。作为一项大型研究项目和大型丛书，编委会对《列国志》提出的基本要求是：资料翔实、准确、最新，文笔流畅，学术性和可读性兼备。《列国志》之所以强调学术性，是因为这套丛书不是一般的"手册""概览"，而是在尽可能吸收前人成果的基础上，体现专家学者们的研究所得和个人见解。正因为如此，《列国志》在强调基本要求的同时，本着文责自负的原则，没有对各卷的具体内容及学术观点强行统一。应当指出，参加这一浩繁工程的，除了中国社会科学院的专业科研人员以外，还有院外的一些在该领域颇有研究的专家学者。

现在凝聚着数百位专家学者心血，共计141卷，涵盖了当今世界151个国家和地区以及数十个主要国际组织的《列国志》丛书，将陆续出版与广大读者见面。我们希望这样一套大型丛书，能为各级干部了解、认识当代世界各国及主要国际组织的情况，了解世界发展趋势，把握时代发展脉络，提供有益的帮助；希望它能成为我国外交外事工作者、国际经贸企业及日渐增多的广大出国公民和旅游者走向世界的忠实"向导"，引领其步入更广阔的世界；希望它在帮助中国人民认识世界的同时，也能够架起世界各国人民认识中国的一座"桥梁"，一座中国走向世界、世界走向中国的"桥梁"。

《列国志》编辑委员会
2003年6月

第一版导言

随着时间的流逝，中国在快速发展，巴布亚新几内亚也在进步，其结果是在中国人眼中过去那个遥远而模糊的神秘国家——巴布亚新几内亚，近些年来越来越"靠近"我们，并变得越来越清晰。报纸、电视、广播等媒体中时常出现有关巴布亚新几内亚的报道。然而，当我们真的想要仔细了解当今的巴布亚新几内亚时，却发现国内介绍和解读巴布亚新几内亚国家的材料奇缺，而且非常简单、零散和陈旧。正好此时中国社会科学院在其重大课题——《列国志》系列丛书项目中将巴布亚新几内亚增补为"成员国"，使得我们有幸看到巴布亚新几内亚成为中国人观察和看待国际社会大家庭的一员。

巴布亚新几内亚属于亚洲太平洋研究所的"管辖"范围，任务自然被布置到了单位，单位又让我们承接了下来。项目启动之后我们深感要将平时所积累的材料汇聚为一本系统描述巴布亚新几内亚的书是远远不够的。相比于亚洲地区的其他发展中国家（根本不用与发达国家比）的现有研究和基础资料，国内有关巴布亚新几内亚的学术专著几乎是空白，公开发表的综合研究成果也基本是空白，在完成文献检索工作之后我们的脑子也跟着变成了一片空白。幸好我们研究所有过亚太地区研究的长期积累，又有领导和同事的热情支持和细心帮助，我们分工协作、齐心协力，经过努力，终于在各类中外的相关研究、报道、介绍、政府文件和出版物、国际组织出版物等零碎纷繁材料的基础上，一点点地筛选出符合《列国志》写作要求和内容体系的"建筑材料"，最终搭建起了这个略显粗糙的"小屋"（相对于《列国志》项目中的其他国家，巴布亚新几内亚卷的篇幅要小）。尽管如此，我们还是希望这本书能够有助于去除中国系统观察世界视角中的一个盲点，并为今后更加严谨和系统从事巴布亚新几内亚的国别研究提供一些参考。

在整个编写过程中，我们得到了多方的支持和帮助。这里首先要感谢的是我们所在的中国社会科学院亚洲太平洋研究所对本项目的支持，特别要真诚感谢我们的同事：图书馆馆长赵源女士为全书收集了大量资料，并编写了附录部分（包括"大事记"、"中国与巴布亚新几内亚关系大事年表"以及附录中的重要文献），杨丹志博士和邢伟先生分别为本书的"布干维尔"和"旅游"部分写作提供了大力帮助；还要感谢我院科研局把《列国志》项目的《巴布亚新几内亚卷》交给了我们，使我们有机会在艰苦劳动之后，看到了有益的工作成果；同时要感谢社会科学文献出版社为本书出版提供的帮助，特别是范迎女士耐心细致的工作，为书稿最终成书付出的辛勤劳动；最后要感谢的是巴布亚新几内亚驻华使馆对本书的关注和帮助，书中多彩靓丽的图片来自巴布亚新几内亚大使馆的慷慨赠送。

巴布亚新几内亚是大洋洲地区除澳大利亚之外的最大国家，如果考虑到澳大利亚具有的殖民和移民的国家背景，巴布亚新几内亚应该是大洋洲最大的"土著"国家。这决定了其在大洋洲地区政治、经济和社会合作中的重要地位；巴布亚新几内亚还通过较长的陆地边界，与东南亚最大的国家印度尼西亚接壤，成为东南亚地区与大洋洲之间地理和心理上的合作桥梁；中国与巴布亚新几内亚关系近年来飞速发展，是我国加强周边地区合作的结果，也是大洋洲加紧与东亚合作的结果。如今巴布亚新几内亚以其优越的地理位置、丰富的自然资源、悠久的历史文化、众多的国际交往、巨大的发展潜力和复杂的社会结构成为东亚和大洋洲，乃至世界所瞩目的对象。巴布亚新几内亚正处在工业化的初始阶段，古老与开放、传统与现代、发展与平衡、部落与城市、习惯与法制、裸体与西装等巨大反差现象比比皆是。自然经济与工业发展、传统文化与外来文明、土著迷信与主流宗教正在寻求社会中的均衡点。这样全面的社会变革时代要求相关研究要更加前沿、前卫和前瞻。然而，对于巴布亚新几内亚现状研究在我国就如同巴布亚新几内亚的工业化一样，也是处在起步阶段。今后我们将会

第一版导言

继续从事有关巴布亚新几内亚的国别研究,也真切希望能够同各领域的同行进行交流,加强合作;与此同时,也真切期待对《巴布亚新几内亚》一书进行坦诚的学术批评和评论。我们深知由于我们水平有限以及种种客观因素的限制,书中一定会存在诸多疏漏,甚至错误,恳请阅读者不吝赐教和指正。

编著者　韩锋
中国社会科学院亚洲太平洋研究所
2011年5月1日

第二版导言

今年《列国志·巴布亚新几内亚》修订再版,感谢我同事李志斐和张中元副研究员对2012年版的《列国志·巴布亚新几内亚》进行适当补充和全面升级,还要感谢刘磊在修改编辑合成方面的协助。无疑,修改的全过程都得到了社会科学文献出版社编辑们的指导、支持和帮助。尽管本书有所更新,但我们仍然期望同行和读者在阅读过程中,一如既往地指出书中的不足、问题或瑕疵,以便我们改进和提高。

编著者 韩锋

中国社会科学院亚太与全球战略研究院

2017年5月7日

CONTENTS

第一章　概　　览 / 1

第一节　国土与人口 / 1
一　地理位置与国土面积 / 1
二　地形与气候 / 1
三　行政区划 / 3
四　人口、民族、语言 / 10
五　国旗、国徽、国歌 / 12
六　首都简介 / 13

第二节　宗教与民俗 / 15
一　宗教 / 15
二　民俗 / 16
三　节日 / 17

第三节　特色资源 / 18
一　矿产资源 / 18
二　农业资源 / 21
三　珍稀动物 / 21
四　土地资源 / 25

第二章　历　　史 / 27

第一节　早期历史 / 27
第二节　近代殖民史 / 28
第三节　现代独立史 / 29
第四节　迈向现代经济的当代史 / 30

CONTENTS

第五节 著名历史人物 / 32
 一 总督保莱阿斯·马塔内 / 32
 二 西拉斯·阿托帕尔爵士 / 32
 三 总理迈克尔·索马雷 / 33
 四 华裔总理陈仲民 / 34
 五 其他人物 / 37

第三章 政 治 / 39

第一节 政治体制 / 39
 一 国家元首 / 40
 二 议会 / 42
 三 政府 / 43

第二节 政府机构 / 44
 一 中央政府 / 44
 二 省级政府 / 47

第三节 司法制度 / 47
 一 最高法院 / 48
 二 国家法院 / 49
 三 地方法院 / 50

第四节 政党与团体 / 53
 一 政党 / 53
 二 群众团体 / 55

第五节 军事 / 56
 一 总体特点 / 56

CONTENTS

　　二　国防体制 / 57

　第六节　布干维尔危机及布干维尔和平进程 / 60

第四章　经　济 / 65

　第一节　概述 / 66

　　一　经济发展阶段 / 66

　　二　经济发展特征 / 67

　　三　经济增长中存在的主要问题 / 70

　　四　中长期发展战略 / 74

　第二节　产业结构 / 79

　　一　概况 / 79

　　二　农业 / 83

　　三　工业 / 92

　　四　服务业 / 99

　　五　主要大企业 / 102

　　六　矿业管理 / 103

　第三节　旅游业 / 107

　　一　旅游业发展概况 / 107

　　二　旅游资源 / 110

　　三　旅游管理 / 116

　　四　未来发展 / 118

　第四节　基础设施 / 122

　　一　交通运输 / 123

　　二　邮电通信 / 130

CONTENTS

  三　电力供应 / 131

 第五节　财政与金融 / 133

  一　财政体制 / 133

  二　金融体制与货币 / 138

 第六节　对外经济关系 / 143

  一　对外经济政策 / 144

  二　对外贸易 / 145

  三　外资 / 148

  四　外债 / 151

  五　国际收支与外汇储备 / 154

  六　贸易管理制度 / 155

  七　外资政策涉外法律 / 159

  八　商业投资环境评估 / 168

第五章　社会与文化 / 175

 第一节　国民生活 / 175

  一　物价 / 175

  二　就业 / 177

  三　工资 / 178

  四　居住条件 / 179

  五　税收 / 179

  六　社会治安 / 182

 第二节　医疗卫生 / 184

 第三节　教育 / 187

CONTENTS

  一　基础教育 / 187
  二　中等教育 / 188
  三　灵活、开放的远程教育（FODE）/ 188
  四　技术和假期教育培训（TVET）/ 188
  五　高等教育 / 189
 第四节　艺术与传媒 / 189

第六章　外　交 / 193

 第一节　外交政策 / 193
 第二节　与南太平洋地区国家的关系 / 194
  一　与澳大利亚的关系 / 195
  二　与新西兰的关系 / 199
 第三节　与欧美国家的关系 / 200
  一　与美国的关系 / 200
  二　与欧洲国家的关系 / 201
 第四节　与亚洲国家的关系 / 202
  一　同东盟国家的关系 / 202
  二　同日本的关系 / 203
  三　同韩国的关系 / 205
 第五节　与中国的关系 / 205
  一　双边政治关系 / 206
  二　双边经济关系 / 208
  三　科技、文化、卫生关系 / 216
  四　抗战华工 / 216

CONTENTS

大事纪年 / 219

附录一　中国和巴布亚新几内亚关系大事年表 / 233

附录二　重要文件 / 241

参考文献 / 247

索　　引 / 249

第一章
概　览

第一节　国土与人口

一　地理位置与国土面积

巴布亚新几内亚（The Independent State of Papua New Guinea）地处赤道以南，位于太平洋西南部。西与印度尼西亚的巴布亚省接壤，南隔托雷斯海峡与澳大利亚相望，东南面与所罗门群岛一衣带水，东面距离3000公里是瑙鲁；北面距离3000公里有美国关岛、密克罗尼西亚和马绍尔群岛。

巴布亚新几内亚地处亚洲和大洋洲水路交通要道，是南、北太平洋的交汇点，连接南太地区与东南亚各国的桥梁，战略位置重要。

巴布亚新几内亚国土面积为462840平方公里，海岸线全长8300公里，包括200海里专属经济区在内的水域面积达240多万平方公里，是个多山国家，海岸边是低地和小丘，西南海岸是世界最大的沼泽地之一。

巴布亚新几内亚全境共有600多个岛屿，主要包括新不列颠岛、新爱尔兰岛、马努斯岛、布干维尔岛等。

巴布亚新几内亚处于东十区，时间比北京时间早2小时，无夏令时。

二　地形与气候

1. 地形

巴布亚新几内亚地形复杂，地处环太平洋西侧的地壳不稳定带，多火山和地震。新几内亚岛东半部山岭重叠，主要山脉大致呈西北—东南走向。中部偏西地区以马勒山脉为主，峰峦峭壁，高原深谷，相互交错，最高峰威廉山，海拔4508米。沿东南方向看高度逐渐降低，山地宽度逐渐变窄，形成东南半岛的欧文斯坦利岭，经东南端的海角，延伸为狭长岛屿。除山地外，北部沿海有狭窄平原和不少优良港湾，中央区以南和巴布亚湾以西则有广阔的沼泽低地。其他岛屿多数地形崎岖多山，只有沿海有小片平原。全境多死火山，伴有温泉、间歇泉、喷气孔等。有的地方常遭遇地震和火山喷发，自然灾害严重。

2. 河流

新几内亚岛东部的较大河流都发源于中部山地，分向南北流注海洋。河身都较短小，没有航运之利，但在中上游多湍流瀑布，拥有丰富的水力资源。由于强烈的淋溶作用和严重的水土流失，大部分土壤土层很薄，肥力较差。只有在沿海低地和山间盆地的近代沉积或由火山灰上发育的土壤，肥力较大，较宜农耕。

位于西南部的弗莱河，发源于马勒山脉南坡，流量最大，流程长达1000多公里，中下游蜿蜒曲折，流经西南部的沼泽平原，然后注入巴布亚湾，河口宽广，海潮可上溯100多公里。

塞皮克河是（Sepik River）巴布亚新几内亚西北部主要河流，同时也是该国最长的河流，也是全球最大的河流系统之一。塞皮克河主要流经巴布亚新几内亚的桑道恩和东塞皮克省，也流经印度尼西亚的巴布亚省，是亚太地区最大的未受污染的淡水湿地生态系统。塞皮克河的源头在巴布亚新几内亚与印度尼西亚伊里安查亚接壤的中央山脉北坡，向东北蜿蜒曲折流经山区后注入俾斯麦海。塞皮克河全长1100公里，乘船上溯可达480公里，其最大支流为波特（Potter）河。这里汇集了许多河流、牛轭湖、支流、死水、沼泽、湖泊和人工渠道等，虽然没有三角洲，水力也不大，但沿岸孕育了许多村庄，可谓珍贵的原始艺术。如卡姆巴拉巴（Kambaramba）村以及其他地方，房屋都是建立在高跷上的，以免水浸；而且在这里，独木舟至今仍是当地的主要运输工具。游客来此，可巡航游。世代以来，都是进入内陆地区的贸易航线之一。

第一章 概　览

普拉里河是巴布亚新几内亚的主要河流之一。它有超过 33670 平方公里的泄水区，年平均排入巴布亚湾的流量是 2667 立方米/分钟，年最大流量为 10500 立方米/分钟。普拉里河的许多支流通过中心山脉的很多座山将水排入普拉里河。山区的年降雨量超过 8000 毫米。普拉里河的支流在群山中蜿蜒穿行，直到河流主干离开这里，河水继续流过 150 公里左右的平坦低地，然后通过一个三角洲平原进入大海。低地地区森林密集，密布携带疟疾病毒的蚊子，并且不被外界所知。

拉姆河是在巴布亚新几内亚北部的河流。河的上游形成于克拉克（Kratke）地区，然后从那里向西北部延伸约 640 公里（398 英里），流入俾斯麦海。整条河流汇集了来自俾斯麦北部、南部芬尼斯特雷和阿德尔贝特区域的众多支流。

3. 气候

巴布亚新几内亚在赤道与南纬 12°之间，大部分地区属赤道多雨气候和热带湿润气候，终年高温多雨。但由于风向季节性变换、海拔高度与坡向的影响，各地区之间的气候差异很大。在沿海低平地区，年平均气温在 25℃~30℃，冬夏温度变化不大；随着海拔的增高，温度相应降低，高山顶部也会有霜和雪的气候。沿海地区年平均降水量 1000~2000 毫米，中部高山地区年降水量可达 3000~4000 毫米。每年 1~4 月西北风盛行，为多雨季节；5~8 月转为东南信风，雨水相对稀少，为干燥季节；9~12 月，雨水适度。全国绝大部分地区都具有植物生长期长、雨水充足的气候条件，有利于农业发展。

海拔 1000 米以上属山地气候，其余属热带气候。5~10 月为旱季，11~4 月为雨季，沿海地区平均温度 21.1℃~32.2℃。山地地区比沿海地区温度要低 5℃~6℃，年平均降水量 2500 毫米。

三　行政区划

巴布亚新几内亚全国划分为 20 个省，另设布干维尔（Bougainville）自治区及首都行政区（莫尔兹比港市 Port Moresby）。根据巴布亚新几内亚政府 1997 年《省政府行政管理法》（1997 年第 7 号），各省都有自己独立的政府和议会，分别依照巴布亚新几内亚的组织法规定的程序产生，包括省长。各省人民地位平等，享有宪法所规定的宗教、思想意识和言论自由；有政治权选择。特别规定妇女有完全的政治权利，可以参加政治选举，也可以当选省议员。

每个省下属若干个行政区，巴布亚新几内亚全国共有将近80个区，每个区又下辖一些自然村。各主要省的基本情况如下。

中央省：位于巴布亚新几内亚的南部海岸，一直延伸到内陆。中央省水资源丰富，盛产各种鱼类、蔬菜和木材，主要供应首都莫尔兹比港的市民。实际上，首都莫尔兹比港地理上就在中央省地区内。省内交通运输以公路为主。省内还有著名的金矿吐鲁库玛（Tolokuma）。莫图人（motu）居住在海边，用海产品与东部海湾的人进行贸易，主要集中在每年9月Hiri节的集市期间。内地则居住着廊塔布人（Koitabu）和莫图人。他们用种植的蔬菜来交换鱼类和贝类。廊塔布人居住在山上，他们的传统领地里现在设有国家公园和水坝。中央省下辖4个区，13个政府机构，全省人口18万多。中央省连接着巴布亚新几内亚的南、北海岸，是徒步运动理想的地方。同时因为战略地位重要，第二次世界大战中也是主要的战场之一，现在第二次世界大战战场遗迹游览已经成为该省的特色。

东高地省：东高地省是巴布亚新几内亚东部的高原内陆省份，北边有马当省，南边有南部海湾。东高地省以有传统的、全能的、半人半神的诺库迪（NOKONDI）的保佑为自豪。东高地省盛产阿拉伯咖啡。当地特有的文化——原汁原味的舞蹈和表演闻名于世。此外，还有丰富的矿藏，开采前景很好，将会给该省带来发展和就业机会。东高地省下辖8个区，有11个地方政府部门，全省人口57.9万左右。

东新不列颠省：东新不列颠省位于新不列颠岛的东部，以著名的拉包尔老城为标志，但现在被火山灰所覆盖。目前的省府科科波城（Kokopo Town）是一座发展迅速和非常现代化的中心城市，该省有自己的机场（Tokua）作为门户。全省以农业为主，盛行天主教。全省共有4个区，18个地方政府，人口22万。

恩加省：恩加省曾经是富庶的高原省，因为有丰富的矿藏，特别是黄

第一章 概 览

金矿储量巨大。恩加省的金矿是世界上最重要的黄金矿之一，第二次世界大战前就开始开采。但是恩加省经济总体还是处在农业社会时期。因为位于山区，气候比较凉爽。全省共分5个区，14个政府机构。在2000年人口普查时，恩加省的总人口近30万。

东塞皮克省：东塞皮克省是巴布亚新几内亚前任总理索马雷的家乡。著名的塞皮克河穿过东塞皮克省。全省下辖6个区，有26个地方政府机构，全省人口34万人（2000年）。东塞皮克省出产香草，主要用于出口。同时东塞皮克省的旅游业发达，除了古代遗迹和传统文化之外，还有现代的旅游项目，例如，冲浪、潜水等。省内公路交通和航空都很方便。此外，木雕和传统的建筑也很著名。

海湾省：海湾省有广阔的沼泽和海岸平原，海产丰富，例如，螃蟹、海虾等。山区盛产木材。巴布亚新几内亚石油资源被发现后，输油管道经过海湾省，交通以航空和水运为主。全省分2个区，有10个地方政府机构。全省总人口11万人。

马当省：在巴布亚新几内亚，马当省既是个美丽富饶的地方，又是经济大省，制造业和旅游业发达，马当市是所在地，正在迅速成为现代都市。马当省与东塞皮克省和莫罗贝省相邻，地形多样，有山地、溪流、平原、海岸和火山岛，未开发的雨林中自然野生动物资源丰富，有"鸟的伊甸园"之称和高山牧草。马当省还有供巴布亚新几内亚全国人民食用的糖产地。马当省有公路与邻省相连。马当省下辖6个行政区，有16个地方政府部门，全省总人口约为37万人。

马努斯省：马努斯省是巴布亚新几内亚俾斯麦海上的一个岛屿省份，也是巴布亚新几内亚最小的一个省，与巴布亚新几内亚大陆分离，下属12个地方政府部门，总人口4万多人。马努斯人生活在海上，依靠海中资源为生。种植和打鱼是基本的生存手段。省府洛伦高城（Lorengau）是全岛唯一的港口，因此，洛伦高城也是全省的燃油供应、物资储备、通信和银行中心。船是最重要的交通工具，即便是居住在岛内深处的居民，也要先走到海边，然后乘船出行。

米尔恩湾省：米尔恩湾省位于巴布亚新几内亚的东部，是美丽的热带岛屿省，分 4 个区，有人口 21 万人。米尔恩湾省物产充足，人民祥和。首府阿洛陶是全省的行政中心，有 16 个地方政府部门。省议会有 4 名议员分别代表 4 个区，省长经过选举产生。米尔恩湾省海产品丰富，例如，鱼、海参、虾、贝类和珍珠等。除了粮食之外，种植业生产还包括一些经济作物，例如，棕榈油、椰子肉干、可可粉、香草等。米尔恩湾省是天然的旅游胜地，人和动物都十分友善，岛上旅游设施齐全，可以满足旅游者的需要。此外，岛上的传统文化展示和地方节日也是吸引游客和宣传当地传统价值的最好时机和舞台。

莫罗贝省：莫罗贝省位于巴布亚新几内亚的北部海岸，人口众多，文化差异和地理差异巨大。莫罗贝内陆主要是发展农业和种植业，在山里有林业和矿业，高原生产茶，平原又有畜牧业和水稻种植业。莫罗贝的教育比较发达，拥有巴布亚新几内亚理工大学、瓦（Wau）生态学院、柏罗普（Balop）师范学院等一批学校，可以说是巴布亚新几内亚人力资源的摇篮。省府莱城不仅是政治重镇，也是工业港口城市，制造业、钢铁、储运、服务业都很发达。莫罗贝下辖 9 个区和 28 个政府部门。全省人口 54 万。

新爱尔兰省：新爱尔兰省位于东新不列颠省以北，由新爱尔兰大陆和两个主岛，以及一些小的火山岛群组成。新爱尔兰省的生活是和太阳、沙滩和大海紧密相连。卡维恩（Kavieng）是全省的首府，下辖 2 个区，有 9 个地方政府，人口 12 万。伐木、农耕、打鱼和采矿是新爱尔兰省主要的经济活动。此外，新爱尔兰省还在开发旅游业，利用第二次世界大战的遗址资源，以及冲浪、潜水等水上项目吸引来自世界各地的游客。

北部省：北部省位于欧文·斯坦利山脉北麓，一直延伸到莫罗贝省和米尔恩湾省之间的所罗门海。波蓬德塔（Popondetta）是北部省的省府。北部省的首府曾经在哈咖图拉（Higaturu），因在 1951 年的火山爆发中被毁，省府才迁至波蓬德塔。北部省下辖 2 个区，8 个地方政府，人口 13.3 万（2000 年）。由于处在火山地区，土壤适宜一些经济作物生长，例如，油棕榈、咖啡、椰子、可可等，它们成为该省的重要经济来源。旅游观光也是重要的产业，北部省有美丽的海岸和人迹罕至的渔场。此外，第二次世界大战的遗迹也十分丰富，其中著名的科科达小道（Kokoda Trail）就位于北

第一章 概 览 Papua New Guinea

部省和中央省之间。北部省内有世界上最大的蝴蝶——亚历山大鸟翼蝶，是巴布亚新几内亚的独有品种，而这种蝴蝶只有在北部省才可以看到。

钦布省：钦布省是位于巴布亚新几内亚中部的小省，全省一半以上的面积是山地，但是钦布省人口相对稠密，全省居住着26万人，山区农业种植是主要的经济形态。此外，还有家畜养殖，其中生猪屠宰非常重要，猪肉可以交换食品，也是婚姻和其他仪式不可缺少的组成部分。钦布省下辖2个区，有19个地方政府。

桑道恩省：桑道恩省也称西塞皮克省，位于巴布亚新几内亚西部，靠近与印度尼西亚边界，首府瓦尼莫（Vanimo）。桑道恩省下辖4个区，人口接近19万。桑道恩省既有热带雨林地区，又有平原和低地。由于地形复杂，交通不便。桑道恩在当地语言中是日落的意思，桑道恩省美丽的人文和自然景观是吸引游客的资本。游客还可以凭有效证件和签证，从印度尼西亚边境入境。

西部省：西部省是个内陆省份，地形走向是随星星山的水汇集的河流流淌，经湿地直至巴布亚湾。西部与印度尼西亚相邻。西部省的省府是达鲁（Daru）市，坐落在岛上。全省分为3个区，有14个地方政府，人口15万人。西部省出产海产品、矿产品，还有木材。

西高地省：西高地省是在巴布亚新几内亚高原地区的中部，因此也是高原地区的经济和商业中心。西高地省出产咖啡和茶，是西高地省的主要经济来源。西高地省的居民多以部族集中居住，并举行活动。不仅保持了传统文化和风俗习惯，还形成了地区特色。各部族之间交换产品成为重要的传统仪式。省府是芒特哈根（Mount Hagen）。

西新不列颠省：西新不列颠省位于新不列颠岛西部，以盛产油棕榈而闻名。西新不列颠西部是热带雨林，木材生产是当地居民的主要收入。西新不列颠省分为2个区，有11个政府机构，全省人口18.5万左右。省府金贝（Kimbe）城是该省的行政中心。

布干维尔自治区：布干维尔自治区位于巴布亚新几内亚东部的海岛上。农业和矿业资源丰富，曾经是巴布亚新几内亚可可、椰肉干等产品的主要产地，大型铜矿为独立时期的巴布亚新几内亚政府提供了巨大支持。后来由于所有权争议和武装冲突，长时间出现动荡。现在布干维尔人民希望通过自治来改善生活。布干维尔自治区首府是阿拉瓦（Arawa）。

南高地省：南高地省省府门迪（Mendi），人口约54万。①

赫拉省：省府是塔里。该省面积10498平方公里，人口249449人（2011年人口普查数字）。该省于2012年5月17日正式生效，其中包括前南部高原省的三个地区。赫拉省自然资源丰富，拥有多个自然资源开采项目。目前最大的项目包括PNG液化天然气项目，源皮区、安哥尔、库图布、莫罗、莫兰和曼达达油田。当地还拥有印度支那矿业公司经营的凯尔金矿项目。此外，该省拥有世界十大金矿之一的波尔赫拉（Porgera），二十多年来产量已超过五十万盎司/年，在卡莱山附近开发重要的基础设施，包括道路和电力设施，波尔赫拉是一个高品位的地下矿井，后来开发了开放式作业，现在已经超过500米深。塔达卡山黄金矿勘探也在进行。

吉瓦卡省：省府班兹。全省占地面积4798平方公里，居民人数为343987人（2011年人口普查数字，2000人口普查居民人数为185641人）。该省于2012年5月17日正式生效，其中包括西部高地省以前的三个区。境内威廉山，是巴布亚新几内亚最高的山脉，位于吉瓦卡省的边界地区。境内拥有库布图石油项目，该项目是巴布亚新几内亚第一个商业油田开发项目，位于巴布亚新几内亚南部高原，项目名称以附近的库图布湖为名。1986年，首次在库图布被发现在伊加福砂岩结构中，石油商业生产始于1992年6月。该省有黄金勘探项目，但具体储量并未确认。库图布产量在1993年达到13万桶。尽管石油搜索的盈利能力仍然很强，但库图布石油项目由于自然现场枯竭而进入衰退阶段。然而，过去几年来为了遏制生产下滑所做的努力，通过加压等措施实现了增产。截至2013年12月31日，石油勘探公司测绘认为库图布剩余储量为1870万桶。

各省份基本情况见表1-1。

---

① 巴布亚新几内亚政府网站《各省资料》，http：//www.igr.gov.pg/。

第一章 概览 Papua New Guinea

表1-1 巴布亚新几内亚的省份

	省份名称	首府	面积（平方公里）	人口（2011年）
1	中央（Central）	莫尔兹比港（Port Moresby）	29998	269756
2	钦布（Simbu 或 Chimbu）	孔迪亚瓦（Kundiawa）	6112	376473
3	东高地（Eastern Highlands）	戈罗卡（Goroka）	11157	579825
4	东新不列颠（East New Britain）	科科波（Kokopo）	15274	328369
5	东塞皮克（East Sepik）	韦瓦克（Wewak）	43426	450530
6	恩加（Enga）	瓦巴格（Wabag）	11704	432045
7	海湾（Gulf）	凯里马（Kerema）	34472	158194
8	马当（Madang）	马当（Madang）	28886	493906
9	马努斯（Manus）	洛伦高（Lorengau）	2000	50231
10	米尔恩湾（Milne Bay）	阿洛陶（Alotau）	14345	276512
11	莫罗贝（Morobe）	莱城（Lae）	33705	674810
12	新爱尔兰（New Ireland）	卡维恩（Kavieng）	9557	194067
13	北部（Northern）	波蓬德塔（Popondetta）	22735	186309
14	布干维尔自治区 Bougainville	布卡（Buka）	9384	249358
15	南高地（Southern Highlands）	门迪（Mendi）	15089	510245
16	西部（Western）	达鲁（Daru）	98189	201351
17	西高地（Southern Highlands）	芒特哈根（Mount Hagen）	4299	362850
18	西新不列颠（West New Britain）	金贝（Kimbe）	20387	264264
19	桑道恩（Sandaun or West Sepik）	瓦尼莫（Vanimo）	35820	248411
20	首都区（National Capital District）	莫尔兹比港（Port Moresby）	240	364125
21	赫拉（Hela）	塔里（Tari）	10498	249449
22	吉瓦卡（Jiwaka）	班兹（Banz）	4798	343987

资料来源：《巴布亚新几内亚的省》，http：//www.worldlingo.com/ma/enwiki/zh_cn/Provinces_of_Papua_New_Guinea。

根据地理位置，巴布亚新几内亚全国被划分成四个地区。

高原地区：包括钦布、东高地、恩加、赫拉、吉瓦卡、南高地和西高地等省份。

海岛地区：包括东新不列颠、马努斯、新爱尔兰、布干维尔自治区和西新不列颠等地。

莫马塞地区：包括东塞皮克、马当、莫罗贝和桑道恩（西塞皮克）等地。

巴布亚地区：包括中央、海湾、米尔恩湾、北部、西部和首都区等地。

四　人口、民族、语言

1. 人口

据联合国统计，2017年巴布亚新几内亚人口为793.3840万人，是世界上人口密度最低的国家之一，人口密度为17人/平方公里。该国人口不多，但增长率较高（如图1-1和图1-2所示）。2013年人口为732.1万。城市人口占15%，农村人口占85%。日均出生及死亡人数分别为120人和33人，人口净出生率和死亡率分别为27.517‰和7.6‰，分别位列世界第54位和第96位。预期人口寿命为63岁，位列世界第169位。其中，女性人口预期寿命高于男性，分别为65岁和61岁。65岁以上人口约占全国人口的8%。家庭平均拥有儿童数量为3.606人，位列世界第49位，五岁以下儿童死亡率为58.297‰。新生儿死亡率为45.061‰，男女出生性别比率为1.08。

2. 民族

巴布亚新几内亚是世界上民族文化最多元的国家之一。巴布亚新几内亚原住民民族有百余个，最大的民族是巴布亚人，其祖先约在上万年前到达该地区。至今，仍有部分巴布亚人部落鲜与外部世界联系。另一个较大民族是澳斯楚尼西亚人，其先人到达该地区历史不足4000年。今天，巴布亚新几内亚人口还包括波利尼西亚人、密克罗尼西亚人、菲律宾裔、澳大利亚裔、欧洲裔和华裔。巴布亚新几内亚人口中98%属美拉尼西亚人、

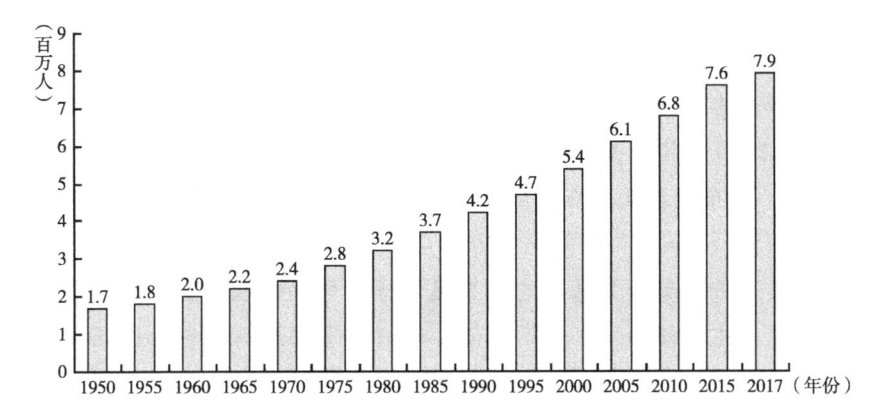

图 1-1　1950~2017 年巴布亚新几内亚人口状况

资料来源：http://worldpopulationreview.com/countries/papua-new-guinea-population/。

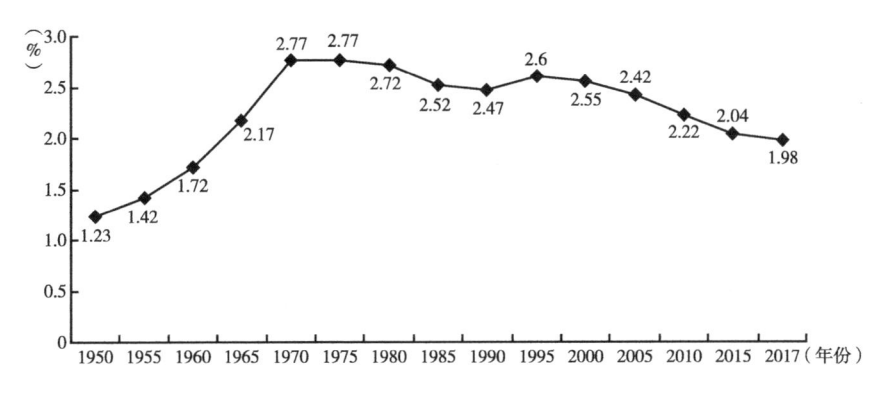

图 1-2　1950~2017 巴布亚新几内亚人口增长率

资料来源：http://worldpopulationreview.com/countries/papua-new-guinea-population/。

密克罗尼西亚人和波利尼西亚人，华人占1%，白人占1%。

用政治地理概念划分，巴布亚新几内亚人分为两支：巴布亚人和新几内亚人。巴布亚人是指巴布亚新几内亚本土南部及东南部各省居民，约占全国总人口的35%。新几内亚人包括巴布亚新几内亚本土北部和沿海各岛屿居民。

3. 语言

巴布亚新几内亚是个语言多样、文化多元的国家。由于巴布亚新几内亚民族众多，在该国国土上使用的语言多达 848 种（约占世界语言总数量的 12%），其中 12 种语言已无在世使用者。多数语言使用人数超过 1000 人。巴布亚新几内亚使用语言主要包括英语、皮钦语（TokPisin）、西里莫图语（HiriMotu）等。官方语言为英语，皮钦语在全国较为流行。皮钦语是一种以英语为基础的克里奥尔语，也是该国的官方语言，使用面积广泛，主要使用地区包括西部、海湾和米尔恩湾等省。该语又称巴布亚语，是巴布亚新几内亚形成最早的语言，该语也在印度尼西亚、东帝汶和所罗门群岛使用。西里莫图语是简化的莫图语，属于西瓦西里语族。北部的新几内亚地区多讲皮钦语，南部的巴布亚地区多使用莫图语。

五　国旗、国徽、国歌

1. 国旗

国旗呈长方形，长与宽之比为 4∶3。从左上角至右下角的对角线，将旗面分为两个相等的三角形。右上方为红色，内有一只展翅飞翔的黄色极乐鸟；左下方为黑色，内有五颗白色五角星，其中一颗五角星较小。红色象征剽悍、勇敢；极乐鸟亦称天堂鸟，是巴布亚新几内亚特有的鸟，象征国家、民族独立和自由与幸福；黑色代表国家领土处于"黑人群岛"之中；五颗星的排列位置象征南十字星座（南天小星座之一，星座虽小，但明亮的星很多），表明该国地处南半球。

2. 国徽

巴布亚新几内亚的国徽图案为一只极乐鸟停歇在两只皮鼓和一支长矛上。极乐鸟为巴新的国鸟，象征国家、民族独立和自由与幸福；皮鼓和长矛象征该国的传统文化。

3. 国歌

巴新国歌为《啊，起来，祖国的全体儿女》。歌词如下：

啊全体子民们起来吧,
歌唱自由把欢乐表达,
感谢上帝欢呼新国家:
巴布亚新几内亚。
从高山到大海把歌唱:
巴布亚新几内亚。
让我们高声宣布独立:
巴布亚新几内亚。
感谢归于无上的天主,
他的善良智慧和仁爱,
父辈的土地自由重光,
巴布亚新几内亚。
让世界听到我们呼唤,
巴布亚新几内亚。
我们独立并享受自由,
巴布亚新几内亚。

六　首都简介

莫尔兹比港（Port Moresby）是巴布亚新几内亚首都，也是该国最大城市。莫尔兹比港位于中央省境内，总面积240平方公里，人口36万。莫尔兹比港背靠欧文·斯坦利山脉，两面环水，一面是天然良港费尔法克斯湾，另一面是珊瑚丛生的大海，山水相依，地理条件优越。

1873年，英国船长约翰·莫尔兹比（John Moresby）在沿巴布亚海岸探险航行时发现这个天然良港，为了纪念他的祖父，用他祖父的名字命名了莫尔兹比港。此后，英国传教士和商人接踵而来，纷纷在费尔法克斯港湾附近的村庄建立落脚点，逐渐使这一带成为小城镇。20世纪初，英国将巴布亚殖民地交由澳大利亚管理，莫尔兹比港成为殖民地的统治中心。第二次世界大战期间，莫尔兹比港曾是澳大利亚北部抗击日本侵略的前沿

巴布亚新几内亚

战略基地。1974 年，巴布亚新几内亚自治政府决定，独立后巴布亚新几内亚的首都设在莫尔兹比港，并将该地区从原中央区划出，成为首都特区。莫尔兹比港现已成为一个新兴的中等城市，巴布亚新几内亚的政治、经济及文化中心。莫尔兹比港的交通、运输及通信网络在南太地区位居前列。莫尔兹比港的码头可直接停靠万吨级以上的货轮；电信网络与100多个国家的几百个城市通联；首都机场可起降各种型号的飞机，巴布亚新几内亚民航与北美、大洋洲及欧亚各主要干线相连。莫港热带自然风光迷人，人称无处不树，无处不花，无花不美。其独特的传统文化令人神往，前往巴布亚新几内亚观光旅游的外国人一年多于一年，莫尔兹比港作为巴布亚新几内亚的窗口城市应接不暇。

莫尔兹比港平均海拔 200 米，虽地处海边，但气候偏干燥。年平均气温在 21 摄氏度至 32 摄氏度之间，每年大体经历旱季和雨季两个季节。5~11 月受"贸易风"影响，东南风持续不断，降雨量较少，气候凉爽。12 月至第二年 4 月，受季风影响，常刮西北风，闷热多雨，白天气温最高可至 38~39 摄氏度。莫尔兹比港全年降雨量 1000 毫米左右。受上述自然及地理等因素制约，莫尔兹比港地区林木相对稀少，但连绵的丘陵草原茫茫，植物茂盛，四季花开不败，五彩缤纷，争奇斗艳。莫尔兹比港的热带自然风光和传统文化令人神往，前往巴布亚新几内亚观光旅游的外国游客络绎不绝，为莫尔兹比港的发展提供了机会，也成为该城的亮点。

莫尔兹比港分为 7 个行政区。其中港湾区（Port Moresby）、布罗科区（Boroko）及霍霍拉区（Hohola）等区为商业中心；政治与文化中心相对集中在韦盖尼区（Waigani），政府各主要部委办公大楼、国会大厦、最高法院、国家博物馆、档案馆、艺术展览馆、国家图书馆、农业银行、邮政总部、巴布亚新几内亚大学、行政学院、市政厅、总理府、国宾馆、各国驻巴布亚新几内亚使团等均毗邻坐落于此。中国援建的韦盖尼体育中心也是重要的标志性建筑。莫尔兹比港基本上仍是商业城市，制造业和加工业刚刚起步，尚未形成规模。大中型商业企业均由外国人控制，外国货充斥市场，物价昂贵，通货膨胀率居全国各大城市之首。

由于全国每年都有大批游民涌向首都，在市郊乃至市区占地搭建临时

第一章 概览

简陋的住房,不仅破坏了市容,还给市政建设、社会发展带来了麻烦。由于巴布亚新几内亚还没有建立健全社会保险制度,大量的无业人员已经导致首都地区社会治安日益恶化。莫尔兹比港市郊村落农民至今仍以传统方式谋生。

莫尔兹比港主要旅游景点有:首都地区的议会大厦、国家博物馆和首都植物园等。

第二节 宗教与民俗

一 宗教

巴布亚新几内亚主要的宗教是基督教,基督教新教教徒约占63%,罗马天主教占31%,其他宗教占6%。主要的教派有罗马天主教会、福音派路德教会(巴布亚新几内亚)、联合教会、基督复临安息日教会、五旬节、福音派联盟、圣公会(巴布亚新几内亚)等。传统拜物教也有一定影响。信仰西方宗教的人多数同时也信奉当地的宗教或者土著信仰。

巴布亚新几内亚的基督教源自19世纪和20世纪外国传教士的努力,且与天主教、当地传统信仰共存至今。五旬节和基督复临安息日教会也有信众。巴布亚新几内亚森林地区有图腾信仰,村民通常崇拜一个特别的图腾动物或植物。和世界多数古老精神信仰形式近似,图腾信仰是巴新本土早期宗教形式的传承。然而,一个氏族的图腾并不像上帝那样崇拜;相反,图腾的精神被视为维系所有氏族成员家庭的纽带。原始的动物或植物精神通常被认为是一种祖先,它经常被雕刻在木头上或画在诸如盾牌的物体上,以精神的形式保护着村民。因此,在部族活动中,村民们扮演他们的图腾,模仿其行为和外表来庆祝。通常,部族禁止食用或伤害与图腾相关的物种。此外,巴布亚新几内亚人还相信万物有灵,他们认为动物和植物都有精神(像人的灵魂),而且需要安抚或尊重所有动植物。信仰者通过一定仪式,与特定灵魂进行精神通信,消除威胁或平息它。灵性主义者也可以将精神归因于地理特征或某一物体。这一精神信仰倾向于支持对自然环境的尊重,有助于确保可持续发展。

巴布亚新几内亚

二　民俗

巴布亚新几内亚有将近1000个部族，很多是原始部落，不为外界所知，所以大部分部落没有被外界命名，但他们有自己的自称，像诺诺族（音）、泥人族（因为他们有种宗教仪式，把赤裸的身体涂上泥巴，头戴泥制的头盔来恐吓敌人）等。巴布亚新几内亚主要的民族绝大多数是巴布亚人、美拉尼西亚人，还有密克罗尼西亚人和波利尼西亚人。

婚恋习俗

巴布亚新几内亚人的婚恋生活非常自由。依照当地的习俗，男女之间产生相爱之情时，不允许用口头语言或书面语言来表达，而是男女双方各自吹起一种乐器，吹出时缓时急、时高时低的优美曲调。当地人认为，只有猪才是最珍贵的礼品，赠猪数量的多少，要以女子的相貌为标准。姿态超群的女子，通常可得到7~8头猪的礼品。当地受过文化教育的人，实行一夫一妻制，结婚仪式在教堂举行。

生活习惯

巴布亚新几内亚人一向信奉平等的原则，即使在足球训练中也是如此。当地的学校规定，对学生进行足球训练，双方必须战成平局，不能有优劣之分，只有在正式的比赛才例外。在巴布亚新几内亚有世代居住着的高地部族。按照祖制，该部族的男孩长到6岁后，就必须离开母亲，到成年男人集体居住的地方，过着严格的集体生活。成年男子们对这些男孩儿进行狩猎、制作箭等训练。男子的集体生活，有助于原始集体劳动，保卫本村的正常生活。巴布亚新几内亚居民，除少数人外，男子都光着上身，女子袒胸露背，不分老少，常年如此。

崇猪爱猪

巴布亚新几内亚人民崇猪爱猪。有的部族酋长在自己的鼻子上挖了一个大洞，把野猪（他们视野猪为家猪的祖先）的爪尖嵌进去，既作为权威的象征，又表示对猪的崇敬。有的酋长把野猪的生殖器戴在手腕上，以表明他的信仰和力量。有的部族人把用木炭和猪油制作的化妆墨浓浓地抹在脸上，借以表现他具有不辱祖先的武勇。巴布亚新几内亚实行男女分居。每个家庭有男屋和女屋，女人和孩子跟猪同住在女屋里。夜间，人和猪顺着躺在一起，有若爱猪如子。

部族习俗

巴布亚新几内亚部族繁多，许多部族如今还过着原始部落的生活。部落间文化、民族服装各异，仍保持着多彩多异的美拉尼西亚文化传统。每逢婚丧大事、节假日或其他重大场合，村民们通常穿戴传统服饰。当地人较看重亲属、部落和族群的纽带关系。

目前，巴布亚新几内亚人在许多重要的场合仍举行古老的庆祝仪式。通常由宗族的长者主持，勇士们身上饰以各种色彩明快的颜料、羽毛和贝壳，并伴以歌舞活动。巴布亚新几内亚22个省（区）均有各自的文化节，如首都莫尔兹比港的 Hiri Moale 文化节（9月）、戈罗卡文化节（9月）和哈根山文化节（8月）等。届时，来自各地区的歌舞团体穿戴风格各异的传统服饰，载歌载舞，竞相展示本地区、本部落的文化精粹，吸引了许多来自世界各地的游客。

巴布亚新几内亚部族众多，延续原始社会的生活习惯，易激动且好斗。历史上以刀枪格斗为特征的部落械斗曾是巴布亚新几内亚人传统文化和生活的重要部分。近年来，部落集中的高地地区冲突加剧。2008年2月发生在巴布亚新几内亚西高地省首府蒙特哈根市的部族武装冲突曾造成9人死亡，数十人受伤，数百间房屋被毁，当地政府机构、医院、商店、银行、学校等均因此关闭。直到巴布亚新几内亚警方向当地增派大量警力，才使局势得到控制。

三 节日

巴布亚新几内亚的公共假日多为外来的节日。根据巴布亚新几内亚政府规定，居民享受法定的假日包括以下几项。[①]

---

① 巴布亚新几内亚人事部：《2010年公共假日》（Public Holidays for Year 2010），http://www.dpm.gov.pg/。

新年（New Year's Day）
耶稣受难日（Good Friday）
复活节（Easter）
女王生日（Queen's Birthday）
国家纪念日（National Remembrance Day）
独立日（Independence Day）
圣诞节（Christmas Day）
节礼日（Boxing Day）

此外每周六下午、周日全天为公休日。

巴布亚新几内亚对于其他绝大多数的国际节日都持开放态度，允许庆祝，但没有法定的假日。例如，国际妇女节、世界人口日、国际合作节、世界环境日、世界无烟日、世界健康日、犹太新年、国际老人节、国际减灾日、联合国日、国际儿童节、世界艾滋病日、国际航空节等。

戈罗卡是巴布亚新几内亚著名的部落集会和文化活动。每年独立纪念日（9月16日），东部高原省首府戈罗卡镇居民举行唱歌活动。大约100个部落参加，展示各自部落的特色音乐、舞蹈和文化。这一节日始于20世纪50年代中期，已逐渐成为国内和国际游客的主要吸引力，是巴布亚新几内亚最大的文化活动。哈根山和其他城市也举办类似活动。

第三节　特色资源

一　矿产资源

巴布亚新几内亚矿产资源非常丰富，主要矿产资源包括铜、金、银、钴、镍、石油和天然气等，其中铜和金矿资源在世界上占有一席地位。巴布亚新几内亚金、铜产量居世界前列，石油、天然气蕴藏丰富。已探明铜矿储量9.44亿吨，黄金储量1831吨，原油储量5.3亿桶，铜金共生矿储量约4亿吨。此外还有富金矿、铬、镍、铝矾土、海底天然气和石油等资源。库土布和弋贝两大油田储量即达4亿桶。南高地省油田储量达1700万桶。天然气探明储量7万亿立方英尺,预测储量15万亿立方英尺。

巴布亚新几内亚高地中部地区拥有世界上品位最好、最具吸引力的金、铜、镍资源。在欧盟5000万基那援助的地质测量项目——GEOMAP实施下,力拓等八个世界主要矿产公司已经从矿产资源局购买了相关勘察数据(约5000基那)。项目包括空间地球物理和地质绘图测量,并从5000个地点收集样本。测量结果显示,几乎整个高地中部地区都位于高储量的金、铜矿之上。

巴布亚新几内亚矿产、石油、天然气资源的分布及在世界中的地位情况详见表1-2。

表1-2 巴布亚新几内亚矿产、石油、天然气资源的分布及在世界中的地位

资源	分布	世界中的地位
铜矿	布干维尔岛的潘古纳、西部省富比兰山的奥克泰迪(奥克泰迪铜矿是世界第八大铜矿)、塞皮克河以南的佛里达和俾斯麦山脉的扬德拉四大矿区,均为新生代斑岩——矽卡岩型铜金矿。	布干维尔岛中部山区的铜矿,是世界巨大铜矿区之一。
金矿	多为火山岩型和斑岩铜金型,主要分布在新爱尔兰省、恩加省、布干维尔省、西部省、米尔恩湾省和中央省等地。在布干维尔岛的潘古纳斑岩铜金矿中有金资源。银矿多与金矿共生,主要分布在西部省、布干维尔省、恩加省和中央省。	利希尔岛热(泉)型金矿和波格拉金矿床是世界前十大金矿,目前黄金产量列世界第11位,有望成为世界三大黄金生产国之一。
镍、钴矿	本岛东南的马当省。	拉姆镍钴矿为世界级大型红土镍矿床,已知资源量约为144.43万吨镍,14.3万吨钴。
油气	巴布亚盆地的陆上地区,南高地省最为集中,其次是东部高地省和海湾省,巴布亚湾有较大的油气资源潜力,目前的海洋油气勘探活动主要集中在该区域。主要油气田是 Central Moran、Kutubu、Gobe、Hides、Agogo、Hedinia 和 Usano 等。	自1992年投入生产以来,石油产业在亚太地区列第9位。2011年巴布亚新几内亚成为世界第十五个出口液化天然气的国家和世界上第一个进行深海底采矿的国家。

资料来源:巴布亚新几内亚大使馆。

巴布亚新几内亚

巴布亚新几内亚主要矿产项目有：

（1）拉姆镍钴项目（Ramu Nico）。拉姆镍钴项目是目前中国企业在巴布亚新几内亚及太平洋岛国地区投资的最大项目，同时也是中国企业在海外投资的最大的金属资源项目之一。2006年11月在巴布亚新几内亚马当省巴萨穆克（Basamuk）冶炼厂项目地举行奠基仪式，是世界级的镍钴矿业项目。项目总投资约8亿美元，其中，中国中冶集团拥有85%的权益，巴布亚新几内亚方占15%的权益。项目建设期为3年，于2009年投产。根据目前矿产储量，年产镍33000吨、钴3000吨，预计可开采40年。拉姆镍矿的投产将增加巴布亚新几内亚矿产品出口的种类。

（2）奥克泰迪铜金矿（Ok Tedi）。世界第八大铜矿，1989年潘古纳铜矿（Panguna）关闭后，该矿成为巴布亚新几内亚唯一一家铜矿生产企业。投资14亿美金，根据矿产开发计划，于2012年关闭。产量一直保持平稳，年产铜19万吨，黄金55万盎司。该矿矿石总储量为2.14亿吨，黄金储量为837万盎司，铜182万吨。

（3）波格拉金矿（Porgera）。波格拉金矿采矿能力为540万吨/年原矿，选矿能力为每年600万吨原矿石。自1990年建成投产以来至2014年累计生产黄金1881万盎司，即533吨。产金量493000盎司（2014年），482000盎司（2013年）和436000盎司（2012年）。

（4）利赫尔金矿（Lihir）。世界级金矿。2005年黄金产量仅为60万盎司。2006年前三个季度产量为42万盎司。2004年底公布数据显示，矿石储量为1.88亿吨，黄金储量为2100万盎司。

（5）鹦鹉螺海底勘探项目（Nautilus）。巴布亚新几内亚是世界上第一个颁发海底勘探许可的国家，处于世界勘探新时代的前沿。鹦鹉螺公司于1997年获得第一个勘探许可，至今勘探许可数量增加至7个。该公司已经与处于世界领先地位的挖掘公司签订了矿产开发合同，共同建造深海矿产勘探船"Jules Verne"号。这艘船长191米，能够提供勘探所需的辅助设备，海底勘探深度为1700米，用于2009年末开发该公司Solwara 1项目。该项目年产180万吨矿石，每吨矿石含金15.5克，含银191克，含铜10.8%，含锌4.7%。

(6) 阔普铜矿（Golpu）。南非 Harmony 公司已加快该项目前期可行性研究进度。已探明矿石储量为 1.06 亿吨，黄金储量 230 万盎司，铜储量为 126 万吨，为巴布亚新几内亚主要矿产项目。

(7) 弗里达铜金矿（Frieda）。目前正在进行可行性研究，高地太平洋公司拥有其 89% 的股份。矿石储量为 7180 万吨，铜储量为 750 万吨，黄金储量为 1430 万盎司，是世界最大的未开发的铜金矿存储地之一。

二　农业资源

巴布亚新几内亚主要农产品为椰干、可可豆、咖啡、天然橡胶和棕榈油。巴新棕榈油产业始于 20 世纪 60 年代，主要产区位于西新不列颠省，之后该产业一直顺利发展，这个产业每两周支付 600 万~800 万基那用于商铺间的货币流通。巴布亚新几内亚约 2 万个家庭靠棕榈油产业维持生计，除了咖啡和可可外，棕榈油在巴新农业中占有重要位置。该产业为巴布亚新几内亚每年创造了 12 亿基那产值。

巴布亚新几内亚渔业资源丰富，是南太平洋地区第三大渔区，也是全球最大的渔场之一，盛产金枪鱼、对虾和龙虾。21 世纪以来巴布亚新几内亚金枪鱼供应量占太平洋地区总供应量的 60%，如果能够完全开发，巴布亚新几内亚金枪鱼潜力产值将占世界的 11%。

森林资源丰富，热带原始森林覆盖面积达 3600 万公顷，约占国土面积的 80%，林木总蓄积量约 29 亿立方米，可采蓄积量为 5 亿立方米。2006 年木材产量为 260 万立方米。

为了保护环境，巴新林业部门 2010 年停止所有原木出口，鼓励发展原木岸上加工出口；根据《林业法》现行规定，巴布亚新几内亚政府营销机构购买林业公司 25% 的出口原木；考虑将特许权使用费从目前的每立方米 10 基那提高至每立方米 30 基那。

三　珍稀动物

新几内亚岛气候湿润，南部的巴布亚平原地势低平，有大片沼泽地，很适合鳄鱼的生长。鳄鱼是该国珍贵的动物。过去外国商人为了取得鳄鱼

巴布亚新几内亚

皮,曾在这里大肆捕杀鳄鱼,以至于野生的鳄鱼数量急剧减少。巴布亚新几内亚独立后,一方面采取了保护这一宝贵物种的措施,另一方面大力发展鳄鱼的饲养业。巴布亚新几内亚每年出口鳄鱼皮3万张,可换取外汇1000万美元。因此,人们称其为"鳄鱼之国"。

巴布亚新几内亚是岛屿国家,动物资源较为独特,除了家畜之外,巴布亚新几内亚还有一些特有的动物。巴布亚新几内亚主要珍稀动物有以下几种。

天堂鸟,又名极乐鸟、太阳鸟、风鸟、雾鸟。巴布亚新几内亚是世界上著名的"天堂鸟之乡"。巴布亚新几内亚的国鸟正是天堂鸟。天堂鸟生活在深山老林里,全身五彩斑斓的羽毛,硕大艳丽的尾翼,腾空飞起,有如满天彩霞,祥和吉利。当地居民深信,这种鸟是天国里的神鸟,它们食花蜜饮天露,造物主赋予它们最美妙的形体,赐予它们最艳丽的华服,为人间带来幸福和祥瑞。全世界共有四十余种天堂鸟,在巴布亚新几内亚就有30多种。其中,最出色的要数蓝天堂鸟、无足天堂鸟和大王天堂鸟。

蓝天堂鸟:蓝天堂鸟体态极为华美,中央尾羽延长若金色的丝线,生殖时节雄鸟或仰头拱背,竖起两肋蓬松而分披的金黄色饰羽;或脚攀树枝,全身倒悬,抖开如锦似缎般的羽毛,嘴里还不停地唱着爱情的甜言蜜语和山盟海誓,以招引对面的雌鸟看过来。

无足天堂鸟:无足天堂鸟并不是真的没有脚,只是脚短一些,飞行时藏在长长的羽毛里,人们看不到。它身材玲珑小巧,典雅俏丽,尾翼比身体长二三倍,又称长尾天堂鸟。

大王天堂鸟:大王天堂鸟身材不是最大的,但禀性特异:其一,对爱情忠贞不渝,一朝相恋,就终生相伴,也不打架,也不吵闹,就那么永远地互相关心着,互相爱护着,哪一天失去伴侣,另一只鸟绝对不会"改嫁"或"另娶",而是绝食至死;其二,它们生性孤独,不愿和别的种群共栖一处,但是每当环境有变,它们却高高地飞在天上,充当迁徙队伍的引路者。

珍奇的天堂鸟,在南太平洋岛国巴布亚新几内亚远古的家乡,就为土著居民所尊崇珍爱。每当盛大节日庆典,土著居民们戴上用绚丽的天堂鸟的羽毛制作的头饰,载歌载舞,场面欢乐喜庆。

第一章 概 览　Papua New Guinea

在近代殖民地时代，天堂鸟声名传遍世界。人们将南部天空上的一簇星云，命名为"天堂鸟星座"；将原产于南美洲的长腿鹳花，称为"天堂鸟花"。①

亚历山大鸟翼蝶，也叫亚历山大凤蝶，②是世界上最大的蝴蝶，是由罗斯柴尔德（Walter Rothschild）于1907年命名的，目的为纪念英王爱德华七世的妻子亚历山大皇后。亚历山大鸟翼蝶主要分布在巴布亚新几内亚的北部地区。雌性亚历山大鸟翼蝶较雄蝶更大，翅膀也较圆和阔。雌蝶翼展达31厘米，体长8厘米，重12克。雌蝶的翅膀呈褐色，有白色斑纹，身体呈奶白色，胸部局部有红色的绒毛。雄蝶较为细小，翅膀也是呈褐色，有红蓝光泽及绿色斑纹，腹部鲜黄色。雄蝶翼展16~20厘米。它们有一种形态，后翅有金色斑点。亚历山大鸟翼蝶在早上及黄昏时十分活跃，并会在花间觅食。雄蝶在早上会在寄生植物附近寻找雌蝶并会徘徊在雌蝶附近，寻求交配。接受雄蝶的雌蝶会让雄蝶降落，而不接受雄蝶的雌蝶就会飞走或抗拒交配。雄蝶有很强的地盘意识，并会赶走敌人。它们一般飞得很高，当觅食或产卵时会降到地面几米高。亚历山大鸟翼蝶被世界自然保护联盟列为濒危物种，只分布在新几内亚北部省近岸雨林的100平方公里内。它们在当地数量丰富，但需雨林环境来生存。它们主要的威胁是失去栖息地。而邻近的拉明顿火山于20世纪50年代爆发，破坏了大片栖息地。它们数量稀少，在黑市价值很高。

美丽尖柱螺，③又名绿巴布亚树蜗或翠绿蜗牛，是巴布亚新几内亚马努斯岛特有的一种大型陆生蜗牛。美丽尖柱螺栖息在树上，一般出没于海拔112米的地方。美丽尖柱螺翠绿色的壳经常会被采集当做珠宝。由于过度捕捉，美丽尖柱螺的数量大幅减少。现在它们已受到《濒危野生动植物种国际贸易公约》的保护，而且还被列入世界自然保护联盟红色名录

---

① http://baike.baidu.com/view/606013.htm.
② http://zh.wikipedia.org/wiki/%E4%BA%9E%E6%AD%B7%E5%B1%B1%E5%A4%A7%E9%B3%A5%E7%BF%BC%E8%9D%B6.
③ http://zh.wikipedia.org/wiki/%E7%BE%8E%E9%BA%97%E5%B0%96%E6%9F%B1%E8%9E%BA.

巴布亚新几内亚

之内。

　　王风鸟是一种约 16 厘米长的小型雀形目极乐鸟科鸟类。雄性为绯红色与白色，脚为亮蓝色，肩部有绿色点缀的扇状羽毛。尾部为两条细长的线，末尾装饰着祖母绿色的盘状羽毛。雌性较为朴素，身体为棕色，下方有条纹。王风鸟分布在新几内亚和附近岛屿的低地森林中，它们被称为"活宝石"，是极乐鸟中最小、颜色最鲜艳的一支。它们的饮食主要是水果和节肢动物。求偶时，雄性用一系列的尾部摇动进行非凡的表演，使腹部的白色羽毛蓬松，像一个棉球，不停向各方向摆动。王风鸟的栖息地范围广泛，因此在受威胁物种的世界自然保护联盟濒危物种红色名录中，王风鸟还不算是濒危动物。

　　费岛袋貂是一种有袋类动物，它们是巴布亚新几内亚的特有物种，它们栖息在亚热带或热带的森林中。

　　棕树凤头鹦鹉是凤头鹦鹉的一种，主要分布在印度尼西亚、巴布亚新几内亚及澳大利亚。

　　恐鸮是一种中等身材的猫头鹰，主要分布在巴布亚新几内亚布干维尔自治区和所罗门群岛，是上述地区的特有品种，一般栖息在海拔 800 米以上的森林中，并在树穴及裂缝中筑巢。恐鸮的面盘呈赤红色，内侧白色，眼眉也是白色的。恐鸮的上身呈褐色，下身赭色，有黑色斑纹。它们很易与所罗门鹰鸮混淆，其外观也像笑鸮。恐鸮掠食袋貂等小动物，尤其是灰袋貂。由于砍伐森林，以及过度猎杀灰袋貂，恐鸮的数量也受到影响。

　　白颈黑鹭是分布在澳大利亚北部、华莱士区及新几内亚海岸的鹭属。白颈黑鹭体型细小，双翼、身体及头部呈深灰色，颈部及喉咙呈白色。雏鸟头上没有冠及深色部分，外观像白颈鹭。它们栖息在湿地及潮湿草原，主要吃昆虫及其他细小的水生动物，它们会在树上及红树林筑巢。

　　紫胸凤冠鸠又名南冠鸠，是一种大型的冠鸠，长 75 厘米，分布在新几内亚的南部低地森林。它们呈蓝灰色，丝状冠呈蓝色，红色的瞳孔及深栗色的胸部。雌鸠与雄鸠相似。紫胸凤冠鸠有两个亚种，分别在于其肩膀及腹部的颜色：一支分布在新几内亚西南部，肩膀栗色，腹部蓝灰色；另一支分布在新几内亚东南部，肩膀蓝灰色，腹部栗色。由于紫胸凤多鸠很温驯，易被猎杀，它们被世界自然保护联盟被列为容易受到威胁动物，还在《濒危野生动植物种国际贸易公约》中被列为被保护动物。

澳洲鹈鹕是一种大型涉禽，分布在巴布亚新几内亚及澳大利亚、斐济、印度尼西亚及新西兰。澳洲鹈鹕在鹈鹕中算中等身型：长1.6～1.8米，翼展2.3～2.5米，重4～13公斤。它们主要呈白色，双翼的主羽呈黑色。喙呈淡粉红色，在鸟类中是最大的，可以长达49厘米。澳洲鹈鹕喜欢生活在辽阔、没有太多植物的水面。只要有足够的鱼类供应，不太受周边环境的影响，可以是森林、草原、沙漠、入海的泥地、公园或工业废墟。澳洲鹈鹕并没有特定的生活模式，只会追随食物的供应而改变。当艾尔湖于1974年至1976年间注满水时，周边的城市只有少量的澳洲鹈鹕；但当湖水干涸后，它们就再次分散到其他地方，到海岸边，甚至到达圣诞岛、帕劳及新西兰。澳洲鹈鹕2～3岁就开始在热带（即南纬26°以北）地区繁殖，繁殖季节始于冬天，南部的澳洲鹈鹕的繁殖季节是始于春末，内陆地区的澳洲鹈鹕则很多是在雨季后繁殖。它们的巢很简单，一般就是在地上的一个浅洼，有时会有草围边。澳洲鹈鹕的巢是共享的。它们会生1～3只蛋，蛋呈粉白色，约有93毫米×57毫米大。经孵化后，较大的雏鸟会吃得较多，而最弱小的则因饥饿而死亡。孵化后最初两星期，雏鸟会吃双亲反刍的液体，之后两个月则会吃鱼类及一些脊椎动物。

四 土地资源

巴布亚新几内亚土地资源丰富，2017年平均每平方公里只有17人，是世界上人口密度最低的国家之一。而同时期斐济有45人，印度尼西亚有114人。

不过巴布亚新几内亚土地资源利用水平较低。某种程度上说，巴布亚新几内亚可供工业化用地的土地资源是很少的，这与其传统社会土地使用制度密不可分。全国土地总面积约有97%仍掌握在地主手中，而这部分土地的使用受制于传统的习惯安排，且在全国各地有很大差别，这类土地的使用大多没有法律文件进行规范。巴布亚新几内亚只有极少量土地可供转让，这部分土地是政府从土地所有者手中获得的，总计约有60万公顷，约占全国土地总面积的3%，主要分布在城市地区和种植园，其中3万公顷闲置，6万公顷用于公共目的，20万公顷租赁给私营部门。由于土地所有者不愿意在没有获得巨额货币补偿情况下转让土地所有权，政府也就很难从地主手中购买到土地，多年来可供转让的土地面积一直增长缓慢。此外，在已被转让的土地中，土地管理不善和政府的过度干预也影响了土地的开发进度。

第二章

历　史

巴布亚新几内亚有人类活动的历史可追溯到万年之前，但被西方国家发现的历史并不久远。约自16世纪开始，巴布亚新几内亚从与世隔绝到接触世界文明，从此被融入世界发展潮流之中，有了自己的近现代历程。

第一节　早期历史

大约5.5万年到3.5万年以前，在地球第四纪冰川的更新世开始之时，居住在今天印度尼西亚一些地方的人类原始部落穿越近百公里宽的海峡，来到莎湖陆棚，也就是现在澳大利亚、新几内亚岛和塔斯马尼亚岛之间的地区，当时还是连成一体的大陆。因那时的海平面很低，加之6万年前大量海水仍被冻结成了巨大的冰山，所以人类得以在此地往来。至今发现最早的太平洋人类的航海足迹是在新几内亚岛，约为5.3万年前；澳大利亚约在5万年前；在东北方向的岛屿上也有发现，距今约3.3万年。冰川时期和气候变暖的交替出现，海平面的高度也随之几次变化。在距今10000年到4000年间，海平面不断上升逐渐达到了现在的高度，淹没了相当一部分的陆地，使得传统的海岸和岛屿发生变化，某些陆地之间的距离成倍加大，出现几乎被隔绝的岛屿和大陆。进入新石器时代，随着磨制石器作为生产工具使用，人类开始从事农业和畜牧业，可以播种植物的果实进行原始的农耕生产，并把野生动物驯服以供食用。这个时期，人类不再只依赖大自然提供食物，因此食物的来源变得稳定。同时农业与畜牧的经营也使人类由逐水草而居变为居所固定，节省下更多的时间和精力。在此基础上，人类生活得到了更进一步的改善，开始关注文化事业的发展，人类文明开始出现。此时，在客观环境变化和生产力水平发展的前提下，新几内亚居民也开始开垦土地，种植过去野生、可食用植物，驯化和繁殖过去野生的动物。根据考古发现，这些技术早在公元前7000年左右就已经在这个地区得到应用。同一时期发现的人类清理出的大规模空地，证明当时的居民已经聚众进行耕种。在新几内亚和印度尼西亚东部地区，人类逐渐学会种植，在迁移过程中将不同的作物带往有适宜气候条件的各地。这些部落的人类也学会了圈养家禽，并且也开始了探寻新陆地的旅程。在新几内亚海边的居民开始穿越海洋往返于周围的岛屿。也就是这样，人类开始逐渐定居到巴布亚新几内亚的新不列颠岛、新爱尔兰岛，以及所罗门群岛的部分岛屿。

第二节 近代殖民史

进入16世纪之后，巴布亚新几内亚先被葡萄牙人"发现"，后来又有西班牙人、英国人、法国人路经此地。到了18世纪末期，英国、荷兰、德国、澳大利亚开始对此地实施占领，到第二次世界大战时被日本占领，以后被美国和澳大利亚联军收复，自此，巴布亚新几内亚近代史画上了句号。

1511年，葡萄牙人在赴香料群岛途中发现新几内亚岛。1526年葡萄牙人若热·德·梅内塞斯在由马来半岛至香料群岛的航程中遭遇大风，抵达新几内亚岛，见当地居民发多卷曲，遂以巴布亚（马来语意为卷发的人）命名。1528年，西班牙人阿尔瓦洛·德·萨维德拉首次对新几内亚岛北部海岸进行考察，并以黄金岛称之。1545年，西班牙人雷特斯远航抵新几内亚岛北岸，因当地居民与非洲几内亚人相似，遂以新几内亚命名之。1605～1607年，西班牙人托雷斯从秘鲁出发考察新几内亚岛东岸及东北海岸，穿越托雷斯海峡。1642年，荷兰人塔斯曼远航经过该岛。1669年，英国人丹皮尔远航至此，命名新不列颠岛，证实了新几内亚岛的存在。1768年，法国人布干维尔航行驶抵布干维尔岛。1793年，英国东印度公司自称占有新几内亚岛的一部分。1828年，荷兰宣布吞并新几内亚岛西半部。1873年，英国人莫尔兹比航至新几内亚岛南岸一海湾，为纪念其父，以莫尔兹比命名该湾。1882年，德国在俾斯麦群岛辟建种植园。1883年，英国派官员抵莫尔兹比港。同年澳大利亚要求和英国一起占有新几内亚东部及附近岛屿。1884年9月，英国通知德国，将占有新几内亚岛东部为保护地，范围限于南岸，称英属新几内亚。同年11月，德国宣布占有新几内亚岛东北部，委任德商南海公司为政府管理该保护地的代理机构。1885年，德国正式占领这一地区，招募华工去当地种植园做工。同年，荷兰划定荷属新几内亚的边界。1889年，德国政府接管德属新几内亚的行政管理权。1895年5月，英国、荷兰缔约，划定英属与荷属新几内亚之间的界线。1900年，德国将布干维尔岛、布卡岛纳入德属新几内亚保护地。1906年，澳大利亚接管英属新几内亚，更名巴布亚。1909年，英国、德国边界委员会考察巴布亚与新几内亚的边界，树立界标。第一次世界大战爆发后，澳大利亚占领德属新几内亚。战后，澳大利亚总理在巴黎和会上要求国际联盟将原德属新几内亚殖民地置于澳大利亚的委任统治之下。1921年，国际联盟委托澳大利亚托管德属新几内亚。1932年，澳大利亚联邦议会通过修改后的新几内亚法，1933年付诸实施。第二次世界大战中，1942年1月，日本飞机轰炸巴布亚和新几内亚。同年3月，日军登陆该岛。1943~1944年，美澳军队收复日本占领的巴布亚和新几内亚领土。

第三节 现代独立史

1946年，联合国委任澳大利亚托管巴布亚和新几内亚。1949年，澳大利亚联邦议会将巴布亚、新几内亚合并为一个行政单位，称巴布亚新几内亚领地，首府为莫尔兹比港。1962年，澳大利亚、荷兰两国政府曾就新几内亚岛塞皮克区应由澳管辖的领土问题进行谈判。1963年5月，印度尼西亚接管原荷属新几内亚。同年，废除原白人控制的巴布亚新几内亚立法会议。1964年，巴布亚新几内亚举行首次大选，选出以巴布亚新几内亚人为主的议会。1968年,澳大利亚政府修改巴布亚新几内亚法,给予巴新更多的自治权。1971年,巴布亚新几内亚议会决定,将巴布亚和新几内亚领地改称巴布亚新几内亚。1973年12月起实行内部自治。1974年12月1日,澳大利亚对巴布亚新几内亚的托管结束,1975年8月15日制定宪法,9月生效。1975年9月16日巴布亚新几内亚宣告独立,并加入英联邦。迈克尔·索马雷（Michael Somare）为首任总理。

在近现代史上,巴布亚新几内亚长期是西方列强的殖民地,相应的其经济发展也带有较严重的殖民色彩。在1975年独立以前,巴布亚新几内亚主要经济产业是采矿业和种植园经济等初级产业,这些产业基本上为国外资本势力所控制,本国却很难从这些产业发展中获得好处,从而形成一种二元经济结构:一方面是强大的国外资本势力掌握着国家经济发展命脉;另一方面本地经济势力却很微弱。

第四节　迈向现代经济的当代史

1975年巴布亚新几内亚独立之初,尽管政府致力于经济的长期发展,但是无论是国际环境还是国内经济基础都决定了巴布亚新几内亚传统的经济结构很难有较大的改观,反而在后独立时代巴布亚新几内亚经济发展更加依赖资源项目,尤其是资源开发等大型项目方面。就巴布亚新几内亚的传统经济而言,巴布亚新几内亚自身的企业多数是家庭作坊型的,很难在巴布亚新几内亚工业化进程中担当重任。另外,国内政策也不鼓励劳动密集型产业和农业的发展,国内多数劳动力很难获得好的就业的机会,在经济增长中只能处在边缘地位。在农村,传统的土地使用制度极大地阻碍了巴布亚新几内亚的工业化进程,反过来继续加固了农村社会自给自足的自然经济;伴随基础设施和服务的恶化,农村地区基本上处于停滞发展的状况。农村社会既不能为工业化提供必要的剩余劳动力,同时也不能满足快速的人口增长对就业的需求,这促使大量农村人口向城市地区流动,以此寻求就业发展机会,可是以小作坊为主的城市经济同样也不能为农村转移出来的人口提供更多的就业机会,反而滋生大量的犯罪活动,提高了在巴

第二章 历史 Papua New Guinea

布亚新几内亚的商业经营成本,进一步减弱了巴布亚新几内亚经济和产业竞争力。

在最初独立的10多年,巴布亚新几内亚在社会和经济等方面取得了较大的进步;然而在随后的10多年里,巴布亚新几内亚社会和经济发展不但没有增长,反而出现剧烈下滑的状况,在20世纪90年代,巴布亚新几内亚经济还曾一度衰退,被称为"失去的10年"。1994~2002年巴布亚新几内亚GDP增长率为1.9%,人均GDP增长率为4.1%,按美元计算的人均GDP在20世纪90年代达到高点之后,开始一路下滑。1997~2002年执政政府试图改变上述状况,却未能成功。2002年以后,随着政局的逐渐稳定,巴布亚新几内亚才开始逐步走上了经济正增长的轨道,最近几年来,在世界能源和原材料价格走高的带动下,巴布亚新几内亚通过实行出口导向型发展战略,依靠矿产品、农产品出口,经济状况日趋好转,2003~2005年GDP增长率为3%,2008年全球经济危机也未能阻挡其经济发展势头,2008年经济增长率比2007年的水平略低,为6.7%,2009年有所下降,为5.5%,2010年经济增长率达到7.1%,恢复到危机前的水平。在2014年,液化天然气的出口使巴布亚新几内亚的经济增长到8.0%。其他部门的经济增长较温和。建造业出口额在2014年下降了6.4%,波及其他的经济领域,拖延了批发和零售贸易的增长,公用事业增长率从2013年的9%减缓到2014年的6%。旧的采矿作业长期持续下降,但是新的镍项目输出的上升意味着采矿和采石业作为一个整体扩大到了5.9%。

目前巴布亚新几内亚人均收入达到1000美元以上。按照世界银行的划分标准,[1] 巴布亚新几内亚已经摆脱低收入国家的发展阶段,进入中下等收入水平的国家行列。

---

[1] 世界银行根据2009年人均国民收入(GNI)水平,将国家划分为四组:人均收入低于995美元的属于低收入国家;人均收入水平在996美元到3945美元的属于中下等收入国家;人均收入水平在3945美元到12195美元的属于中上等收入国家;人均收入水平高于12196美元的属于高收入国家。

第五节 著名历史人物

一 总督保莱阿斯·马塔内

保莱阿斯·马塔内（Paulias Matane），1931年9月21日生于巴布亚新几内亚东新不列颠省。1985年、1986年先后获莱城理工大学及巴布亚新几内亚大学荣誉博士学位。他长期从事教育事业，从1957年至1985年，历任教师、小学校长、学校巡视员、国家师范教育督察等职。到2012年为止，他已经写了44本书，大部分是用浅显的英语详述了他的国外经历。他想通过出书来引导巴布亚新几内亚人从书中获得知识和信息。此外，他还长期担当马来西亚《国民》报（The National）的专栏作家，与年轻人交流互动。他还创建了"美拉尼西亚联合通讯社"（United News Agency of Melanesia），与总理索马雷一起，提倡穿民族服装，而不穿洋装。

除了多样的工作经历外，保莱阿斯·马塔内还有丰富的从政经历。他先后担任过商业开发部秘书长、巴布亚新几内亚与美国建交后的首任驻美国大使、驻墨西哥大使、常驻联合国代表及驻加拿大高级专员、外交与贸易部秘书长。1985年获"联合国和平奖"。1986年被英国女王封为爵士。从1986年起，主要致力于教会、慈善、大众传媒事业。2006年10月，保莱阿斯·马塔内访华。

2004年，保莱阿斯·马塔内参与巴布亚新几内亚新总督的竞选，获得了议会50票的支持，领先竞争对手4票。2004年6月29日正式荣任巴布亚新几内亚第八任总督。2010年6月，他再次被任命为巴布亚新几内亚的总督。

二 西拉斯·阿托帕尔爵士

西拉斯·阿托帕尔爵士（Sir Silas Atopare），1951年生于东高地省。1977年至1982年任巴布亚新几内亚工程供应部部长，1982年离开政界。

第二章 历　史

1985年至1987年任巴布亚新几内亚航空公司理事会的航空长官。曾任东高地省资金管理委员会主席、东高地省教育理事会副主席、戈罗卡医院董事会副主席。此外，他还曾任巴布亚新几内亚咖啡小种植主协会秘书长。他在1997年11月20日就任巴布亚新几内亚第七任总督，任期六年，于2003年11月任满去职。

三　总理迈克尔·索马雷

迈克尔·索马雷自1975年巴布亚新几内亚独立之后，先后在1975～1980年、1982～1985年、2002年三次担任政府总理。他前两个总理任期都是代表潘古党执政的，第三个任期代表国家联盟党执政。

迈克尔·索马雷是德维格·索马雷和坎贝·索马雷夫妇的儿子，父亲路德维格·索马雷在1922～1947年是一名警官。他自学文化知识，退役后开始做生意，经过奋斗与合作，创建了安格拉姆合作社，并在1961～1967年担任主席。卸任后一直在做生意直至谢世。他一生共娶了4位妻子，生有6个孩子，迈克尔·索马雷是长子。

迈克尔·索马雷1936年4月9日出生在巴布亚新几内亚的拉包尔（Rabaul），那是他做警察父亲的管区。他成长在东塞皮克省穆瑞克湖（Murik Lakes）区的卡劳（Karau）村。启蒙教育是在二战时期卡劳地区一所日本人办的小学开始的，他学习的文化和算术知识的语言是日语，这使他有较深的日本情结，这在以后他作为政治家的最初两次出访的国家都是日本中有所体现，一次作为国会议员，另一次作为总理。

1946年他转到了波拉姆（Boram）小学，后来进入卓格哈芬教育中心（Dregerhafen Education Center）和索盖里（Sogeri）中学。1957年最终毕业时得到了澳大利亚维多利亚州颁发的学业证书，这使他具备了当时教师的资格。毕业之后，他先后在几所初小和高小任教。1962～1963年，他又返回索盖里中学进一步深造。

此后，他在东塞皮克省的韦瓦克（Wewak）地区的广播电台当了一名播音员。1965年，他在瓦甘尼（Waigani）的行政学院接受培训。因为他主持政治评论的直言风格，经常与主管发生争执，最后，他被调离播音岗位，调到行政部门，最终离开了电台。1967年，他和一些志同道合的同事成立了潘古党，并在1968年第二届议会选举时参加了竞选。索马雷和他的8名同事当选议员，但是他们拒绝了联合组阁的邀请，因此，索马雷成了第一个反对党领袖。1972年，在第3次议会选举时，索马雷与人民进步党组建了联合政府，并任自治政府首席部长。1975年9月巴布亚新几内亚获得独立时，索马雷任首届总理。当时他为巴布亚新几内亚最终获得独立做了大量工作，并做了政治和法律准备，有"巴布亚新几内亚国父"之称。

1980年，他领导的政府被不信任案所推翻，但在1982~1985年他又第二次担任总理。1988年7月至1992年1月任外长。1993年8月辞去潘古党领袖职务。1996年8月创建国民联盟党并任领袖。2002年，他第三次当选总理，直至2011年。

索马雷对自己的国家和文化充满了自豪感，他在议会和一些官方场合常常穿的是美拉尼西亚的民族服装，而不是西服。他还关心家乡建设和民族和解。他虽是民族主义者，但也主张民族间的和解。他主张改善人民的生活，而不是单纯地发展经济。

索马雷与瓦伦妮卡（Veronica）于1965年结婚，现有5个孩子（3子2女）：勃萨（Bertha）、萨纳（Sana）、亚瑟（Arthur）、小迈克尔（Michael junior）和达尔希亚娜（Dulciana）。

1976年10月作为总理访华并与中国签署建交公报。1999年9月作为外长访华。2001年11月率国民联盟党代表团访华。2004年2月及2009年4月作为总理访华。

四　华裔总理陈仲民

陈仲民（Sir Julius Chan）在20世纪80年代初出任巴布亚新几内亚总理，是该国有史以来第一位华裔总理，90年代继续连任总理，被誉为该国的"政治明星"，颇受巴布亚新几内亚人民的爱戴。

陈仲民祖籍是广东省台山市的江潮村。20世纪初，陈仲民的父亲陈柏作为华工从中国来到巴布亚新几内亚谋生。陈柏先是在莫尔兹比港做零

第二章 历　史

售生意，后又租地耕种，逐步发展扩大，在第二次世界大战前已成为当地一名富商，并与当地新爱尔兰岛一个颇有势力的部族土著姑娘结婚。1939年8月29日，生下了一个儿子，起名陈仲民，意思是在巴布亚新几内亚的第二代华人，告诫儿子不要忘记自己的根是在中国。

陈仲民自小在华人学校读书，接受中华文化的熏陶，他的身上深深打上了中国的烙印。小学毕业后，他又前往澳大利亚新南威尔士州的天主教中学读书。后来，陈仲民考入澳大利亚昆士兰大学，于1958年毕业。在学校期间，他一直是学生会负责人，经常组织学生活动，这培养了他的领导和组织能力。陈仲民学成返乡后，一边协助其父亲经商，一边继续学习，先后获韩国丹谷大学经济学博士、巴布亚新几内亚理工大学名誉博士等学位和名誉头衔。知识面的拓宽也促进他思想的成熟，由此他逐渐变得关心国家的命运，渐渐地对政治产生了兴趣。

1961年，陈仲民经过选拔考试，进入政府机构中工作。这时，世界反殖民统治运动情绪高涨，风起云涌，陈仲民受到了极大鼓舞，对政治产生了浓厚的兴趣。于是，陈仲民勤奋工作，积极参与政治活动，逐步在政界崭露头角。1968年，他被选为该国殖民地议会议员，成为巴布亚新几内亚有史以来第一位华裔国会议员，正式涉足政坛。这是陈仲民政治生涯中的转折点。1970年11月，陈仲民成立了一个全国性的政党——人民进步党，并担任该党的主席，人民进步党很快就成为巴布亚新几内亚第二大党。

1972年，在巴布亚新几内亚人民的强烈争取下，由澳大利亚管辖的所谓巴布亚和新几内亚领地改名为巴布亚新几内亚，并于同年举行了全国大选，陈仲民继续当选为国会议员，而他所领导的人民进步党在选举中赢得了国会中的12个席位。接着，他领导的人民进步党与潘古党组成联合政府，陈仲民出任财政部部长，成为巴布亚新几内亚有史以来第一位华人部长，陈仲民也由此在巴布亚新几内亚政坛上脱颖而出。

由于巴布亚新几内亚长期备受殖民掠夺统治，财政困难，国力薄弱，举步维艰。陈仲民出任财政部部长后，争取到了雄厚、持续的财政收入，消除殖民统治时期留下的弊端，顺利将筹集起来的资金进行有效分配使用,维护政府政权运作,最大限度地满足经济建设和各项事业的需要,他积极推行新的财政政策,严格坚持预算管理制度,加强财政监督管理,保证财政合理有度运转,并从多种渠道筹集资金,缓解财政困难。

1975年9月16日,巴布亚新几内亚宣告独立。1976年,陈仲民出任副总理,兼任农业部部长,此后曾三次出任副总理,担任过轻工业部部长、外交部部长等重要内阁职务。1977年,国会改选,陈仲民继续当选为国会议员。陈仲民在出任上述职务期间,把矿产、石油开采和经济作物种植作为巴布亚新几内亚经济的重要支柱产业,重视国防军事发展,积极争取外国援助,从而壮大国家的实力,他又积极采取措施,鼓励外国投资。他为国家的发展、人民生活的改善做出了重要贡献。

1980年,陈仲民参加巴布亚新几内亚总理竞选成功,接替了迈克尔·索马雷出任巴布亚新几内亚总理,直到1982年。虽然他的总理任期不长,却是巴布亚新几内亚有史以来第一位华裔总理。1994年,陈仲民再度参加巴布亚新几内亚总理竞选成功,接替帕亚斯·温迪第二次荣任政府总理,到1997年结束任期。目前,陈仲民仍然是该国国会议员。

在任期间,陈仲民重视文化教育,将巴布亚新几内亚教育体制分中央、省、地三级,大力增设学校。陈仲民积极主张各国和平相处,增进经济往来和合作,并致力于南太平洋地区的和平与稳定,还积极推动国家参与国际事务。

陈仲民分别于1975年、1980年、1994年荣获英国女皇授予的英国最高勋士衔(C.B.E)、骑士勋爵(K.B.E)和英皇最高勋爵(GCMG)。

陈仲民一向重视中巴友好往来与合作,大力推动巴布亚新几内亚与中国建交,为巩固两国人民友谊、发展两国经济做出了不可磨灭的贡献。1976年10月,巴布亚新几内亚与中国建交后,陈仲民更是努力推动双边经贸关系稳步发展,从1986年起,促成巴布亚新几内亚政府开始派留学生来中国学习。

陈仲民曾在1978年10月、1990年4月、1993年1月、1994年7月四次以巴布亚新几内亚国家领导人身份访问了中国,他真诚感谢中国政府一直以来对巴布亚新几内亚在国际事务和经济社会发展中提供的帮助,并希望进一步发展友好关系，扩大投资合作，更好地造福两国人民。陈仲民积极支持并亲自参与或委派有关官员签订了巴布亚新几内亚与中国的多项关于外交、经贸、技术、文化、农业、卫生等多项重要双边协议。

2003年4月3日，陈仲民偕夫人史娣拉、儿子陈玉山、兄长陈政明、侄子陈志良和陈志昌回广东省台山市探亲访问，到自己的祖居瞻仰、拜祭，又按当地的风俗习惯，来到其祖父陈象藩及曾祖等的墓地进行祭奠。

五 其他人物

议长杰弗里·纳佩（Jeffery Nape），1951年出生。2004年5月当选议会议长，因当时总督职位空缺，按照巴布亚新几内亚的法律，议长在总督因故空缺的情况下，代行总督一职。因此，2004年的5~6月，杰弗里·纳佩代理巴布亚新几内亚总督。2010年12月总督空缺的情况再次发生，杰弗里·纳佩依法再次代理总督一职。2007年8月，杰弗里·纳佩再次当选议长。

副总理萨姆·阿巴尔（Sam Abal），来自恩加省的瓦巴格选区，是国民联盟党的重要成员，先后担任过外交部部长和劳动部部长，2007~2010年担任副总理。2010年底，总理索马雷面临财政不当管理的指控和不信任案，按照巴布亚新几内亚的法律，总理在受到指控要停职接受相关调查，直至审查结束。所以，萨姆·阿巴尔代理总理行使职权。2011年1月，对索马雷的指控被判不成立，索马雷恢复行使总理职权，萨姆·阿巴尔也随之继续任职副总理。

现任总理彼得·奥尼尔（Peter O'Neill），1965年2月生，获巴新大学商业学学士学位。曾在政府部门、私营企业和金融机构任职。2002年6月当选议员，历任劳工与产业关系部部长、公共服务部部长、财政与国库部部长、工程部部长等职。2011年8月被议会选举为总理，2012年6月连任。2017年6月至7月，巴新举行大选，8月组成新一届议会和政府，彼得·奥尼尔再次连任总理。

第三章

政　治

在政治上，巴布亚新几内亚的主要特点是政党结构不稳定，容易导致政治上的动荡，进而对经济发展带来较大的危害。历史上巴布亚新几内亚的政党体制很脆弱，政党很少有稳固的组织架构，通常是围绕主要人物组在一起，政府也通常由多个零散的政党小联盟组成。频繁的不信任投票是巴布亚新几内亚政治的一个特点，巴布亚新几内亚历届总理几乎都是因为不信任投票被提前结束任期。为解决因采用简单多数原则而导致议员选举大起大落、议员和政府更换频繁等问题，巴布亚新几内亚于2002年进行了选举改革，废除了简单多数制度。2002年选举是第一次在政党和候选人统一的法律下进行的，该法是为了通过加强政党体制和限制独立的小党联盟的影响，以保证政府运作的稳定。不过，政府面临的不信任投票的风波仍时有发生。2010年执政政府还经历了反对党不信任案的弹劾政治难关。

巴布亚新几内亚现行宪法于1975年8月15日颁布，同年9月15日正式生效。2013年2月，巴新议会审议通过延长"政治稳定期"的宪法修正案。该修正案规定：议员在新政府成立的30个月内，无权对总理提出不信任案提案。2013年9月，巴新议会又一次审议通过宪法修正案。该修正案规定：对政府不信任案的提出，须由1/5以上的议员联名签署，并在表决前公示，公示期为3个月。2015年9月，巴新最高法院裁定：上述延长"政治稳定期"的宪法修正案违宪，由议会通过的这两项宪法修正案无效。

第一节　政治体制

巴布亚新几内亚的政治体制是君主立宪制之下议会民主制，实行三权分立。巴布亚新几内亚宪法规定，巴布亚新几内亚人民的行政权力授予国家元首。国家行政机关由国家元首、国家行政委员会组成。国家行政委员会由全体部长组成。国家行政委员会根据宪法规定，负责巴布亚新几内亚的行政机构以及宪法和其他法律赋予它的其他职权。宪法不禁止通过部长去履行行政委员会的权力、义务和责任。这方面的问题可由国家行政委员会自行确定。设立国家行政委员会秘书一职，其职权和责任由该委员会在议会法令的约束下自行确定。

一　国家元首

巴布亚新几内亚是英联邦的成员，国家元首是英国女王伊丽莎白二世。女王任命总督为其代表，行使和执行国家元首的特权、权力、义务和责任，每一任期六年。现任总督是鲍勃·达达埃（Bob Dadae），2017年2月就任巴布亚新几内亚第10任总督，接替2010年以来担任第9任总督的迈克尔·欧吉欧（Michael Ogio）。鲍勃·达达埃1961年生于巴新莫罗贝省，获巴新大学商学学士、澳大利亚格里菲斯大学商务管理硕士学位，长期从事财务会计等职业。1999年至2002年任莫罗贝省议会议员，2002年当选巴新国民议会议员并连任至今。2004年6月至2007年8月任巴新国民议会副议长。2007年8月至2011年8月任国防部部长。2017年2月1日当选巴新第10任总督，2月28日就任。

总督的指定程序通常是议会议长于总督正常任期届满前的三个月内召集议会开会，指定下一届总督。议会提名某人担任总督的决议应由议会以简单多数票通过，投票应是符合基本法规定的绝对秘密无记名投票。国家行政委员会根据议会决议向女王提出建议，然后由女王根据该建议来任命总督。除独立日以前任命的第一任总督外，总督的担任者必须是有资格成为议员者（但不是议员）。

在总督职位出现缺位的情况下，议长应在可行范围内尽快召集议会开会，指定下届总督。如果议会由于其他原因举行会议，而会议上决定要举行议会大选，或者议会因其他原因举行会议之后至现任总督任期届满之前，根据宪法规定预定要举行议会大选，议长不必召集议会开会来指定下届总督,总督提名可以在新议会的第一次会议上,在进行完程序性日程与选举议长之后作为第一个议事项目进行。

国家行政委员会可以依据自身的决议或议会以绝对多数通过的决议提出解除总督职务的建议,国家元首可以根据国家行政委员会的建议解除总督的职务。

如果总督一职暂时出现空缺、总督被停职、总督休假、出国、无法迅速取得有效联系或出现其他总督不能履职或不便履职的情况,则由议长担任代理总督。如果议长一职也出现缺位或议长也正在停职、休假、出国、无法迅速取得有效联系或出现其他议长不能履职或不便履职的情况,则由首席法官(须是巴布亚新几内亚公民)担任代理总督。议长或首席法官担任代理总督期间,他们不得行使或履行议长或首席法官之职的所有其他权力、义务和责任。巴布亚新几内亚的历任总督任职情况如表3-1所示。

表3-1 巴布亚新几内亚历任总督

总　督	任　期
约翰·吉斯(John Guise)	1975年9月16日~1977年3月1日
托儿·洛科洛克(Tore Lokoloko)	1977年3月1日~1983年3月1日
金斯福德·迪贝拉(Kingsford Dibela)	1983年3月1日~1989年3月1日
伊格内休斯·基拉奇(Ignatius Kilage)	1989年3月1日~1989年12月31日
邓尼斯·扬(Dennis Young)	1990年1月1日~1990年2月27日
塞雷·艾里(Serei Eri)	1990年2月27日~1991年10月4日
邓尼斯·扬(Dennis Young)	1991年10月4日~1991年11月11日
维瓦·科罗维(Wiwa Korowi)	1991年11月11日~1997年11月20日
西拉斯·阿托帕尔(Silas Atopare)	1997年11月20日~2003年11月20日
比尔·斯卡特(Bill Skate)	2003年11月21日~2004年5月28日
杰弗里·纳佩(Jeffery Nape)	2004年5月28日~2004年6月29日
保莱阿斯·马塔内(Paulias Matane)	2004年6月29日~2010年12月13日
杰弗里·纳佩(Jeffery Nape)	2010年12月13日~2010年12月20日
迈克尔·欧吉欧(Michael Ogio)	2010年12月20日(临时总督),2011年2月25日~2017年2月18日
鲍勃·达达埃(Bob Dadae)	2017年2月28日至今

资料来源:http://www.terra.es/personal2/monolith/papua.htm。

二　议会

本届议会于2012年8月选出。巴布亚新几内亚议会称"国民议会",实行一院制。议会是国家的最高权力机关,享有立法权,共设111个席位,议员任期5年。2007年8月议会选出议长杰弗里·纳佩(Jeffery Nape)。2012年6月,巴新举行自1975年独立以来的第九次议会选举。2012年8月3日,巴布亚新几内亚第九届国民议会举行首次会议,佐伦诺克(Theodore Zurenuoc)当选新议长至今。

2011年8月2日召开的巴布亚新几内亚议会选举中,反对党提名的工程部部长彼得·奥尼尔(Peter O'Neill)以70票对24票当选巴布亚新几内亚新任总理,成为巴布亚新几内亚独立以来的第7任总理。

2012年5月30日,巴布亚新几内亚议会举行投票,获得总理提名的奥尼尔以56票支持、0票反对,实现连任。

内阁是议会的执行部门,担负妥善行使巴布亚新几内亚政府的行政权力以及国家行政委员会授权完成的一切工作,并通过议会集体对巴布亚新几内亚人民负责。

内阁设立时,总理必须从议会中选出若干名议员担任内阁部长,由国家元首根据总理的建议任命。部长人数(不包括总理)由基本法确定,但最少不得少于六人,最多不得超过当时议会议员总数的1/4。非议会成员没有资格被任命为部长,所有内阁成员及各省省长均由议员担任。除非宪法有专门规定,否则不再继续担任议员的部长亦不得再担任部长职务。部长一律不得担任议长或副议长职务,也不得成为议会常设委员会或议会其他委员会的成员。如果议长或副议长成为部长,则其原议长或副议长职务缺位。

如果议会根据宪法的不信任动议规定通过了对总理或对某部长的不信任动议,则应由国家元首解除总理或某部长的职务。对总理、内阁或者某部长的不信任案的动议,应至少提前一周通知议会全体议员,由不少于议员总数1/10的议员签名,按照议会议事规则提出。

如果议长通知议会,由负责全国执业医生登记和发照工作的全国主管部门指定的两名执业医生已经根据议会法令联合提出报告,认为根据他们的职业经验,总理在身体和精神两个方面都已经不再适合履行其职务,国家元首可以根据议会的决议免去总理的职务。

除非其去世、辞职、失去担任内阁成员的资格、被解除或免去职务,否则内阁成员(包括部长)将一直任职到任命下一任总理时为止。内阁成员如果由于大选的原因不再担任议会议员,但又在其他方面仍然具备议员应有资格者,应继续担任内阁职务直到任命下一任总理时为止。

三 政府

根据巴布亚新几内亚宪法,在国会选举中获得多数的政党组成政府,多数党领袖担任政府首脑。如果没有单一政党获得多数,可以由多个政党组成联盟,共同组阁,政府内阁对议会负责。

政府首脑是内阁总理。总理由选举中获胜的政党领袖担任。总理职位要在议会提出人选的基础上,由国家元首根据议会的决议任命产生,任命时间通常在大选之后议会的第一次会期,也可在其他应该任命总理的特殊情形下即时任命。准备任命总理时如果议会正值会期,则议会应在完成所有程序性事项、任命总督与议长之后的下一个会议日上将总理的任命问题作为第一个事项来考虑;如果议会不在会期中,议会应立即召集会议,在完成所有程序性事项、任命总督或议长(如果需要的话)之后的下一个会议日上将总理的任命问题作为最重要的议事议程来考虑。

现任总理是彼得·奥尼尔(Peter O'Neill),2011年8月2日上任至今。奥尼尔1965年2月出生,获巴新大学商业学学士学位。曾在政府部门、私营企业和金融机构任职。2002年6月当选议员,历任劳工与产业关系部部长、公共服务部部长、财政与国库部部长、工程部部长等职。2011年8月被议会选举为总理,并于2012年、2017年两次成功连任。巴布亚新几内亚历任总理的任职情况如表3-2所示。

表 3-2 巴布亚新几内亚历任总理

总理	任期
迈克尔·索马雷(Michael Somare)	1975 年 9 月 16 日~1980 年 3 月 11 日
陈仲民(Julius Chan)	1980 年 3 月 11 日~1982 年 8 月 2 日
迈克尔·索马雷(Michael Somare)	1982 年 8 月 2 日~1985 年 11 月 21 日
帕亚斯·温蒂(Paias Wingti)	1985 年 11 月 21 日~1988 年 7 月 4 日
拉比·纳马柳(Rabbie Namaliu)	1988 年 7 月 4 日~1992 年 7 月 17 日
帕亚斯·温蒂(Paias Wingti)	1992 年 7 月 17 日~1994 年 8 月 30 日
陈仲民(Julius Chan)	1994 年 8 月 30 日~1997 年 3 月 27 日
约翰·基赫诺(John Giheno)	1997 年 3 月 27 日~1997 年 6 月 2 日
陈仲民(Julius Chan)	1997 年 6 月 2 日~1997 年 7 月 22 日
比尔·史凯特(Bill Skate)	1997 年 7 月 22 日~1999 年 7 月 14 日
马克雷·莫拉塔(Mekere Morauta)	1999 年 7 月 14 日~2002 年 8 月 5 日
迈克尔·索马雷(Michael Somare)	2002 年 8 月 5 日~2010 年 12 月 13 日
萨姆·阿巴尔(Sam Abal)	2010 年 12 月 13 日~2011 年 8 月 2 日
彼得·奥尼尔(Peter O'Neill)	2011 年 8 月 2 日至今

资料来源：http：//www.terra.es/personal2/monolith/papua.htm。

由议会中占多数的政党或政党联盟组阁，内阁对议会负责。除奥尼尔总理外，现内阁其他主要成员有：副总理兼政府间关系部部长利奥·戴恩（Leo Dion）、外交与移民部部长伦宾克·帕托（Rimbink Pato）、国家计划部部长查尔斯·埃布尔（Charles Abel）、国库部部长帕特里克·普鲁埃奇（Patrick Pruaitch）、财政部部长詹姆斯·马拉佩（James Marape）等。

第二节 政府机构

一 中央政府

巴布亚新几内亚中央政府主要由国防部、农业和畜牧业部、财政部、审计总署等机构组成。

第三章 政治

(一) 国防部

根据宪法，巴布亚新几内亚国防部的主要使命是保证巴布亚新几内亚国家和社会的下列进程：国民的整体发展；平等和参与；国家主权和独立自主；保护自然资源和环境；巴布亚新几内亚自身生存和发展方式。

为了实现上述目标，巴布亚新几内亚国防力量履行以下职责：保卫巴布亚新几内亚的领土完整；协助巴布亚新几内亚政府履行国际义务；政府和民众在面对灾害、维护社会秩序、应对紧急事态时提供支持；为国家的发展做出贡献。

(二) 农业和畜牧业部

农业和畜牧业部重要职能：负责所有与农业和畜牧业相关的立法管理；促进农业发展和生产就业；帮助省政府提高农业管理能力；根据主要农产品和畜产品的需求，准备和实施相关投资项目；负责与农业开发银行和国家计划管理局进行沟通；管理试验站和实验室，推进相关试验和研究农、畜产品的市场化生产；按省级农业部门的要求，提供建议和技术服务；为与国际组织和国际相关的农业、畜牧业政策和计划提供建议；为公众提供农业和畜牧业的延伸服务和科技信息；为相关农业机构提供短期和长期的服务。

(三) 财政部

财政部的主要职能包括：负责政府实施经济投资目标，并提供审慎和实时的经济管理，以及权威的建议，确保有效实施政府的有关政策。

财政部的工作目标是：制定国家的经济政策、投资政策，提出财政的政策建议；强化国家治理的可靠性；提高预算管理；改善政府的执行能力。

财政部的具体工作包括研究并向政府提出有关国家经济问题的政策建议；向政府提供由于预算执行过程中的有关财政问题；制定和监督政府预算；为政府提供各政府部门、省政府和地方政府，以及国有企业财政和资源管理状况。

(四) 审计总署

按照巴布亚新几内亚宪法，审计总署是国家最高审计机构，审计总署在行使其职权的时候不受任何个人和组织的指导，仅遵从宪法和审计法。审计总署坐落在首都莫尔兹比港，下设卡维恩、戈罗卡、莱城等地方办事处。巴布亚新几内亚所有审计工作都是在专业审计的标准范围内进行。

巴布亚新几内亚宪法（第214款）赋予审计总署的主要任务和职权如下：审计总署负责检查、审计，并向议会报告每财政年度巴布亚新几内亚的财政收支、管理和运行情况，以及公共资金和财产的相关情况，还有其他一些法律赋予的相关活动。

巴布亚新几内亚审计总署的权限范围除了法律特别的规定外，可以在以下范围内行使权力：国家公共服务部门、军队、政府的机构和相关部门；省政府、地方驻军，以及省级政府的相关机构；按照国家行政机构的法律法规设立的一些执行机构。

审计总署行使其权力时，有权查看上述各部门的工作文件、档案和信息，并要求这些单位进行汇报。审计总署也需要每年向议会报告其审计计划。2005年，巴布亚新几内亚审计总署提出了推动审计的新计划，强调审计的影响和作用。

审计总署署长是由宪法赋予权力、国家元首任命负责独立管理审计总署的有关审计计划、审计执行和审计报告等项事宜。

（五）人事部

巴布亚新几内亚人事部是根据1986年的《公共服务管理法》和其后的1995年修正案成立的，作为中央政府的下属部门，主管公共部门的人事管理，特别是有关人力资源、组织和运作等方面的管理。通过上述管理，使公共服务在政府的宏观经济、社会、政治和发展管理等方面起到重要作用。

人事部为了保持集约和高质量的专业机构，在机构内部建立工作指导原则，这些原则的主要内涵包括：①巴布亚新几内亚人民是最珍贵的资源；②发展和保持与个人、机构、政府和私人部门的良好关系；③专业和公正地行使职责；④为了自身的作为和责任，决策时对上不惧怕，对下不偏向；⑤重视雇员的不同背景，为不同肤色、宗教信仰和民族的群体提供工作；⑥具有高度的道德标准；⑦通过公共服务部和巴布亚新几内亚议会，提倡行动的透明度和核查性；⑧为政府提供综合、准确和适时的建议，并实施政府的政策和设想；⑨提供公正、安全、健康和有回报的工作，提高职员的竞争能力；⑩注重成绩和管理表现。

第三章 政　治

人事部的主要职责是管理人力资源、行为规范和机构管理，具体有以下职责：①管理省政府和地方政府，以及省级行政人员的任命和任期管理；②公共部门雇员的聘任期和工作职责管理；③裁决公共部门雇员有关改善任期和工作条件的要求；④根据人事部的权限，做好政府有关人力资源管理相关问题的参谋和顾问。

二　省级政府

巴布亚新几内亚全国划分为20个省，另设布干维尔（Bougainville）自治区及首都行政区（莫尔兹比港市）。根据巴布亚新几内亚政府1997年《省政府行政管理法》（1997年第7号），各省都有自己独立的政府和议会，分别依照巴布亚新几内亚的组织法规定的程序产生，包括省长。各省人民地位平等，享有宪法所规定的宗教、思想意识和言论自由；有政治权选择。特别规定妇女有完全的政治权利，可以参加政治选举，也可以当选省议员。

第三节　司法制度

作为英联邦的成员，巴布亚新几内亚的法律体系基于英国模式。司法体系不受政治干预，是独立的，法院在做决定时也不受或抵制来自政治的压力。与此同时，巴布亚新几内亚也采用传统的理念，特别是与土地有关的法律案件，通常依当地习惯法做出裁定。

为提高巴布亚新几内亚人的生活质量，巴布亚新几内亚政府决定将维持法律和社会秩序列为中期发展战略的优先领域，通过实施法律与司法部门项目（the Law and Justice Sector Program），加强正式法律和司法机构的协调和运作，并重点放在预防犯罪和恢复公正方面。2003年成立了国家协调机制，由法律和司法部门的行政首长、警务处、惩教署等司法工作人员组成，该项目的作用是执行政策和制订行动计划。政府将拨付资金用于加强司法的基础设施建设。

巴布亚新几内亚的司法制度由最高法院、国家法院和地方法院组成。现任首席大法官为萨拉莫·英加（Sir Salamo Injia）。

巴布亚新几内亚

一 最高法院

巴布亚新几内亚国家最高司法机关称最高法院，兼具终审法院及宪法法院职能。巴布亚新几内亚国家司法体系具有完全的独立性，在没有国家宪法专门规定和授权的情况下，无论是负责全国司法工作的部长，还是全国司法体系以外的其他任何人员或主管部门（议会通过立法程序不在此限），都无权就司法权力或司法职能的行使对司法体系内的任何法院或任何法院的成员发布指示。

最高法院由首席法官、副首席法官及国家法院的其他法官组成，代理法官不包括在内。最高法院是上诉的终审法院，有权惩处违抗法院的行为，但这项权力的行使须受议会法令的约束。在议会法令或最高法院规程规定的案件中，最高法院的司法权力可以由该法院的一名法官行使，亦可由多名法官共同行使。最高法院的司法权力可以在法庭上行使，亦可在法官议事室内行使，可根据议会法令与最高法院规程的具体规定确定。

最高法院的规程由最高法院的法官按最高法院的惯例和程序、涉及最高法院的惯例和程序来制定，但不得与宪法性法律或议会法令相矛盾。如果发生议会法令与最高法院规程有不一致的地方，则最高法院规程中所有与议会法令不一致的地方应立即停止生效。最高法院规程应于制定之后，在可行情况下尽快由首席法官送交议长，再由议长提交给议会，议会对最高法院规程拥有否决权。

最高法院的法官应定期向国家元首送交国家司法系统的工作报告，以及他们认为适当的改进建议，国家元首审阅后，再由国家元首提交给议会。送交报告的时间由议会法令规定，或在这种法令的约束范围内，由国家元首根据国家行政委员会的建议加以规定，但每12个月内至少要提交一次报告。除此之外，法官还可以主动地，或者应议会或国家行政机关的要求，就国家司法系统的工作提出其他报告。

最高法院对与解释和运用宪法性法律条款的有关问题拥有司法审判权。最高法院以外的任何法院或裁决庭，如果遇到涉及宪法性法律的解释或运用问题，应将问题提交最高法院，并采取暂停诉讼等其他适当步骤。议会和议长有权请求最高法院就涉及宪法性法律条款的解释和运用问题发表意见，最高法院就此发表的意见与最高法院的其他裁决具有同等的约束力。

宪法同时还规定，可以运用某些材料来帮助解释宪法性法律，其中包括：辩论与投票的官方记录；独立前众议院对宪法起草委员会报告（指独立前宪法起草委员会于1974年8月13日签发、1974年8月16日提交给众议院的最后报告）的辩论记录；立宪会议对宪法草案的辩论记录，连同辩论或与辩论有关的报告或其他文件中可用以帮助进行解释的有关部分。

二　国家法院

国家法院由首席法官、副首席法官和不少于4人、不多于6人的其他法官组成，根据议会法令的规定还可以有更多的法官（称代理法官）。具备议会法令确定的法官任职资格者可以被任命为国家法院的代理法官，在国家法院法官因故不能履职时临时填补空缺、应付意料之外的临时性工作任务或国家法院其他紧急工作。代理法官的任命可以不考虑国家法院组成人员的数量限制。

国家法院拥有对一切运用司法权力的案例进行复审的固有权力及宪法或其他法律赋予的其他司法权力，但宪法性法律或议会法令所剥夺或限制的复审权除外。对于宪法性法律或议会法令所剥夺或限制的复审权，如果国家法院认为在某一特定案件的特殊情势下，公共政策方面的考虑具有压倒一切的意义，则国家法院在复查此类案件中仍然拥有其固有的权力。

国家法院对确定某人竞选议员或继续担任议员的资格问题和议会选举的合法性问题拥有司法权。国家法院有权惩处"蔑视法庭罪"，但该项权力的行使须受议会法令的约束。

在议会法令与国家法院规程的约束范围内，国家法院的司法权限可以由该法院的一名法官行使，亦可由多名法官共同行使。国家法院的司法权限可以在法庭上行使，亦可在法官议事室内行使，可根据议会法令与国家法院规程的规定确定。

国家法院的法官可以就国家法院的惯例和程序、涉及国家法院的惯例和程序来制定国家法院规程，但不得与宪法性法律或议会法令相矛盾。如果开始生效的议会法令与国家法院规程有不一致的地方,则国家法院规程中所有与议会法令不一致的地方应立即停止生效。国家法院规程应于制定之后在可行情况下尽快由首席法官送交议长,再由议长提交给议会,议会对国家法院规程拥有否决权。此外,国家法院是重大民事和刑事案件的初审司法机关。国家法院受最高法院管辖。

三 地方法院

地区法院分为区域法院,主要在城市进行司法活动;村庄法院,主要在农村地区从事司法活动;涉及某些习惯事务的治安法庭;特别法庭,负责关于家庭法,习惯土地纠纷和与采矿部门有关的民事案件。在农村,判案通常是依靠习惯法,由选举出来的法官在当事方都在场的情况下进行判决或者调解。

1975年,地方法庭开始在巴布亚新几内亚执行司法职能。法院的数目逐年增加,其司法服务涉及巴布亚新几内亚近2/3的人口。1985年8月,有7564个村庄法院官员,设置了856个村庄法院。法院根据当地社区的要求设立的,许多法院请求仍待处理。国家政府致力于扩大法院规模,目标是在1984年至1987年期间,7个省和国家首府建成57个村庄法院。该计划已经到了有法学家认为,村庄法院可能是"该国最重要的法律机构"的阶段。

村庄法院的建立与增加的主要原因如下。首先,与殖民时代的结束和20世纪60年代末和70年代初的独立运动有关。其次,由于采用的是英国普通法传统,并试图增加美拉尼西亚人与新兴国家的法律制度。最后,立法机构希望通过推行村庄法律制度,沿袭普通法国家传统,逐步构建习惯法和普通法的基本法律结构。

因此,1973年《村庄法院法令》规定:设立村庄法院与现有的地方法院和地方法院一起行事。村庄法院的司法职能与权限如下。

1. 司法职能。法院的职能是"通过调解和努力获得公正和友善的争端解决来确保其建立的地区的和平与和谐"。如果调解失败,法院有强制管辖权。

2. 司法管辖权。法院对通常居住在其所在地区的所有居民具有管辖权，由联合会议处理村间纠纷。法院行使民事和刑事管辖权，虽然法庭日常工作的区别有些模糊。规定中规定了法院管辖范围内的具体犯罪行为。这些包括：打人、使用侮辱言语、财产损失、村内醉酒行为、未履行习惯性义务、巫术、部分违反地方政府规定的行为等。

3. 赔偿和处罚。在大多数情况下，村庄法院可以判决赔偿不超过30000基那的赔偿金，但是关于监护儿童、新娘的价格或死亡补偿的情况没有任何限制。还可以发出不超过四周的受伤或受害方的工作请求单。罚款限额为5000基那现金或货物。也可以判处四周以上的社区工作，但监禁判决在执行前须获得地方法院法官的许可，只能在以前的村庄法院罚款或赔偿令未被执行的情况下执行。

4. 上诉和审查。法院大部分存在于正式的法院等级制度之外，但对两名村庄法院裁判官的地方或地方法院裁判官的上诉权力有限。该决定由省监督管理机构（具有审查和监督权力）进行审查，但无进一步的溯及力。

5. 人事。当地一些居民被任命为法院的治安法官。任职期限三年。没有具体资格要求，农村法院秘书处为新的治安法官举办简短的培训课程。3~10名当地治安法官组成法院，但在许多领域，"区域法院"和"全面法院"之间形成了区别。一些"地区法院"，由一个到两个村庄法院裁判官试图调停并达成一项减少到书面的和解，并可以执行。如果调解不成功，3名以上的治安法官的"全面法院"将会听取这种情况。作为记录员的乡村法务书记以及协助法院执行决定的村民和平官员是法院合法的其他官员。他们不是全职官员，只能获得有限的报酬。地方法院裁判官有责任定期巡视他所在地区的村庄法庭。

6. 法律和程序。村庄法院适用任何法律或习惯法。一般法律不适用，除非有明确的申请。法院根据实质性正义判决事项确定自己的程序。

自1975年推出以来，村庄法院的数量迅速扩大，普遍受到欢迎，成为巴布亚新几内亚法律制度的重要特征。村庄法院相对较好地适应了当地社区的生活，在村庄法院在村庄的接受程度较高，司法行为并没有遇到实质性司法困难。裁判官会采用相对正式的方法来保护自己的立场。村庄法院是巴布亚新几内亚的一个新的法律机构，巴布亚新几内亚法律改革委员会调查报告表明，巴新的司法调解数量是正式听证会的两倍。村庄法院的形式似乎满足社会司法需要，虽然村庄法院是为了解决争端而采取的习俗，但是治安法官倾向于寻求正式的法律规定，以便在村里发挥权力，希望逐步通过定制司法程序取代习惯法，但法院适用习俗的能力在一定程度上受到治安法官知识的限制，年龄较大的受过高等教育的人士被选为治安法官的概率较高。

村庄法院主要面临三大问题。第一，在城市的适用性。目前，市区内唯一的村庄法院在莫尔兹比港。有人对其在城市地区的生存能力提出疑问，在这些地区，社区凝聚力很小或根本没有，人们从许多不同的地区被聚集在一起，而且在日常生活中，习俗不再起着重要的作用。在这些地区，人们更有可能依靠一般的法院制度。第二，村庄法院处理涉及妇女案件的公正性。村庄法院是以男性为主的机构。几乎所有的治安法官都是男人，有些妇女因此不愿在法庭上提出争议。另外，巴布亚新几内亚的《法律与秩序报告》引用了法律改革委员会收集的数字，显示妇女占到了村庄法院案件原告的32%，而且这些案件往往是针对男子的。第三，监督。司法监督是村庄法院公平性与正当性的实际保障。监督检查官对村庄法院的适当发展起到了关键作用。地方治安法官的监督有助于确保法院不犯错误，不会失去方向。法院数量的迅速增加，增加了监督法官的责任。对此，国家已经启动全日制村庄法院检查员的招聘工作，他们接管了治安法官的大部分司法监督工作，改善了监督水平。

《巴布亚新几内亚法治报告》指出：虽然没有实际数据，但有证据表明村庄法院能够通过协助和平解决争端，为非重大罪犯提供更加有力的惩罚，有助于维护秩序……提升社区意识和社区公众参与度，增强普通人的社会价值观。总体来讲，村庄法院有助于提升国家公共秩序。

"村庄法院法"制度也在尝试司法改革，内容涉及：①规定将省级村落法院纳入正式村庄司法制度；②限制村庄法庭监禁权（包括监禁）至六个月；③限制其他惩罚权限的增加；④对村里危险驾驶追加刑事管辖

第三章 政　治

权；⑤澄清法院对习惯婚姻和婚前子女的监护权的权限；⑥执行赔偿令或损害赔偿金的规定限额；⑦加强监督检查权力；⑧规定村委会与警方的合作。

第四节　政党与团体

一　政党

巴布亚新几内亚有 40 多个政党，现执政党为人民全国代表大会党（People's National Congress Party），1996 年成立，现有议员 60 多名。总理奥尼尔为该党领袖。其他联合执政党包括：国民联盟党（National Alliance）、联合资源党（United Resources Party）、人民党（People's Party）。执政联盟占议会所有 111 个席位中的 80 多个席位。

目前在巴布亚新几内亚政坛上影响比较大的主要政党有：

人民全国代表大会党（People's National Congress Party）　巴布亚新几内亚执政党，现在由彼得·奥尼尔（Peter O'Neill）领导。彼得·奥尼尔 1965 年 2 月生，获巴新大学商业学学士学位。曾在政府部门、私营企业和金融机构任职。2002 年 6 月当选议员，历任劳工与产业关系部部长、公共服务部部长、财政与国库部部长、工程部部长等职。2011 年 8 月被议会选举为总理，2012 年 6 月连任。该党成立于 1996 年，现有议员 60 多名。执政联盟由多个在野党组成，包括：国民联盟党（National Alliance）、联合资源党（United Resources Party）、人民党（People's Party）。执政联盟占议会所有 111 个席位中的 80 多个席位。

国民联盟党（National Alliance Party）　成立于 1995 年，迈克尔·索马雷应邀领导国家联盟党。随即国家联盟党参加了 1977 年的大选。国家联盟党在 2002 年的大选中获得了议会 109 个席位当中的 19 个席位，成为议会中第一大党，并组成联合政府执政到 2007 年。国家联盟党成为自巴布亚新几内亚 1975 年独立以来，第一个完整执政 5 年任期的政党。2006 年，国家联盟党内讧，党的创始人之一巴特·菲力蒙出来挑战索马

53

雷的党的领导人地位，没有成功，他投奔了反对党阵营，并担任了新一代党的领袖。2012年6月巴布亚新几内亚举行大选，彼得·奥尼尔出任总理。

人民行动党（People's Action Party） 支持索马雷政府，是巴布亚新几内亚执政党联盟重要的成员。在2002年选举中获得了5个议席，在2007年的选举中得到了6个议席。

联合资源党（United Resources Party） 在2007年的选举中获得了5个议席，是联合执政党之一。现有议员7名。

联合党（United Party） 于1967年在首都莫尔兹比港成立，前身称作领土国家党，与澳大利亚乡村党关系密切。该党主要由代表高原地区农民和种植园主的利益的高原农民和移民协会联合体发展而来。它们政治上保守，联合反对潘古党主张国家独立，人民进步党后来也并入联合党。然而，联合党因为分裂，势力逐渐减弱，并在选举中连续失利。20世纪90年代，该党在巴布亚新几内亚议会中仅1个席位。2002年大选获得3个席位。2007年仅获2个席位，但参与了联合政府。现任党魁是鲍伯达达，2007年担任党的领袖，并在政府中担任国防部部长要职。

潘古党（Pangu Party） 潘古党在巴布亚新几内亚政党中历史比较长，成立于独立之前的1968年，由迈克尔·索马雷总理创建。1985年潘古党党内发生分裂，对当时的党首、正在执政的索马雷总理提出了不信任案，并获得通过，导致索马雷政府垮台。索马雷从此也离开了潘古党。在2002年大选中，获得了6个议席。索马雷再次担任政府总理，潘古党转而支持索马雷政府，参加了联合执政党。2007年的选举，潘古党获得5个议席，仍然是执政党联盟的成员。

人民民主运动党（People's Democratic Movement Party） 于1985年成立。缔造者帕阿斯·维提（Paias Wingti）在1986~1988年和1992~1994年两次担任总理。人民民主运动党在2002年大选中获得了13个议席，成为国会当中第二大党，新党首马克雷·莫劳塔（Mekere Morauta）选择了反对党。在2007年大选前，马克雷·莫劳塔不再担任党的领袖，帕阿斯·维提再次掌权。由于分裂，人民民主运动党在2007年的选举中

第三章　政　治

遭到失败，仅有议员 5 名代表当选。人民民主运动党这次选择了执政党，成为联合执政党。

人民劳动党（People's Labour Party）　在 2002 年的选举中赢得了 4 个议席，但是在 2007 年的选举中，议席数减少了一半，只获得了 2 个议席。

人民进步党（People's Progress Party）　由陈仲民（Sir Julius Chan）于 1968 年建立，在 20 世纪 90 年代中期，陈仲民担任第二任总理期间，人民进步党受到指控，损失惨重。只能与潘古党结盟参与巴布亚新几内亚的政治。2002 年的选举，人民进步党有所起色，所得议席翻了一倍，达到 8 个席位，成为第三大党，然而在 2007 年的选举中，又回到了 4 个议席的水平。陈仲民已经重新当选党的领袖，并领导该党参与了反对党的阵营。

巴布亚新几内亚党（PNG Party）　由巴布亚新几内亚前总理和人民民主运动党领袖马克雷·莫劳塔（Mekere Morauta）于 2007 年成立的。在当年的议会选举中，巴布亚新几内亚党赢得了 8 个席位，成为最大的反对党。

新一代党（New Generation Party）　目前是主要的反对党之一，前国民联盟党创始人巴特·菲力蒙任党的领袖，2007 年选举中赢得了议会 4 个席位。

二　群众团体

工会是巴布亚新几内亚的重要组织。巴布亚新几内亚法律赋予公民组织和参与工会的权利。工会需在劳工与产业关系部注册登记。国家、省级或市政等公共部门近 2 万名雇员参加了公共雇员协会，占雇员总人数的 1/3。其他公共部门工会还包括：教师协会、警察协会、护士协会、国家医生协会、教养事务雇员协会等。

在巴布亚新几内亚各行业的 25 万名劳工中，有一半左右的雇员参加了近 50 个行业工会。这些工会主要包括通信工会、电力工人工会、林业协会、旅游协会、海事工人行业联盟、民航工会、木材和建筑工会、矿业工会、巴布亚新几内亚雇员联盟等。

巴布亚新几内亚法律赋予工人罢工的权利。近年来，电信、电力、民航等国有企业雇员为抗议私有化政策或者要求增加工资等多次组织罢工，最终通常以政府部门妥协而告终。

巴布亚新几内亚主要非政府组织关注环境保护、医疗卫生、农村地区发展等行业。现有10多个国际和地区性环境非政府组织，其中世界绿色和平组织、世界自然基金会、保护国际、美拉尼西亚环保组织等几个主要环保非政府组织在巴布亚新几内亚环保活动范围较广、影响较大。

第五节 军事

一 总体特点

巴布亚新几内亚军队创建于1940年，称巴布亚新几内亚国防军。自从1975年独立以来，国防军始终肩负着抵御外敌入侵和保障国家建设，以及保障国内安全的使命。对外，巴布亚新几内亚军队曾在1980年出兵瓦努阿图，帮助平息分裂势力的叛乱。2003年，巴布亚新几内亚国防军赴所罗门群岛提供援助。在国内，1983年曾出兵支持莫尔兹比港，支持政府，打击自由巴布亚运动；1989~1997年，国防军在布干维尔地区打击布干维尔革命军，阻止布干维尔的独立。这些行动使国防军在人权、对待国民等方面都受到批评。

2001年巴布亚新几内亚发生了军事政变，此后，为了适应国际形势的变化和配合国内的经济发展，巴布亚新几内亚的国防军开始裁军，到2007年裁军结束，军队规模从独立时期的3800人，减少到目前的2100人。裁军规模可观，目前军费开支在政府支出的4%左右。

巴布亚新几内亚国防军能力十分有限，因为长期经费不足；缺乏常规军事行动的经验，应付海外和国内紧张局势的能力低下；海空军的装备落后也很难执行海外部署的任务。巴布亚新几内亚国防军急需新的军事装备。澳大利亚、新西兰和一些欧美国家协助巴布亚新几内亚军队的训练，甚至直接提供资金援助。巴布亚新几内亚与澳大利亚签有防务合作协议，澳大利亚政府每年向巴新提供约 4920 万澳元援助，用于裁军的人员经费和军队设施建设等，并提供军事培训，涉及政策、管理、海军、陆军、工程兵、人员、后勤等领域。

二　国防体制

按照宪法规定，国家元首——总督为武装力量总指挥，总督通过国防部统率全军。国防部是武装力量最高领导机构，通过巴布亚新几内亚国防军司令部管理整个军队。现任巴布亚新几内亚国防军司令是吉尔伯特·托罗波。巴布亚新几内亚国防军包括陆军、海军和空军，实行志愿兵役制。

巴布亚新几内亚国防军现有兵力 2100 人，其中陆军 1800 人，空军 100 人，海军 200 人。

（一）陆军

陆军是巴布亚新几内亚国防军的核心，兵力占巴布亚新几内亚国防军总数的 86% 左右，约为 1800 人（2007 年）。设有陆军司令部（设在首都莫尔兹比港）、2 个步兵营和 1 个工程兵营，此外还有一个通信中队，一个排爆队，一个医疗排，一所军官学校。

陆军的主要军事基地包括首都的莫尔兹比港（Port Moresby）、东塞皮克省（East Sepik）首府韦瓦克（Wewak）市、莫罗贝省（Morobe）首府莱城（Lae），以及桑道恩省（Sandaun）首府瓦尼莫（Vanimo）等地。

巴布亚新几内亚的陆军总体属于轻型装备的陆军，只能开展较低水平的军事行动。尽管如此，巴布亚新几内亚陆军地位仍是三军中最高的。陆军最早起源于太平洋岛屿团，是 1951 年建立的，当时隶属于澳大利亚陆军。在巴布亚新几内亚独立之后，这支军队保持它的传统和文化，顺理成章地成为巴布亚新几内亚军队的基干力量。然而，该部队的理念和设置都是按照外军的治军原则，来配置装甲车辆、火炮、攻击型直升机等，没有考虑到军队预算的严重不足的问题，因此没有部队训练、设备维护、装备升级和开展军事行动的费用。在这种情况下，要在未来一段时间内保持陆

巴布亚新几内亚

军的精良装备和常规作战的机动性是不可能的。因此，巴布亚新几内亚陆军的地位就集中在抵御外来入侵和协助警察力量为国内安全和稳定服务，并在必要时为社会和灾害救援活动提供支持。工兵营参与社会有关建设与组织网络的能力建设，其他两个陆军营也参与道路、桥梁和其他基础设施的建设。这些工程一般都是商业公司因为安全原因不愿意介入的地方。

巴布亚新几内亚陆军还没有显赫的作战经历，海外部署能力也十分有限。在维护国内安全方面的行动也不是很有效率。2006年8月，巴布亚新几内亚政府在南高地省因计划修建石油管道发生冲突而宣布实行紧急状态。陆军被派去恢复社会秩序、法制和省政府的领导与管理。

20世纪90年代，巴布亚新几内亚陆军的主要任务几乎都是国内的安全，重点是对付布干维尔自治区的分裂活动，那里的分裂势力一直要求独立。陆军长期介入，但是局势始终是时好时坏，直至1997年，在新西兰斡旋下，双方正式宣布停战，这充分暴露了巴布亚新几内亚陆军的指挥不力、行动效率低下、缺乏训练和组织纪律性。此后，巴布亚新几内亚陆军试图进行改革训练和管理，来改变陆军的形象，提高战斗力。

进入21世纪，面对日益严重的恐怖主义威胁，巴布亚新几内亚政府和军队在2008年一致同意强化军队，抵御外来势力对国家主权的威胁，特别是恐怖主义威胁。同时，巴布亚新几内亚军队还准备积极参与国际维和行动，并且要为本国的积极发展和军队的专业化做出贡献。澳大利亚和新西兰都参与巴布亚新几内亚陆军的训练工作，并提供了援助。此外，法国军队和美国军队也提供了帮助或进行联合演习。

巴布亚新几内亚陆军装备不足，没有装甲车、大炮、反坦克武器和防空导弹等重型装备。只有轻型武器和一些通信设备。因为巴布亚新几内亚多山，陆军的机动能力十分有限。加之热带雨林气候和交通基础设施不发达，大炮等重武器在巴布亚新几内亚也无法使用。由于装备不足和过时，巴布亚新几内亚陆军从2003年开始，配备一些先进的装备。例如，数字卫星通信网络，不仅改善了陆军的通信，使巴布亚新几内亚陆军可以保证各个基地之间的通信安全，还可以进行移动通信。2007年，陆军装备了

32 套新的高频巴雷特（Barrett）无线通信设备。

（二）海军

海军是巴布亚新几内亚国防军的海军分部，主要装备是轻型巡逻艇，因此只能进行近海的海上防御。海军同样也面临着装备匮乏问题。由于严重缺乏资金，巴布亚新几内亚海军装备不足和维修困难，海军执行任务的能力大打折扣，经常推迟或者取消行动。巡逻任务也因为经费和维护不足而无法进行，经常就只有一艘巡逻艇可以出海。登陆艇也因为接近退役期和经费问题很少出动。由于巡逻任务相对海军的装备来说过于繁重，巴布亚新几内亚海军只能依靠美国卫星监控信息对外国船只进行监视。最重要的任务是阻止日本渔船非法捕捞金枪鱼。由于海军现有的巡逻艇吨位太小，巴布亚新几内亚海军计划要添置 2000 吨级的多用途船或者改装的商船来执行巡逻任务。澳大利亚海军一直帮助巴布亚新几内亚海军巡逻和训练。两国海军定期进行演习和联合巡逻。

海军主要有三个职责：第一，支持巴布亚新几内亚国防军的军事行动；第二，保护巴布亚新几内亚的经济特区，主要是提防日本渔船非法捕捞金枪鱼；第三，为军事和民用提供后勤帮助。

巴布亚新几内亚海军有 4 艘太平洋级巡逻艇，2 艘 Balikpapan 级登陆舰，兵力约 200 人。海军主要基地有莫尔兹比港（Port Moresby）、马努斯（Manus）岛和米尔恩湾（Milne）。

（三）空军

空军是巴布亚新几内亚国防军的空军分支，主要功能是支持军事行动，例如运输、后勤补充和医疗抢救。未来，巴布亚新几内亚空军还将在保证边界安全和海上侦察方面发挥作用。

巴布亚新几内亚空军规模很小，仅有少量轻型直升机和小型运输机，兵力约 100 人。主要基地是莫尔兹比港（Port Moresby）的杰克逊（Jackson）机场。巴布亚新几内亚空军有作战飞机 2 架，海上侦察机 N-22B"搜索能手" 2 架，运输机 CN-235 型和 N-22B"办事能手"各 2 架，IAI-201 型 3 架，直升机 UH-1H 型 4 架。

第六节　布干维尔危机及布干维尔和平进程

布干维尔岛[1]位于西南太平洋上所罗门群岛的最北端，也是该群岛中最大岛屿。全岛呈西北至东南走向，长约120公里，宽约从64公里至96公里，总面积约一万平方公里。人口连同附属岛布卡岛在内约十三万人，主要人种属美拉尼西亚人，白人亦有6000人左右。1885年，德国占领了北所罗门群岛。1900年，英国以其在萨摩亚的权力，换取除布干维尔岛之外的全部所罗门群岛，布干维尔岛遂成为德属新几内亚的一部分。一战后，澳大利亚受国联委托统治新几内亚，并在二战后将其与原澳属巴布亚合并。1975年，巴布亚新几内亚宣布独立，北所罗门岛为其一部分，岛上成立布干维尔省。同年，布干维尔省更名为北所罗门省。省会位于该岛东岸的阿拉瓦市。目前，布干维尔是巴布亚新几内亚唯一的自治区。[2]

布干维尔矿产资源丰富，是世界上最大的金矿和铜矿产出地之一。其产出一度占巴布亚新几内亚出口的40%和政府收入的17%～20%。自从20世纪60年代布干维尔开始采矿以来，布干维尔主要的矿业公司——铜业有限公司与布干维尔地区的当地人，甚至许多与采矿业不直接相关者之间纷争不断。[3]

在现实生活中，布干维尔人认为自己在体貌特征方面区别于红皮肤的巴布亚新几内亚本岛人，并感到自己时常处于被政府忽视和遗忘的境地，早在20世纪50年代即产生与巴布亚新几内亚分离的强烈意识。在20世纪60年代末和70年代初，分离主义已在布干维尔人中产生广泛的影响。在布干维尔经常有人发出号召：即使布干维尔不与巴布亚新几内亚分离或独立，至少也应寻求自治。

---

[1] 布干维尔岛于1768年为法国航海家布干维尔发现，并以其名命名。
[2] 维基百科，http：//zh.wikipedia.org/wiki/%E5%B8%83%E5%B9%B2%E7%BB%B4%E5%B0%94%E5%B2%9B。
[3] The Bougainville Crisis, http：//epress.anu.edu.au/sspng/mobile_devices/ch13.html。

第三章 政　治

反对采矿业的发展成为 20 世纪 60 年代后期布干维尔分离主义运动出现的主要原因。此后，布干维尔矿业的发展与该地区的民族分离主义运动几乎同步。

布干维尔采矿业的发展是在澳大利亚力拓公司等外国资本进入后开始起步的。在矿业发展的早期，通过一系列安排和巴布亚新几内亚矿业法的相关规定的保障，布干维尔矿区土地所有者得到一定的经济补偿。1967 年布干维尔铜业有限公司和巴布亚新几内亚政府签署《布干维尔协定》，决定提供出口的 1.25% 作为补偿，其中 5% 给予土地所有者，95% 给予政府，起初是给予中央政府，1974 年以后给予地方政府。在 1968 年至 1974 年间共有 2654 份赔偿金给予布干维尔人，总额为 160 万美元，但绝大多数赔偿数额较小，多数情况下属于一次付清。赔偿金在族群之间或族群内部分配（绝大部分分给大家庭领导）非常不公平。由于巴布亚新几内亚政府和铜矿公司在开采过程中并不注意对当地环境的保护，加之没有有效的利益回馈机制，当地人产生强烈反抗情绪。为数众多的布干维尔人认为发展采矿业夺去了他们的土地，不可逆地改变了他们的生活方式，却仅补偿给他们少量的财富。此外，矿井造成的污染还导致鱼类死亡和飞狐（布干维尔人重要的食物来源）消失，直接影响到当地居民的日常生活。

1988 年，500 名布干维尔当地人参加了向铜业有限公司请愿和静坐的活动，导致公司停产数小时，1988 年 4 月起，矿区发生多起抢走炸药、爆炸和纵火事件。而修复生产线的工人则受到武装威胁。1988 年底，布干维尔土地所有者对布干维尔铜业有限公司的仇恨变为暴力行为，拥有武装的土地所有者开始对铜业有限公司的雇主进行侵害。为了遏制冲突，1988 年 12 月，巴布亚新几内亚政府在布干维尔主要城镇和矿区实行了宵禁。

1989 年 3 月，在阿拉瓦，连续发生布干维尔当地人和巴布亚新几内亚本土移民之间的仇杀事件。尽管这些事件不直接与土地所有者和布干维尔铜业有限公司相关，仍然激起了布干维尔分离主义分子的仇恨，增强了当地民众对武装的土地所有者的支持。此后巴布亚新几内亚国防军被派驻布干维尔以支持当地警力维持秩序与法律。巴布亚新几内亚政府和北所罗

巴布亚新几内亚

门省政府的代表也试图与武装人员谈判,但暴力和杀戮仍时有发生。1989年4月12日,巴布亚新几内亚双日报 *Niugini Nius* 刊登了土地所有者武装的领导人、前铜业公司雇主弗朗西斯·欧纳的一封信,信中提出布干维尔武装力量的要求,包括120亿美元的环境破坏补偿以及其他因发展采铜业导致的损害补偿(而铜业公司称补偿额达到1967年铜业公司开业以来总收入的2倍);50%的矿业利润;巴布亚新几内亚政府撤出安全部队。这封信还明确指出,"我们不再是你们国家(巴布亚新几内亚)的一部分,我们属于布干维尔。"1989年在布干维尔地区出现所谓"布干维尔革命军","布干维尔革命军"没有正式的组织机构,但其行动针对巴布亚新几内亚安全部队和矿井。"布干维尔革命军"起初旨在寻求最大限度得到经济补偿,在遭到政府拒绝后改为呼吁关闭矿井,采用恐怖行动来确保目标实现。1989年2月,弗朗西斯·欧纳呼吁布干维尔与巴布亚新几内亚分离,4月呼吁建立独立的布干维尔共和国并得到了布干维尔人的支持。4月,北所罗门省代表和当地村社领导大会代表举行大会讨论形势。据称,大会报告充满分离主义情绪。约翰·拜卡领导下的省代会随后准备了一份关于形势的报告。报告不支持独立,而是呼吁布干维尔除防务、货币和外交事务外实现完全的自治。

由于布干维尔安全形势没有明显缓解,1990年1月铜业公司进入看护和保养时期并开始遣散雇员。尽管巴布亚新几内亚政府和北所罗门省政府及土地所有者代表同意达成和平协议,巴布亚新几内亚政府和铜业公司承诺给土地所有者和北所罗门省政府增加相应补偿和发展基金,但土地所有者武装拒绝接受上述条件并持续对矿区开展有效的游击活动,包括袭击政府安全部队。1990年,弗朗西斯·欧纳率领的反抗组织再度宣布布干维尔独立,巴布亚新几内亚政府对布干维尔岛实施经济封锁,并派军队加以镇压,造成了旷日持久的武装冲突。布干维尔危机就此激化。

布干维尔危机的爆发,实则是第二次世界大战后南北关系中矛盾加剧的一个缩影,同时也表明巴布亚新几内亚国内治理问题解决的复杂性和艰巨性。布干维尔危机在多方面产生灾难性后果。在1988年以前,北所罗门省是巴布亚新几内亚最富裕的省份,一个最和平和有序的省份,此后却

第三章 政 治　　Papua New Guinea

成为一个黩武、动荡和政府权威缺失的地方。此后长达十二年的布干维尔内战中，有 4 万人流离失所，从 1989 年开始到 2001 年巴政府与布干维尔各派达成全面和平协议前，布干维尔估计有一万二千人死亡。

布干维尔危机加剧了巴布亚新几内亚国内的分裂。巴布亚新几内亚警察和军人在与布干维尔人的冲突中丧生，导致了巴布亚新几内亚其他地方对布干维尔人的憎恨，许多布干维尔人遭到迫害，尽管他们过去争取权益的行动曾得到过同情。在北所罗门省，布干维尔人内部的紧张局面也在升级，家庭成员因土地赔偿补偿问题发生分裂。北所罗门省的多名领导人被杀害和招致殴打，一些失去家庭和财产的布干维尔人越来越倾向于以暴力袭击政府军队。布干维尔安全局势急剧恶化。而巴布亚新几内亚安全部队的激烈反应不仅损害了警察和军队的声誉，还严重损害了巴布亚新几内亚政府与北所罗门省人民的关系。[①]

经济上，矿业公司的关闭和对非布干维尔人的排斥给北所罗门省内的商业和种植园经济带来灾难性影响。尽管在国家层面上，矿业关闭的影响因黄金和铜矿储备以及矿产资源稳定基金的存在而一度得到缓解。但是，到 1989 年后期，冲突对经济的负面影响效应变得明显，特别是对吸引境外投资的不利影响较大。

1994 年，布干维尔反抗军、布干维尔临时政府、巴布亚新几内亚政府和所罗门群岛政府签订停火协定。但此后的布干维尔和平进程一度进展不利。1995 年冲突方于澳大利亚举行和谈。1996 年巴布亚新几内亚政府军再度攻击布干维尔岛。1997 年在新西兰斡旋下，双方正式宣布停战。1998 年，和平观察团终抵布干维尔岛。

2001 年，8 月 7 日，巴布亚新几内亚内阁原则批准关于布干维尔和平进程的全面政治协定。8 月 30 日，巴布亚新几内亚政府与布干维尔方面达成全面和平协议，签署了《布干维尔和平协定》，协定对布干维尔与巴布亚新几内亚政府之间的关系作了新的界定和诠释。协定文本指出，协定的三大支柱为：自治、全民公投和武器的处理。同意布干维尔省在巴布亚

---

① http://epress.anu.edu.au/sspng/mobile_devices/ch13.html.

新几内亚宪法框架内建立自治政府，布干维尔可在自治政府成立 10～15 年就未来政治地位举行公投。《布干维尔和平协定》的签署标志着长达 12 年战争的结束，布干维尔和平进程进入具体实施阶段。

2002 年 3 月，巴布亚新几内亚国民议会通过关于布干维尔问题宪法修正案和相关组织法，宣布北所罗门为其高度自治省，内部自治，从而从法律上为布干维尔成立自治政府及今后自治政府举行独立公投铺平道路。此后，布干维尔和平进程进展基本顺利。2003 年 7 月，联合国驻布干维尔政治事务处宣布收缴武器阶段结束。2004 年 1 月 4 日，联合国安理会同意成立联合国布干维尔观察团，取代已到期的驻布政治事务处。2005 年 1 月，在联合国的斡旋下，巴布亚新几内亚中央政府批准了《布干维尔宪法》，布干维尔自治政府成立。同年 5 月 20 日，布干维尔自治政府大选开始，6 月 4 日，布干维尔人民代表大会党候选人约瑟夫·卡布伊当选首任自治政府主席，布干维尔自治政府正式成立。自治政府初期集中推动缴械、和平与和解进程。2008 年 6 月，卡布伊因病去世。詹姆斯·塔尼斯（James Tanis）在 2008 年底举行的补选中当选自治政府主席。2010 年 6 月，新布干维尔党候选人约翰·莫米斯（John Momis）在布干维尔第二届选举中当选自治政府主席。2015 年 6 月，约翰·莫米斯成功连任。2016 年 5 月，巴新中央政府和布干维尔自治区政府决定将 2019 年 6 月 15 日确定为布干维尔自治区独立问题公投"目标日期"。

总体上看，联合国的介入和布干维尔危机冲突各方的利益博弈，共同推进了布干维尔和平进程。当然，由于布干维尔问题的复杂性，该地区形势的未来走向仍然充满变数。

第四章

经　济

　　巴布亚新几内亚是太平洋地区最大的发展中国家。经济增长经历了一个3年的增长高峰，2016年出现低谷，经济增长率仅为2.5%，而2015年还达到6.6%。2009年巴布亚新几内亚GDP规模在80亿美元左右，人均GDP为1272美元。2016年巴布亚新几内亚GDP规模达到199亿美元。人均GDP为2517美元。截至2016年6月，巴布亚新几内亚外汇储备为16.645亿美元（汇率水平1美元≈3.17基那，2017年1月）；2013年公共债务余额为116.01亿基那，其中外债余额为28.50亿基那。穆迪对巴新的主权信用评级是B1。2016年巴新通货膨胀率为6.9%；根据巴新政府2014年财政预算报告，2014年巴新政府预算支出总额为151亿基那，同比增长13.8%，预算赤字23亿基那。作为南太平洋岛国之一，巴布亚新几内亚有着天然的资源优势。20世纪90年代中期以后，受益于资源优势和国际资源类产品价格高企趋势，巴布亚新几内亚经济开始好转，巴布亚新几内亚采取出口导向型经济发展战略，开始逐渐摆脱低收入陷阱，成为太平洋岛国新兴经济体之一。但近年来随着国际能源市场价格下跌，巴新经济增速有所放缓，政府财政困难增多。同时，许多山区居民仍过着原始部落自给自足的生活。全国近37%人口生活在国际贫困线（人均1.90美元/天）以下。2015年联合国开发计划署人类发展指数显示，巴新在165个国家中列第156位。人口增长较快，大量农村人口流向城市，失业率居高不下，社会治安有待改善，广大民众生活依旧艰难。

巴布亚新几内亚

第一节 概述

一 经济发展阶段

独立后至今，巴布亚新几内亚经济增长大致可划分为以下几个阶段。

第一阶段是独立后到20世纪80年代末期。在这一阶段，除个别年份外，巴布亚新几内亚经济一直保持中低速增长，波动不大。独立后尽管政府致力于经济发展，但是巴布亚新几内亚传统的经济结构导致其经济增长难以保持较高的增长速度。巴布亚新几内亚主要产业是采矿业和种植业，其产品主要是用于出口换汇，而这两类产业极易受国际市场价格波动的影响。当这两类产品价格走高时，巴布亚新几内亚经济增长就表现为一定程度的增长；当这两类产品国际市场价格走低时，巴布亚新几内亚经济往往陷入负增长，特别是巴布亚新几内亚政府本身调整经济的能力不是很强，加上政局变动和社会动荡，经济增长不可避免地出现波动。

第二阶段从20世纪80年代末期到90年代末期，这一阶段经济增长比前一阶段表现出更大的不稳定性，大起大落更加明显。有时经济增长率接近20%，有时则又出现高达10%的负增长。通货膨胀率则一直处于高位，多数年份在10%以上。这种不稳定的经济增长主要是国际商品价格和国内政局不稳定冲击造成的，这一时期成为巴布亚新几内亚"失去的10年"。经济增长不稳定进一步激化了国内社会矛盾。其中最典型的例子就是1990年布干维尔岛"革命军"宣布脱离巴布亚新几内亚，成立"布干维尔共和国"。这一事件直到2001年才得以有效解决。

第三阶段是进入21世纪以后至今。进入新世纪后，巴布亚新几内亚经济迎来新的发展时期，加上国内政局逐渐稳定，经济呈现中低速平稳增长状态，好于独立以来的任何一个时期。特别是近几年经济开始摆脱低速增长态势，向中、高速增长迈进。除2008年外，这一时期通货膨胀率开始处于低位运行，基本在5%以下。

就人均GDP而言，巴布亚新几内亚也经历了同经济增长一样的大起大落的变化，而不是一直保持稳步提高的态势，特别是在其"失去的10年"间，人均GDP急剧下滑，从20世纪90年代初期的1400美元一直下滑到21世纪初的500美元左右，近些年随着经济状况的好转，巴布亚新几内亚人均收入才又开始回升。从2003年到2013年，巴新政治相对稳定，经济持续实现正增长，成为南太平洋14个岛国经济增长的领头羊。2013年，受国际大宗商品价格下跌及LNG项目建设期结束的影响，巴新经济增长率为5.1%，但在发展中国家仍属较快。巴布亚新几内亚2008~2016年的宏观经济数据如表4-1所示。

表4-1 2008~2016年巴布亚新几内亚宏观经济数据

年份	经济增长率(%)	人均GDP(约合美元)
2008	6.7	1293
2009	4.5	1272
2010	8.0	1488
2011	9.5	1649
2012	9.9	2225
2013	5.1	2283
2014	7.4	2898
2015	6.6	2745
2016	2.5	2517

资料来源：巴新央行，澳大利亚外资贸易部。

二 经济发展特征

巴布亚新几内亚是发展中国家，具有发展中国家的典型特征。

第一，巴布亚新几内亚经济具有高度的二元化特征。一方面是具有"飞地"（规模大且孤立）性质的出口部门，通过自然资源（矿产、石油、木材、鱼类和种植木本作物）的出口获得收入用以支持规模较小而相对正规的经济部门和公众部门的发展。另一方面是自给或半自给的农村经济养活超过80%的农村人口。与太平洋其他岛国相比，巴布亚新几内亚的城市化水平是最低的，而且城市化水平不是在提升，而是与其他岛国城市化率上升趋势呈反向变化,即在不断下降。可见,虽然一些迹象表明农村人口也在逐渐向城市转移,但是上述二元化特征的改变还需假以时日。

第二,巴布亚新几内亚公共部门和矿业部门构成巴布亚新几内亚的主体经济部门。长期以来,政府常规收入占 GDP 比重为 25% 左右,近些年逐渐上升到 30% 左右,政府支出占 GDP 的比重为 35%,政府消费占 GDP 的 15%,每 5 个在正规部门就业的人中就有 2 人在政府部门工作,同时政府部门吸纳 2/5 的信贷,也就是说巴布亚新几内亚政府拥有较大的对国家经济发展的支配权力。另外,巴布亚新几内亚的产业部门主要集中在矿业。2007 年矿业部门创造 GDP 的 28%,农业、林业、渔业占 34%。75% 的劳动力从事农业生产,供城市消费,或从事伐木和木材生产供出口。由于劳动密集型产业没有得到相应发展,巴布亚新几内亚失业率始终居高不下。

1996 年至 2013 年巴布亚新几内亚财政收入和支出占 GDP 比重的情况如图 4-1 所示。

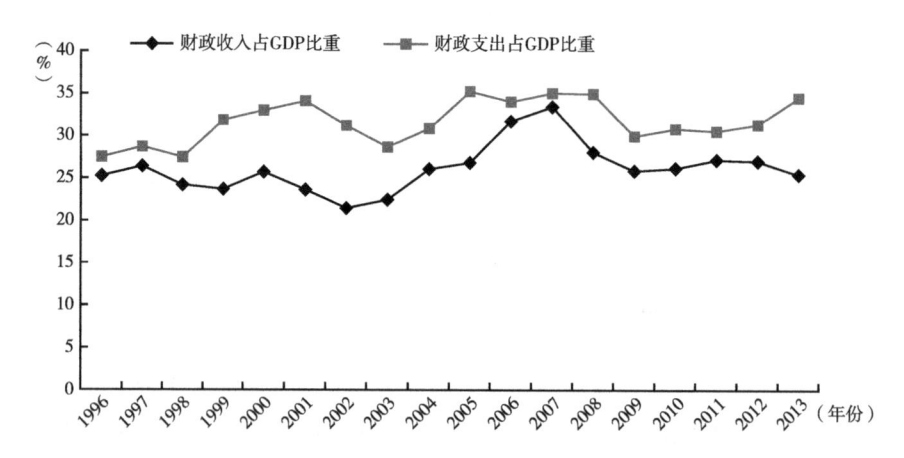

图 4-1 1996~2013 年巴布亚新几内亚财政收入和支出占 GDP 比重
资料来源:亚洲开发银行。

第三,巴布亚新几内亚经济开放水平较高,贸易与 GDP 之比较高,同时巴布亚新几内亚贸易也存在极大的脆弱性。巴布亚新几内亚政府实行出口导向型恢复与发展战略，在这一战略的导向下，巴布亚新几内亚的出口占 GDP 比重在 2006 年达到了 76.1%，在 2007 年进口与 GDP 之比达到 41.5%。但 2007 年以后，巴布亚新几内亚的出口、进口与 GDP 之比均有所下降，特别是出口与 GDP 之比降幅较大，到 2013 年下降到 36.3%；进口与 GDP 之比也下降到 33.2%。1996~2013 年巴布亚新几内亚的出口、进口与 GDP 之比详见图 4-2。

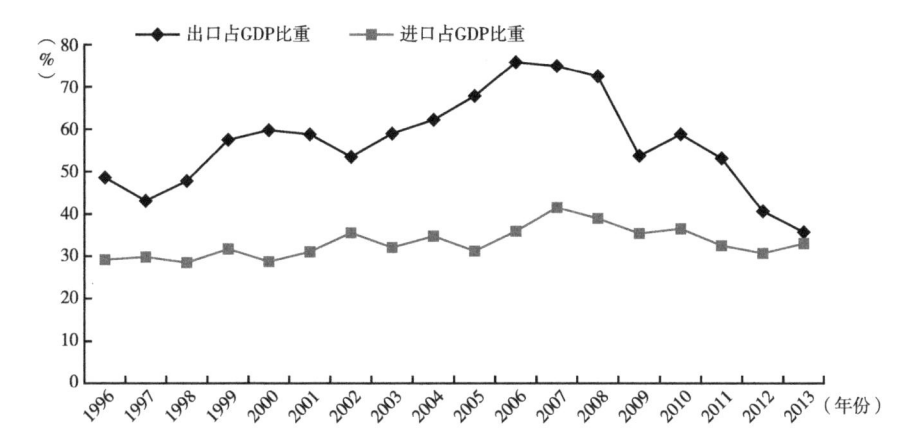

图 4-2 1996~2013 年巴布亚新几内亚的出口、进口占 GDP 比重

资料来源：亚洲开发银行。

据巴新《国民报》7 月 15 日报道[①]，巴新央行公布的数据显示，巴新 2014 年出口额为 219 亿基那，比 2013 年增长 64%，主要是由于 LNG 项目开始投产。其中，2014 年前三季度 LNG 出口额约为 77 亿基那；金、铜、钴、油出口保持稳定，瑞木镍矿出口额为 7.4 亿基那，增长 40%；农产品 2014 年出口额为 30.5 亿基那；林业 2014 年出口额为 8.2 亿基那，增长 11%，其中 88% 的木材出口到中国；海产品出口额从 2013 年的 2.3 亿基那上升到 2014 年 3.2 亿基那。

---

① 《得益于 LNG 投产，巴新去年出口大增》，2015 年 7 月 15 日，驻巴布亚新几内亚使馆经商参处，http://pg.mofcom.gov.cn/article/jmxw/201507/20150701045855.shtml。

2016年巴新央行公布的最新报告显示，受商品价格下跌、交通基础设施条件差和农产品病虫害等因素影响，巴新主要出口产品出口量均出现下滑，而进口需求则非常旺盛（集中于零售业、建筑业、石油、制造业和商业领域）。

由于进口需求旺盛和外汇收入减少，巴新货币基那相对于多数全球主要货币贬值。截至2016年12月20日，基那对英镑、澳元、欧元、日元和美元分别贬值9.7%、7.4%、8.2%、4.9%和5.7%。截至2016年12月20日，巴新外汇储备总额68.41亿基那，较9月底减少5.17%。第三季度巴新通货膨胀率为3.5%，高于第二季度的3.2%。央行行长表示，为应对基那贬值加剧的趋势，央行已出台多项措施管理货币流动和外汇市场。

三　经济增长中存在的主要问题

巴布亚新几内亚经济一直受自然灾害频繁、基础设施落后、传统土地使用制度的制约，以及艾滋病横生、经济增长基础缺乏、高失业率、高人口增长率、高犯罪率、公共部门效率低下等一系列问题所困扰。这些问题已被政府所认识，并成为2005~2010年中期发展战略规划的关键点。总体而言，经过国家独立后将近半个世纪的发展，巴布亚新几内亚在经济发展方面面临三大挑战。一是如何将来自自然资源收入的不可持续性转化为可持续性增长，以避免"荷兰病"的出现。二是如何扩大国家经济增长的基础，使更多的巴布亚新几内亚人能够受益于可持续的经济增长。三是如何提高健康和教育水平，如何改善政府管理体制，使巴布亚新几内亚成为一个经济和社会发展稳定的国家。

具体分析巴布亚新几内亚的经济发展和现状，以下特点十分突出。

一是经济落后，对外部资源依赖较严重，因而谋求"经济独立"是巴布亚新几内亚近年的主要目标。目前矿产、林业、渔业及农产品棕榈油的开发和生产均控制在外国资本手中。巴布亚新几内亚民族经济生产仅限于咖啡、椰干、天然橡胶等传统的农产品和经济作物。

二是地区差距较大。中部和北部高地各省落后，南部各省尤其是首都一带相对富裕。像位于西北端的钦布省只有8%的人口生活在城市地区，

第四章 经济

其余90%多的人口依赖于农业生存。在钦布省，企业抱怨诸如公路、桥梁、通信设施、供电、排水和水供应系统等基础设施严重影响企业正常经营，要求当地政府加强基础设施的建设。连续几届政府努力想缩小地区收入、就业和其他社会指标差距。1995年的《组织法》引入了更平等的从国家政府转移省政府的收入体制。省政府也有独立的提高收入的权利。然而，地区竞争和土地安全保障等问题迫使农民向主要中心城市转移，导致那里失业率和犯罪率都极高。

三是艾滋病的流行已经成为巴布亚新几内亚的重要威胁，这不仅威胁到国家的未来发展前景，而且也使独立后取得的成就面临被破坏的风险。除了个人所遭受的痛苦外，艾滋病还威胁巴布亚新几内亚的经济前景，包括削弱经济的技能基础。阻止艾滋病病毒蔓延成为巴布亚新几内亚2005~2010年中期发展的一个基本目标。除非政府和社会各界的各种努力能够取得成功，否则，艾滋病的流行将对巴布亚新几内亚可能构成灾难性的后果。

四是人口增长率高。巴新长期以来人均GDP增长率几乎刚刚超过人口增长率，这导致巴布亚新几内亚贫困人口快速上升。贫困率从1996年的37.5%上升到2005年的54%，生活在1美元标准以下的人口从1996年的24.6%上升到2003年的39.1%。2004年的人均GDP比1975年独立时还低10%。2004年联合国开发计划署人类发展指数显示，巴布亚新几内亚在174个国家中列第133位，居南太平洋岛国之末。2004年亚洲开发银行通过的《太平洋战略（2005~2009）》，称280万巴布亚新几内亚国民人日均收入仅为1美元，比1996年增加了25%。高人口增长率缩减了政府用于发展的支出，因而政府加强实施全国人口战略（2000~2010年），目标之一是人口增长率控制在2.1%以下。巴新经济在过去十年保持稳定增长，政府也一直努力使更多人从经济增长中获益，但巴新政府呼吁巴新应该采取措施控制人口数量增长。①

---

① 中国驻巴布亚新几内亚经商参处：《巴新总理呼吁控制人口数量》，2015年2月27日，http://pg.mofcom.gov.cn/article/jmxw/201502/20150200903587.shtml。

为落实《2010~2030年巴新发展战略规划》，2010年10月，巴新内阁通过了《2011~2015年中期发展规划》（MTDP），确立了土地发展、法律与正义、医疗、交通、初级和中级教育、高等和技术教育、供水和卫生等公用设施的七个优先发展领域。

1996~2013年巴布亚新几内亚的人口增长率和经济增长率情况详见图4-3。

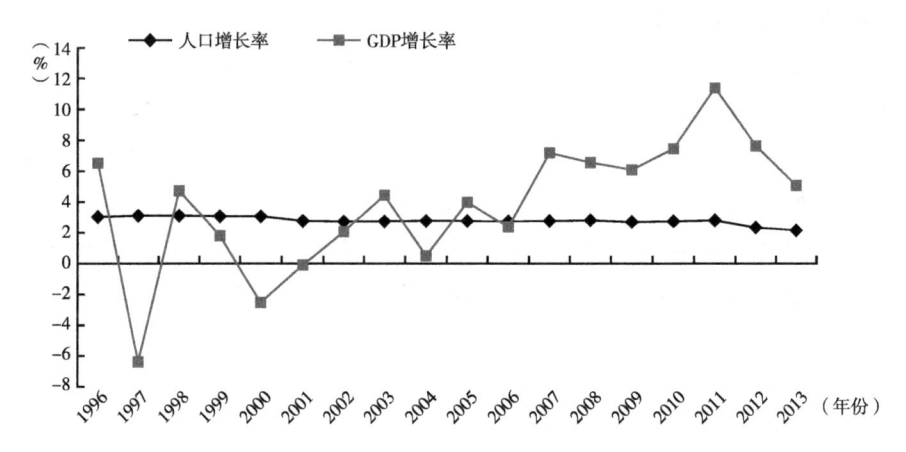

图4-3 1996~2013年巴布亚新几内亚人口增长率和经济增长率

资料来源：亚洲开发银行。

五是无计划的城市化，这是巴布亚新几内亚经济发展中面临的又一难题。同其他发展中国家一样，巴布亚新几内亚目前面临一个严重的问题是无计划扩张城市和城市周边地区。农村人口向城市迁移是现代经济发展的必然结果。巴布亚新几内亚的主要中心城市，如莫尔兹比港和莱城，是国际投资者和国际游客进入巴布亚新几内亚的主要门户。无规划的城市格局对巴布亚新几内亚的国家形象产生较大的负面影响。莫尔兹比港港口的社会、法律和秩序问题不仅阻碍了外国在当地的投资和旅游活动，还严重恶化了巴布亚新几内亚的整体投资环境和商务、旅游环境。

六是政府公共服务质量亟待改进。目前中央、省级和地方级三个层次的政府之间的服务存在失调现象，而且在许多地方一级政府中存在严重服务不足的问题。巴布亚新几内亚这种分散的政府体系不可能改变,这体现了国家文化多样性的特点。但是,如何进行改进却令人头痛。

七是土地利用制度严重制约了巴布亚新几内亚的工业化道路。巴布亚新几内亚传统的土地所有制度牢牢扎根在巴布亚新几内亚文化中,这是公认的法律制度,它支撑着巴布亚新几内亚村庄农业系统,并为广大农村人口提供福利安全网。由于缺乏可靠的法律授权,土地所有者不愿意将土地用作抵押,以寻求投资基金。因此,可以流动的用于大规模的经济项目的土地很少,造成土地价格昂贵;土地使用费时且不确定,缺乏安全保障。巴布亚新几内亚约97%的土地是根据习惯土地使用权占有的,占有期限和条件在全国各地有很大的变化。土地权共有情况普遍,而且大部分没有登记和调查。因此土地权不清和所有权冲突是常见的事情,在涉及资源开发与权益分配时尤其突出。查明所有受影响的土地主,对于补偿做出公平的、为各方可以接受的结构安排经常是极其困难的。

八是巴布亚新几内亚自然环境日渐恶化。绝大多数的人口依赖可再生资源部门,如农业、狩猎、渔业和林业为生计。这类资源也是有条件的可再生能源,需要良好的资源管理和采取适当的做法。农业用地紧张、土壤流失等迹象已经存在。由于水的污染和珊瑚礁的损坏,鱼产量下降。气候变化和海平面上升对巴布亚新几内亚沿海人口的影响也可能对环境形成长期影响。政府现正致力于建立一个环境友好型框架,用好资源,缓解上述问题。

九是如何提高人口素质。如果巴布亚新几内亚要成功地融入全球经济,并进入高附加值产业,需要大力改善本国的技术基础和劳动生产率水平。在某些领域,如技术行业和会计专业,巴布亚新几内亚面临严重的技工短缺问题。更普遍的是,大多数部门的劳动生产率相对较低。目前巴布亚新几内亚迫切需要确保所有巴布亚新几内亚人能具有新的知识和技能,使他们能够从知识和技能中获得收入的增长。

十是促进私人部门的发展。经济增长的关键因素之一是国内和国外私营部门的投资。但是长期以来巴布亚新几内亚的公共部门占据了国家大部分可利用的资源,包括资金和信贷等,以至于私人部门长期得不到有效发展。目前巴布亚新几内亚政府充分认识到私人部门是经济增长的发动机,为此,巴布亚新几内亚政府将鼓励私人部门的快速发展。

四 中长期发展战略

(一) 巴布亚新几内亚《2005~2010 中期发展战略》:以出口带动经济恢复与发展

巴布亚新几内亚政府于 2004 年 11 月发布了《2005~2010 中期发展战略》(Medium Term Development Strategy 2005-2010,MTDS)。MTDS 的最终目标是通过促进经济增长和社会发展,实现巴布亚新几内亚所有人的生活质量的可持续改善(如图 4-4 所示)。该中期规划的作用是构筑一个核心的发展战略,为政府支出项目提供指导;明确政策支持框架;加强改革管理体制。该战略注重经济增长的数量,也注重经济增长的质量,力争使每一个巴布亚新几内亚人都能够从经济增长中获益。同时,鼓励巴布亚新几内亚人利用自己的资源参与经济活动。中期规划的中心是实现有活力的、有广泛基础的经济增长。该战略以国家竞争优势为基础,特别侧重于农业、林业、渔业和旅游业的发展,支持采矿、石油、天然气和制造业。这些部门代表巴布亚新几内亚的竞争实力,是实现 5% 增长目标的基础。

1. 改善民生的第一产业

第一产业是政府优先发展的领域,以促进经济增长。鉴于巴布亚新几内亚 85% 的人口生活在农村地区,把重点放在提高农业相关部门的生产,不仅支撑经济增长,而且也将直接改善他们的生活标准。发展这些产业的关键战略是修建道路和码头、恢复法律和秩序、提高技能、提供推广服务,以提升这些部门创造更高收入的能力。通过建立一系列初级产业的竞争优势,巴布亚新几内亚的目标是成为世界金枪鱼生产中心、棕榈油和橡胶制品的主要出口国,以及输往大洋洲地区的水果和蔬菜的主要供应商。为了利用全球市场机会,巴布亚新几内亚将要采取与检疫、市场营销和质量控制标准有关的国际最佳做法。为此,作为 MTDS 新的倡议之一,政府制定

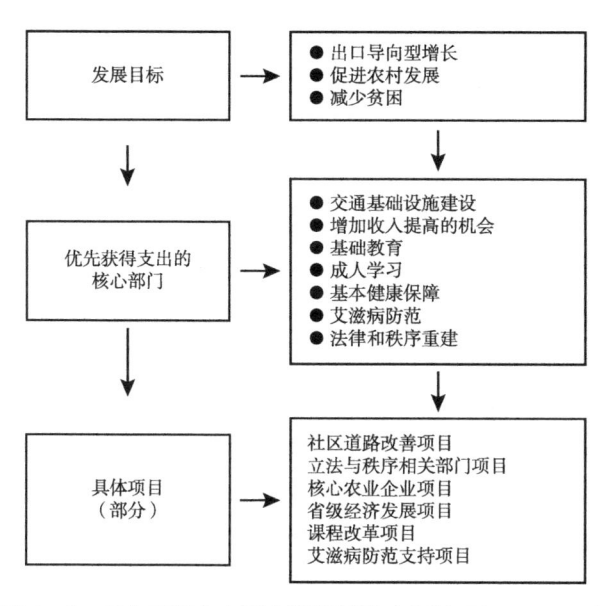

第四章 经　济　　Papua New Guinea

```
┌─────────┐      ● 出口导向型增长
│ 发展目标 │  →   ● 促进农村发展
└─────────┘      ● 减少贫困
     ↓
┌─────────┐      ● 交通基础设施建设
│优先获得 │      ● 增加收入提高的机会
│支出的   │  →   ● 基础教育
│核心部门 │      ● 成人学习
└─────────┘      ● 基本健康保障
                 ● 艾滋病防范
                 ● 法律和秩序重建
     ↓
┌─────────┐      社区道路改善项目
│具体项目 │      立法与秩序相关部门项目
│ （部分）│  →   核心农业企业项目
└─────────┘      省级经济发展项目
                 课程改革项目
                 艾滋病防范支持项目
```

图 4-4　巴布亚新几内亚中期发展战略规划（2005~2010）

资料来源：根据巴布亚新几内亚《2005~2010 中期发展战略》整理。

确保当地生产者在这些关键领域符合国际标准的计划，还制定一项确保巴布亚新几内亚农产品出口符合国际标准的认证制度。

2. "推销"巴布亚新几内亚的旅游业

鉴于巴布亚新几内亚有丰富的自然风光、独特的环境与文化多样性，潜在的旅游资源价值相当可观。然而，法律秩序混乱以及高昂的成本（特别是航班和住宿的成本）是两个最主要的制约因素，为此政府将审查扩大税收优惠的办法。2011 年巴新共接待游客约 16.5 万人，其中澳大利亚游客占 46.5%。2017 年上半年旅游收入达 1.05 亿美元。国际游客人均消费 2558 美元。75% 的游客来自澳大利亚与亚洲。从到访目的看，度假游客占 24%，人均消费高达 3188 美元；商务旅客占 41%；探亲访友旅客占 20%。从到访目的地看，多数游客在巴布亚地区（南部沿海省份）停留，有些游客光顾外岛（22%）和 Momase 地区（21%）。调查发现，93% 的旅客有意再次访巴新。

3. 长期支柱产业——采矿、石油和天然气

鉴于过去的发展教训，该产业发展的关键战略是将来自矿业和石油的不可持续的收入转化成可持续的收入。从长远来看，天然气是巴布亚新几内亚最有潜力、最具商业价值的自然资源。除了巴布亚新几内亚和澳大利亚合作开发的天然气项目外，政府将优先考虑发展北部地区天然气管道供应在韦瓦克（Wewak）的液化天然气（LNG）的生产。如果液化天然气设施研制成功，天然气将供应快速增长的亚洲市场，以获得丰厚的利润。

4. 生产和下游加工

为改善经营环境，政府将考虑制定税收优惠政策，以促使企业进入下游加工和制造环节，供应出口市场。政府加强投资和贸易促进的力度，如简化管理制度、协助本地投资者获得资金。总之，要促使巴布亚新几内亚逐渐将经济重心转移到以制造业为主的增值部门上来。政府关于工业化的白皮书将提供更多详细的政策和程序，以此促进经济转型。

5. 外商投资

外商投资是巴布亚新几内亚经济增长至关重要的资源。为了提高外商投资的积极性，政府继续推行可信的政策，保持宏观经济的稳定和解决制约投资的环境因素。

6. 统筹规划人力资源

巴布亚新几内亚需要大力改善国内的技术基础和劳动力水平。巴布亚新几内亚需要制定一项人力资源战略，以解决新出现的技工短缺问题，并提高劳动力水平，以符合国际标准。

7. 城市非正规经济部门的发展

巴布亚新几内亚的非正规部门规模较大，非正规部门为正规部门的经济增长做出了贡献，因此，有必要将非正规经济转型为正规经济部门。政府正在致力于发展和协调非正规经济部门。2003年已通过新的非正规部门立法，来推动这种转型。

8. 土地利用

前文已述。

9. 重点发展工业区

限于国家的经济实力，巴布亚新几内亚今后一段时期内将重点发展首都地区和有传统工业基础的城市地区，如莱城。目前主要创建了3个工业中心，如莱城工业园（Malahang 工业中心）、待建的莫尔兹比港（南区）和南高地省工业区。

2010年是巴布亚新几内亚结束《2005~2010中期发展战略》之年，事实证明，巴布亚新几内亚的发展战略取得了较大的成功。

（二）巴布亚新几内亚的中长期规划：《2011~2015年中期发展计划》、《2010~2030年发展战略计划》和《巴布亚新几内亚2050年规划》

巴布亚新几内亚政府于2009年11月公布了《巴布亚新几内亚2050年规划》（PNG VISION 2050）。该规划绘制的经济前景是，随着巴布亚新几内亚液化天然气项目的投产以及土地改革的实施，巴布亚新几内亚国内生产总值（GDP）将从2010年的120亿基那增至2050年的2000亿基那，人均国内生产总值将从2010年的2000基那增至2050年的1.3万基那。规划认为，以上前景只是基础数据，如果其他项目得到落实，实际情况要好于预期。该规划涵盖了人力资本、性别、年轻一代和民权（human capital development, gender, youth and people empowerment）, 财富创造（wealth creation）, 机构发展和服务交付（institutional development and service delivery）, 安全和国际关系（security and international relations）, 环境可持续发展和气候变化（environmental sustainability and climate change）, 精神文化和社区发展（spiritual culture and community development）, 战略整合（strategic integration and control）7个重点领域。

该规划目标是将巴布亚新几内亚在联合国人类发展指数（human development index）中的排名从第148位上升至第50位，同时改善服务和基础设施建设，将国民平均寿命从57.9岁延长至77岁；政府可以为初中及以下学生提供免费和广泛的基础教育，非正式部门的成年人识字率在未来15年达到100%；HIV、肺结核、疟疾等疾病感染率降低，确保指定医院有充足的符合国际标准的医疗设备，每个病房区域建立救护站，改善医务工作者的健康条件等。巴布亚新几内亚总理索马雷在公布《规划》时表示，巴

巴布亚新几内亚

布亚新几内亚独立34年来发展已经偏离了原有轨道，《规划》将对其进行修正。《巴布亚新几内亚2050年规划》从2010年底全面实施。

为全面执行《巴布亚新几内亚2050年规划》，巴布亚新几内亚还制定了《2010~2030年发展战略计划》，目的是到2030年使巴布亚新几内亚成为中等收入国家，该计划由四个五年计划构成，第一个是《2011~2015年中期发展计划》。2010年3月，总理索马雷向议会提交了《2010~2030年巴布亚新几内亚发展规划》（PNG Development Strategy）。这份规划是索马雷政府之前公布的2050年规划的启动文件，根据这份规划，巴布亚新几内亚将从低收入国家迈入中等收入国家。预计至2030年，巴布亚新几内亚国内生产总值将由现在的230亿基那增至980亿基那；年经济增长率保持在8%；创造就业岗位200万个；犯罪率降低55%；私营投资年增长25亿基那；20%的传统土地将成为商业用地，合适的土地改革模式将确保土地主租赁利益的最大化，由此带来收入127亿基那；税收从每年60亿基那增至330亿基那。同时，预计巴布亚新几内亚公路里程将由现有的8000公里增至2.5万公里；电力覆盖人口将从现有的12%增至70%；农业产出将增长5倍；80%的林业产品经加工后出口。规划还预计巴布亚新几内亚将成为世界金枪鱼中心，生产能力将增长3倍，税收和入渔费翻倍。

2010年10月，巴布亚新几内亚内阁批准了《2011~2015年中期发展规划》（MTDP），该规划是巴布亚新几内亚政府二十年《2010~2030战略发展规划》的一部分。政府对中期发展规划第一个五年规划（2011~2015）的投入为650亿基那，是未来五年国家全部预算，其中2011年预算为80亿基那。规划适用的相关立法提交议会审议。巴布亚新几内亚国家计划部长廷斯坦证实了内阁对中期发展规划的批准，并表示，中期发展规划内容更加详尽，预算从2011年开始将体现中期发展规划内容。巴布亚新几内亚计划与监控部将从明年开始对巴布亚新几内亚2050年规划以及中期发展规划的实施进行监控。

2015年，亚洲开发银行通过了巴新2016~2020年合作战略，将帮助资源富裕的巴新破除基础设施落后等发展瓶颈。第一期阶段从2016年至2018年，亚开行将向巴新提供6.37亿美元的资金支持。得益于外商投资和出口商品价格高涨等因素，巴新从 2002 年开始，经济保持不间断的持续增长，但是，发展很不均衡，人口占比高达 85% 的农村地区并未因此受益。有分析认为，这主要由于交通等基础设施薄弱的问题，农业没有发挥其发展的潜力。亚开行将重点关注巴新国家交通网络升级等项目。巴新在 1971 年加入亚洲开发银行，现在是亚开行在太平洋地区最大的借款方。截至 2016 年，亚开行共向巴新提供 11 亿美元资金，其中包括向 11 个项目提供 22 笔贷款、8 个援助项目、9 个技术援助项目、2 个私营部门的贷款和股权投资业务。

2017 年 5 月 15 日，世界银行代表乔纳森·克比在澳大利亚—巴新商贸论坛暨贸易博览会上表示，世界银行《2017 营商环境报告》显示，巴新在世界 190 个经济体中位列第 119 位，较上年上升 26 位，但仍有较大提升空间。《营商环境报告》的编撰考虑到了影响各个经济体营商环境的诸多主要因素，尤其是各经济体政策如何影响企业获得信用、税收管理机制、海关法规以及财产所有权等。世界银行还非常关注政府在商业领域的影响力。

2017 年 4 月 6 日，标普发布巴新国家信用评级报告，将巴新主权等级评定为 B+/B（B+负面前景），与 2016 年保持一致。巴新政府经济高官认为，这个评级是公正的。世界经济低迷使能矿资源等大宗产品价格一直维持在较低水平；政府财政资金短缺、负债水平提高；再加上 2017 年为巴新的大选年，这一评级较为客观地反映出目前经济发展面临的诸多不确定因素。

2017 年，巴新政府推出百日经济计划，用于减少 2017 年财政赤字，计划降至 3% 左右；引导政府负债率向 30% 以下水平发展。由于短期内巴新经济面临较严峻挑战，政府计划从两方面解决困境。一方面，解决持续性的财政赤字和外汇短缺等问题，力争 2020 年实现预算、收支平衡，消除外汇短缺；另一方面，稳定中期经济发展。

第二节　产业结构

一　概况

巴布亚新几内亚产业结构变化大致经历三个阶段。自独立后到 20 世

巴布亚新几内亚

纪 90 年代初期，巴布亚新几内亚产业结构中服务业占 GDP 的比重约为 37%；其次是农业，但是这一时期农业占 GDP 比重快速下降，从 1984 年的 37% 下降到 90 年代初的约 25%；工业则取代了农业下降的份额，从 80 年代中期的 25% 上升到 90 年代初的近 38%，甚至超过了服务业在 GDP 中的比重。然而随后的 90 年代，巴布亚新几内亚的产业结构变动则进入一种胶着时期。三大产业在 GDP 中的比重基本上保持均衡的状态，各占 GDP 的 1/3 左右。这种状态与巴布亚新几内亚"失去的 10 年"有极大关系。由于多种因素的影响，工业发展后劲不足，未能保持在前一时期的发展态势，而是走向逆工业化的道路，以至于不能迅速改变巴布亚新几内亚的经济结构。

进入 21 世纪后，巴布亚新几内亚经济结构开始进入新的变动时期，即重新返回工业化发展轨道，主要表现为工业在经济中的地位有较大程度的提高，2006 年占 GDP 的比重为 47%，此后工业占 GDP 的比重有所降低，到 2012 年下降到 44.4%，2013 年为 45.3%（如图 4-5 所示）。巴布亚新几内亚工业发展存在一定的缺陷，即不能将大量的农业人口吸收到工业化进程中来，以至于农业在经济中的地位基本上变动不大，直到 2011 年农业占 GDP 的比重仍然在 30% 以上；服务业占 GDP 的比重在

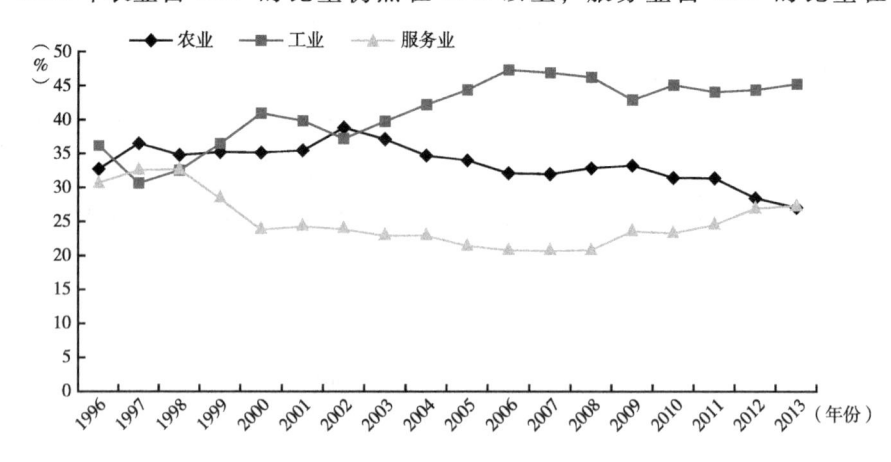

图 4-5　1996~2013 年巴布亚新几内亚产业结构变化

资料来源：亚洲开发银行。

第四章 经 济

2001至2007年期间一直呈下降趋势，因此工业份额的提升更多是挤出服务业的份额，致使服务业在GDP中的份额到2007年下降到20.8%。但2008年以后，该趋势有所改观，服务业占GDP的比重开始逐年增加，到2012年达到27.1%。2013年巴布亚新几内亚农业、工业和服务业分别占GDP的27.2%、45.3%和27.5%。巴布亚新几内亚仍是一个以初级产业为主的国家，特别是它的农业人口比重非常高，占全部人口的85%，通往工业化的道路仍比较漫长。

巴布亚新几内亚目前的产业结构仍以初级产业为主导，采矿业和农业是巴布亚新几内亚的支柱产业。巴布亚新几内亚的工业基础薄弱，基本上没有什么自己的工业，主要的工业产品是初级品，而且多数是与国外企业合资。巴布亚新几内亚几乎需要进口所有的加工食品、服装和鞋类。工业和商业的大部分投入也依赖进口，主要依靠矿产品出口换汇来带动本国发展。2007年矿产品（包括石油）出口值约占国内生产总值的80%左右，就业人数约占全国总劳动力的2%。巴布亚新几内亚矿产品生产情况如表4-2所示。

表4-2 巴布亚新几内亚矿产品生产

产品	单位	2003年	2004年	2005年	2006年	2007年
铜	吨	202300	173370	192978	194355	169184
天然气	百万立方米	139	156	154	155	136
金	公斤	67832	73670	68483	58349	65000
原油	加仑千桶	17822	15495	17113	17886	16900
银	公斤	61900	55600	51125	51098	51300

资料来源：U.S. Geological Survey, Minerals Questionnaire 2002 - 03. British Geological Survey, World Mineral Production 2002 - 06. Papua New Guinea Chamber of Mines and Petroleum, Papua New Guinea Mineral Production, 2003 - 2006. Papua New Guinea Oil Production, 2003 - 2006. Papua New Guinea Gas Production, 2003 - 2006. December 2007 Presentation at 2008 Annual General Meeting—Executive Director's Report, May 2, 2008.

巴布亚新几内亚政府产业发展政策的目标定位于促进有附加价值的产品产量和价值提升。为此，政府鼓励非矿产业部门的发展，包括制造业、可再生资源部门如农业和渔业、商业服务业,促进经济的自给自足。促进非矿产业部门的发展可以确保矿产资源枯竭后经济增长仍然可以持续下去,政府特别鼓励私人部门投资创造就业和实现经济增长的产业。产业政策的执行由贸工部各下属部门负责,如投资促进局(Investment Promotion Authority,IPA)、小企业开发公司(Small Business Development Corporation,SBDC)、产业中心开发公司(Industrial Centres Development Corporation,ICDC)和国家标准与产业技术研究所(National Institute of Standards and Industrial Technology,NISIT)。巴布亚新几内亚中小企业政策目标是促进中小企业发展,特别是适宜技术转移和采用相关的中小企业,鼓励和加强中小企业与支持机构之间的联系,促进商业文化植入中小企业中,确保中小企业可持续发展。私有化政策的主要目的是尽可能减少政府对商业活动的参与,并将政府管理的企业移交给私人部门。

2017年5月,首届英联邦中小企业贸易峰会在印度首都新德里举行。巴新贸工商部秘书长约翰·安德里亚斯在会后表示,服务贸易是国内生产总值的重要贡献行业,但对于包括巴新在内的许多国家而言,服务贸易仅局限于旅游领域。英联邦国家之间在金融服务、专业服务、网络服务、通信服务及健康服务等服务贸易领域的合作大有可为。另据牛津商业集团(OBG)发布的巴新经济研究表明,2007年以来,巴新建筑业发展迅速,年增长速度为17.9%。1994年巴新的建筑行业价值仅2.66亿基那(1.26亿美元),2011年已增至48.1亿基那(22.9亿美元),成为对巴新国内生产总值贡献最大的行业之一。然而,建筑业的快速发展也成为巴新经济过度膨胀的问题之一。巴新经济已经持续12年高速增长,LNG项目正帮助巴新摆脱全球金融危机的影响。不合理建设和技术劳动力缺乏已对巴新继续脱离低收入经济体造成阻碍。LNG项目带来的大量建材需求导致建材费用增长。例如,最近几年水泥价格增长了25%,而巴新国内生产力不足以满足市场对水泥的需求,很多建筑公司从国外进口水泥。商品价格的增长导致了房屋建筑成本的上升,加剧了巴新住房短缺的状况,特别是最需要住房的中低收入者住房短缺。目前有三

第四章 经 济　Papua New Guinea

分之一的巴新首都居民生活在贫民窟和半成品住宅。报告指出，这种情况也在逐渐改善，随着 Esso Highlands 公司项目的开展，劳动力和材料资源将释放，缓解目前的通胀压力。此外，很多建筑公司已经开始吸收劳动力和技术人员。

二　农 业

(一) 种植业

巴新可耕地面积占全国土地的 5%。农业人口占全国人口的 85%。主要农产品为椰干、可可豆、咖啡、天然橡胶和棕榈油。巴新是太平洋岛国地区最大的椰油和椰干生产国。[①] 巴布亚新几内亚是世界上自然条件最优越的国家之一，一年四季气候温和而少变化，雨量充沛，无台风，土地肥沃、土质优良。农业是巴新的支柱产业，但热带农业经济作物的育苗、种植、采割及加工等技术比较落后。2013 年，农产品出口额为 26.67 亿基那，占出口总额的 21.3%。巴新最大棕榈油生产商新不列颠棕榈油公司被 FFD 评为世界领先的可持续发展农业公司。此外，巴新较大的农业公司还有巴新咖啡工业公司和巴新椰子工业公司。[②]

不过由于巴布亚新几内亚基础设施较差，农业基本上是一种自给自足的自然经济。农业在巴布亚新几内亚中占有重要地位，一是为国内消费提供农作物，二是出口换汇。巴布亚新几内亚主要农产品有椰干、香草、可可，主要出口咖啡、可可、干椰肉、棕榈油等。巴布亚新几内亚农业发展历史悠远，但由于对史前农业知之甚少，巴布亚新几内亚早期农业的情况至今没有完整的描述。目前的研究和证据显示，大约 1 万年前巴布亚新几内亚就开始了农业生产。3500 年前左右，南太平洋群岛人 (Austronesian) 从东南亚岛屿迁移过来后，带来了更多的可以人工种植的作物和可以家庭

---

① 驻巴布亚新几内亚经商参处：《能源地理》，2015 年 7 月 14 日，http://pg.mofcom.gov.cn/article/ddgk/zwdili/201507/20150701044114.shtml。
② 商务部，《对外投资合作国别 (地区) 指南：巴布亚新几内亚》，2014。

巴布亚新几内亚

养殖的动物。约300年前,甘薯被引进到巴布亚新几内亚。1870年欧洲人来到巴布亚新几内亚后,将更多可以种植的农作物和驯养的动物引入巴布亚新几内亚,包括小麦、水稻和玉米等6种粮食,数十种蔬菜、水果,以及坚果等[①],巴布亚新几内亚的现代农业也应运而生。

巴布亚新几内亚的社会和经济的快速变化是从1940年开始的,1940年之后,巴布亚新几内亚农业有了较大发展。巴布亚新几内亚此时农业发展的主要原因有以下几个方面。首先,人口增长对农业的需求。1966年,巴布亚新几内亚人口仅有229万,到2000年,巴布亚新几内亚人口达到了539万,增加了135%。其次,经济作物的引进和扩大种植给传统的粮食种植带来了压力,经济作物的种植占用了部分以前生产粮食的农田。例如,棕榈油的发展。再次,私人农庄的兴起。

农业的变化在布干维尔地区是以外来的甘薯替代传统的山芋种植,作为人们的主食为代表的。那里的山芋凋萎病严重影响了人们的生存,促使巴布亚新几内亚农业发生了一些改变。当然各地条件和环境不同,农业的发展和变化也不尽相同。1940年以后,农业发展变化的内容主要有以下几点。一是大规模采用新的农业作物,以甘薯和木薯为代表。一些适合巴布亚新几内亚不同地区生长的农业作物也随之引入规模种植。例如,玉米、花生等。二是新引进的农业作物不仅有更高的产量,而且提高了农业作物的多样化。三是土地利用率提高。新品种生长期缩短,耕种周期加快。四是提高农业技术,并出口经济作物,进口粮食,形成良性循环。1996~2013年巴布亚新几内亚农业增长率情况如图4-6所示。

番薯、木薯、玉米、芋头、花生等是巴布亚新几内亚主要的粮食作物,几乎每家农户均有种植,但种植面积较小。由于当地良好的气候条件和优质的土壤,这些作物的自然生长也能基本满足当地人的生存需求。热带水果是巴布亚新几内亚土著人的重要食物,也是巴布亚新几内亚老百姓收入的主要来源。常见的水果种类有香蕉、西瓜、木瓜、芒果、椰子等。

---

① Michael Bourke, *History of agriculture in Papua New Guinea*.

第四章 经 济

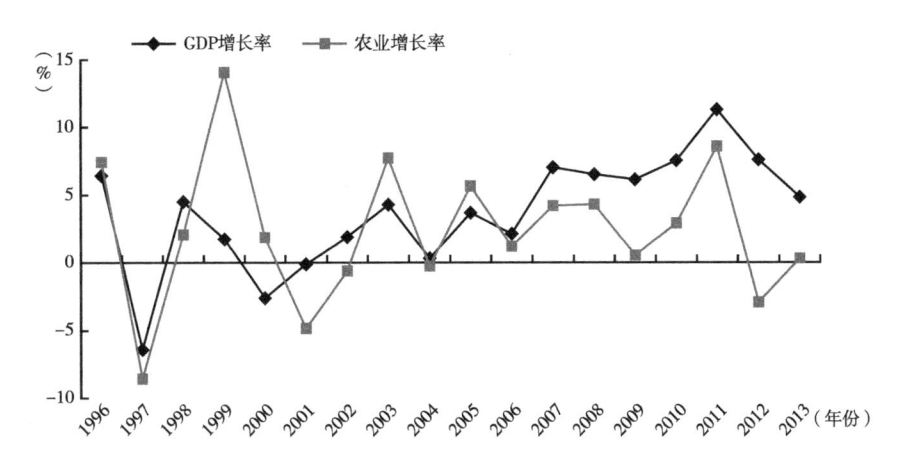

图 4-6 1996~2013 年巴布亚新几内亚 GDP、农业增长率

资料来源：亚洲开发银行。

诸多水果处于野生生长状态，特别是在雨林地区，植被十分茂密，物产丰富。椰子树主要生长在巴布亚新几内亚的低海拔和沿海地区，是巴布亚新几内亚人的一种重要的饮料和食物。蔬菜种植面积小，主要在北部高地种植，种类以瓜果类蔬菜为主，主要有西红柿、胡萝卜、蛇瓜、黄瓜、苦瓜、南瓜、茄子、大葱、生姜、蒜、包菜、生菜、花菜、四季豆、豇豆等、番茄、辣椒、南瓜、黄瓜等。蔬菜的种子主要引自新西兰，也有少量如白菜、卷心菜等来自日本。巴布亚新几内亚由于得天独厚的优势，水草丰富，生长迅速，是发展畜牧业的良好场所，但巴布亚新几内亚人不从事畜牧业生产，个别外资企业在从事畜牧业生产。

根据巴新可可委员会发布的报告[①]，2014 年第二季度巴新可可产量达 8813 吨，同比下降 10%。东塞皮克省取代布干维尔自治区成为巴新可可产量最大的省份，占全巴新产量的 32.2%。2014 年巴新共出口 24826 吨可可，同比下降 12%；但由于价格上升，收益同比增长 22%，达到 1.64 亿基那。马来西亚是巴新可可最大的出口目的国。巴新农业与畜牧业部部

---

① 驻巴布亚新几内亚经商参处：《巴新 2014 年可可产量下降》，2015 年 3 月 26 日，http://pg.mofcom.gov.cn/article/jmxw/201503/20150300923346.shtml。

长 Tommy Tomscoll 在出席钦布省 Mauro 村咖啡育种项目时表示，巴新政府已经拨款 700 万基那鼓励咖啡产业发展，主要是淘汰老旧种苗，鼓励培育新种苗。巴新目前只占全球咖啡市场份额的 1%，必须提高产品质量才能在激烈的竞争中胜出。巴新政府 2012 年以来已经资助了 77 个育种基地，培育了 200 多万株种苗，为完成 2030 年出口 600 万袋咖啡的目标，种苗数量还需进一步提高。① 2015 年 3 月 30～31 日，巴新召开农业峰会，探讨振兴农业产业方案。② 巴新从 2014 年 10 月开始在中央省试验种植超级杂交水稻。水稻品种从菲律宾引进，种植面积 10 公顷，预计每公顷产出稻米 10 吨。Village Garden 公司与 Gabadi 当地土地主在该项目上分别持股 70% 和 30%，菲律宾提供技术支持。③

（二）林业

巴布亚新几内亚地处热带，适合树木和植物的生长。巴新雨林面积超过 30 万平方公里，占国土面积的 70% 以上，仅次于亚马孙河流域和非洲中部刚果河流域。林木总蓄积量为 12 亿立方米，可采蓄积量为 3.6 亿立方米。2007 年木材出口总额为 6.312 亿基那，主要出口原木，深加工产品包括家具、胶合板及地板等建筑材料。④ 巴布亚新几内亚林业年收入约为 5 亿～6 亿基那（约合 1.6 亿～1.9 亿美元）。2008 年，巴布亚新几内亚原木出口 250 万立方米，出口额为 1.84 亿美元（5.078 亿基那），其中加工木材出口 29 万立方米，出口额 3500 万美元（9600 万基那）。2013 年，林业出口额为 5.65 亿基那，占出口总额的 4.52%，原木为其主要出口产品，大部分销往中国。主要林业开发企业是马来西亚常青集团（Rimbunan Hijau Group）。

---

① 驻巴布亚新几内亚经商参处：《巴新政府拨款 700 万基那鼓励咖啡产业发展》，2015 年 3 月 16 日，http://pg.mofcom.gov.cn/article/jmxw/201503/20150300908746.shtml。
② 驻巴布亚新几内亚经商参处：《巴新采取措施应对农业产业衰弱》，2015 年 4 月 3 日，http://pg.mofcom.gov.cn/article/jmxw/201504/20150400932260.shtml。
③ 驻巴布亚新几内亚经商参处：《巴新一年花费 500 万基那从海外引进水稻》，2015 年 3 月 3 日，http://pg.mofcom.gov.cn/article/jmxw/201503/20150300906254.shtml。
④ 驻巴布亚新几内亚经商参处：《能源地理》，2015 年 7 月 14 日，http://pg.mofcom.gov.cn/article/ddgk/zwdili/201507/20150701044114.shtml。

第四章 经济

巴布亚新几内亚的林业不仅仅提供木材，也为国家的农业经济提供了多个领域的产品和服务，对巴布亚新几内亚的人民生活和经济发展都十分重要。林业至今仍然是这个国家经济的重要组成部分，现在还有依靠森林为生的农村人口，他们主要是利用森林中的药用植物制成畅销的药品。林业产业收入已经占国内生产总值的7%～9%，对国家经济发展起到了积极作用。2007年，巴布亚新几内亚林业产业占商品出口总额的5%，全年创汇5000万美元，成为继矿产和石油产业之后，巴布亚新几内亚出口创汇的第三大行业。2001～2006年外汇收入平均每年达1.56亿美元，就业人数在1万人以上，主要出口中国、日本、韩国、澳大利亚。2002年为180万立方米，2007年出口280万立方米。木材加工已经成为巴布亚新几内亚的主要生产行业。目前国际市场对木材，包括纸张、软木以及硬木的需求越来越多，巴布亚新几内亚在这个领域具有很强的竞争优势。如果改进木材的开采技术，巴布亚新几内亚的林业产值还会有25%左右的增长空间。

巴布亚新几内亚近97%的土地和99%的森林所有权界定是遵循习惯。实际的土地边界没有勘察、没有申请、没有注册，纠纷的解决也只用习惯法。1975年独立后，这种土地状况又为国家宪法所肯定。然而，与经济发展相关的土地征用便涉及所有权的界定和所有人的确定。巴布亚新几内亚的森林管理部门、林业公司和土地所有者之间的矛盾经常是发生在国家和企业如何处理与土地所有者关系的过程中。1974年，巴布亚新几内亚试图通过建立土地所有者的合作集团来解决上述问题，这样既可以照顾土地所有者的利益，又可以提高办事效率。同时，合作集团的成员也有义务清理参加成员的所有土地的区域。尽管形势有所改观，但是这个机制在实施过程中遇到了两个主要的障碍。一是信息不畅，合作集团应该帮助社区成员了解相关项目，但因合作集团缺乏能力，实际上是政府的森林管理部门在做此事。这样的结果反而增加了矛盾。二是合作集团对申请加入的成员的资格认证也没有能力进行甄别。上述情况导致林业项目的开发常常得不到土地或者森林所有者的同意。

巴布亚新几内亚

巴布亚新几内亚政府林业部门近年来对国家的林业政策进行改革，以更好地解决林业可持续发展问题，鼓励投资。巴布亚新几内亚林业部实施了八项改革措施，主要包括：至2010年停止所有原木出口，鼓励发展原木岸上加工出口；根据《林业法》现行规定，允许巴布亚新几内亚政府营销机构购买林业公司25%的出口原木；考虑将林地土地主特许权使用费从目前的每立方米10基那提高至每立方米30基那等。不过，目前人们对森林与国家环境的关系，如蓄水、防止土壤退化等方面的问题却少有关注。自2010年1月1日起，所有新启动的林业项目须为100%的林业加工项目。代表大部分林业公司利益的巴布亚新几内亚林业行业协会（PNGFIA）表示，其会员已经了解巴布亚新几内亚政府对林业政策的相关调整，并已经参与《巴布亚新几内亚林业发展指导》的起草，该文件的出台将逐步减少原木出口直至停止。文件出台之前，所有林业公司都将继续按原有采伐配额执行，但自2010年起需重新审议并逐渐增加林业加工比重，直至最终停止出口原木。

（三）渔业

巴布亚新几内亚渔业资源丰富。巴布亚新几内亚拥有8300公里的海岸线，600多个岛屿，海洋渔业资源十分丰富，1978年宣布200海里专属经济区，巴布亚新几内亚捕鱼区扩大至240多万平方公里，成为南太平洋地区第三大渔区。盛产金枪鱼、对虾和龙虾。其中，金枪鱼储量约占世界储量的20%，年潜在捕捞量30万吨，2006年首次超过40万吨，2007年巴布亚新几内亚海域金枪鱼捕捞量达48万吨。金枪鱼占世界捕捞量的10%及南太地区的20%~30%，主要出口亚洲、美国，其他各类鱼出口1.5万吨以上。巴布亚新几内亚100多万人口居住在沿海地区和岛屿上，渔业是第三大经济支柱，2007年巴布亚新几内亚渔业出口总额为2.216亿基那。2010年巴布亚新几内亚宣布在莱城建立3个大型渔业加工工厂，当年巴布亚新几内亚的渔业加工年产值约为1000万美元。2012年巴新海产品出口总额为3.295亿基那[①]。2012年在其水域作业的金枪鱼捕捞船每

---

① 驻巴布亚新几内亚经商参处：《能源地理》，2015年7月14日，http://pg.mofcom.gov.cn/article/ddgk/zwdili/201507/20150701044114.shtml。

船每天需缴纳6000美金，2015年提高到10000美元。2013年，渔业出口额为2.13亿基那，占出口总额的1.70%。此外巴布亚新几内亚内陆河流湖泊分布广泛，淡水鱼类也很丰富。

巴布亚新几内亚负责渔业管理的机构是国家渔业局，主要监督渔业生产和捕鱼执照管理。为了保护渔业资源和海域环境，巴布亚新几内亚对鱼类繁育海域和在巴布亚新几内亚海域捕鱼使用的渔具都有所规定。金枪鱼是巴布亚新几内亚海域最重要的鱼类，因此，巴布亚新几内亚对于金枪鱼的管理十分重视。近些年来，不断有科学家对太平洋金枪鱼捕捞量增加提出警告。国际金枪鱼委员会（包括的捕捞国和地区有中国、日本、中国台湾、韩国和14个太平洋岛国）也警告太平洋金枪鱼资源一直在下降，并指出一些其他鱼类的捕捞量不能再继续增加。巴布亚新几内亚国家渔业局（NFA）统计显示，在巴布亚新几内亚的金枪鱼每年渔获量高达25万~30万吨，巴布亚新几内亚海域的渔获量占太平洋每年捕捞的200万吨金枪鱼总渔获量的1/8左右。巴布亚新几内亚在开发金枪鱼资源的同时，一直用管理计划加以引导。因为巴布亚新几内亚海域是金枪鱼渔业重要区域，必须做好资源保护工作。①

目前巴新政府计划将捕捞许可与岸上投资强制挂钩②，2015年巴新贸商工部部长马鲁表示，待太平洋渔业工业园（PMIZ）正常运行之后，只有在巴新拥有渔业加工厂的公司才会被允许在巴新海域进行捕捞作业。马鲁表示巴新因为没有自己的渔业加工产业每年损失约20亿基那，而最大的获利者是外国捕捞渔船，他们在巴新海域捕捞完毕后就将鱼运到外国加工。马鲁还表示太平洋渔业工业园项目会减少巴新在渔业收益上的损失，巴新政府致力于将巴新尤其是马当市建设成为世界金枪鱼中心。

2017年5月2日，巴新政府在首都莫尔兹比港举办首届"世界金枪

---

① 《巴布亚新几内亚：金枪鱼没有过度捕捞》，http://www.china-fishery.net/01-hydt/news_disp.asp?ID=5628。
② 驻巴布亚新几内亚经商参处：《巴新政府计划将捕捞许可与岸上投资强制挂钩》，2015年1月23日，http://pg.mofcom.gov.cn/article/jmxw/201501/20150100875924.shtml。

鱼日"活动。金枪鱼是巴新重要战略资源,为国家经济就业与人民收入贡献巨大。2016年9月,联合国大会确定每年5月2日为"世界金枪鱼日"。全世界主要金枪鱼品种年捕捞量约450万吨,其中55%来自西中太平洋地区,约250万吨。在巴新水域主要金枪鱼品种年捕捞量约50万吨,占全球捕捞量11%,占西太平洋捕捞量20%,2012~2014年,巴新金枪鱼出口额年均2.3亿美元。

巴布亚新几内亚与世界主要的渔业大国都签有渔业协定,很多渔业大国还为巴布亚新几内亚提供渔业和相关领域的援助和合作。由于担心金枪鱼过度捕捞,太平洋渔业国家寻求在2011年的捕捞量基础上减少30%的捕捞量。包括巴布亚新几内亚在内的瑙鲁协议八个成员国(PNA)的金枪鱼捕捞量占世界的1/4,年产值约为20亿美元。八国同意将金枪鱼作业天数由4万天减少到2.8万天,这也意味着减少渔船数量。PNA国家采用"渔船作业日方案",以出售"捕鱼天数"取代此前向渔船发放捕鱼许可。但是在该计划执行的3年期间,太平洋国家在执行时遇到困难,降低了该政策对环境保护的有效性。

2007年5月16日,巴布亚新几内亚国家渔业局与日本海外渔业合作基金(OFCF)代表在斐济签订了《技术合作项目协定》,标志着两国渔业长期合作的开始。根据该项目,日本海外渔业合作基金从2008年1月起,向巴布亚新几内亚提供必要的材料和设备,并派遣技术专家,预计相关费用为46万基那(约合18万美元)。巴布亚新几内亚国家渔业学院海洋工程培训部门与位于科科波的沿海渔业站修复和存储部门合作,实施该项目。由于捕鱼费纠纷,自1987年对日本渔船实行禁捕以来,巴布亚新几内亚渔业部门丧失了资金来源,两国均失去了许多机会。该协议的签订具有重大意义,为巴布亚新几内亚国家渔业局得到更大规模基金组织的关注提供了平台,如由日本国际合作署(JICA)管理的海外发展协助组织(ODA)。日本海外渔业合作基金的主要合作目标是小型渔业项目,修建小码头及制冰设备。

2014年太平洋岛国与美国最终达成总额为9000万美元的入渔协议,根据协议,2015年美国向太平洋岛国论坛渔业局支付9000万美元,当年

第四章 经 济

美国船只被允许在上述成员国海域捕捞金枪鱼总计时间为8300天。

2003年12月，以时任中国农业部渔业局副局长张合成为团长的中国渔业代表团和以巴布亚新几内亚国家计划与农村发展部外援协调管理司司长为团长的巴布亚新几内亚代表团在巴布亚新几内亚首都莫尔兹比港举行会谈。双方就落实1996年7月16日在莫港签订的《中华人民共和国和巴布亚新几内亚独立国政府渔业合作协定》，促进两国渔业合作问题进行了讨论，达成以下共识：巴布亚新几内亚同意并积极推动本区域其他国家给予中国金枪鱼围网渔船相当数量的捕鱼许可证；中方积极考虑向巴布亚新几内亚方援建渔业项目，将派专家对项目进行考察，并对项目规模等事宜与巴布亚新几内亚方协商；双方加强在海洋资源调查、捕捞、水产养殖、人员培训等方面的合作；双方政府渔业主管部门将加强在渔业发展和管理方面的交流，加强在国际或区域渔业组织中的沟通和合作。[①] 以此为标志，经过两年的试验和探索后，在两国政府的合作下，中国金枪鱼捕捞在实施"走出去"战略过程中，又开辟了新的渔场。

2009年9月30日，巴布亚新几内亚国家执行委员会（NEC）已批准从中国向太平洋岛国提供12亿基那优惠贷款项下，申请贷款4.41亿基那用于建设位于马当省的太平洋渔业工业园区（PMIZ）。项目运行后，这个为金枪鱼加工、罐装设计的园区可以直接或间接雇用约30000名当地人。国家计划与监控部也在2010年的预算中为该项目提供配套资金。在工业园区完全运营后，巴布亚新几内亚金枪鱼可以更便捷地出口到世界不同地区。同时，马当机场扩建，以容纳更大型飞机起降，以及开通往返日本的直航航班，向日本出口新鲜的金枪鱼并吸引更多的日本游客。巴布亚新几内亚政府考虑能够为不同的工业部门在不同地区建设更多的经济特区，提供有吸引力的优惠鼓励政策。这将吸引更多的外国投资者，加工当地丰富的资源，提高附加值，创造就业。

2010年9月29日，巴布亚新几内亚政府与沈阳国际经济技术合作公

---

① 《中国与巴布亚新几内亚签署渔业合作备忘录》，http://www.zjagri.gov.cn/html/gjjl/tradeCooperateView/55759.html。

巴布亚新几内亚

司在巴布亚新几内亚总督府正式签署巴布亚新几内亚太平洋渔业工业园优惠贷款项目总承包合同。该项目是巴布亚新几内亚国家政府通过商工部和渔业局共同倡议的，项目位于马当省 VIDAR 地区，一期造价 9500 万美元（2.1 亿基那），其中贷款差额 2100 万美元（6700 万基那）将由巴布亚新几内亚政府作为配套资金投入。项目一期将包括码头、水处理厂、道路、行政管理中心及其他基础设施，建设工作于 2011 年初开始，2013 年底结束。巴布亚新几内亚政府已花费了 2000 万基那用于购买土地、场地清理、现场围栏等。项目二期总金额超过 1 亿美元。项目资金是通过中国和巴布亚新几内亚两国双边安排解决的。由于该园区所处的战略位置和提议中的投资鼓励政策很有吸引力，许多国际、国内金枪鱼企业都对在园区内投资表示了极大的兴趣。提议中的"特别经济区法案"下的特别优惠政策将非常具有吸引力。

三　工业

巴布亚新几内亚工业相对落后，没有什么现代工业。主要行业是矿产开发业和油气开发业以及渔业加工业，这些行业多为巴布亚新几内亚的出口行业，是巴布亚新几内亚的经济增长支柱产业和出口换汇的主要来源行业。进入 21 世纪后，巴布亚新几内亚工业增长率比较平稳，不像 20 世纪 90 年代那样大起大落，这一方面与巴布亚新几内亚政局趋稳有关，另一方面与巴布亚新几内亚经济环境改善有关。从 2007 年起，巴布亚新几内亚工业增长率均在 7% 以上，到 2012 年达到 14.7%（详见图 4-7）。

（一）矿业

矿产是巴新经济的支柱产业，主要出口产品有黄金、银、铜等，是巴布亚新几内亚的主要创汇来源。巴布亚新几内亚金、铜产量分别列世界第 11 位和第 10 位，石油、天然气蕴藏丰富。已探明铜储量 2000 万吨，黄金储量 3110 吨，原油储量 6 亿桶，铜金共生矿储量约 4 亿吨。此外还有富金矿、铬、镍、铝矾土、海底天然气和石油等资源。库土布和弋贝两大油田储量即达 4 亿桶。南高地省油田储量达 1700 万桶。天然气探明储量

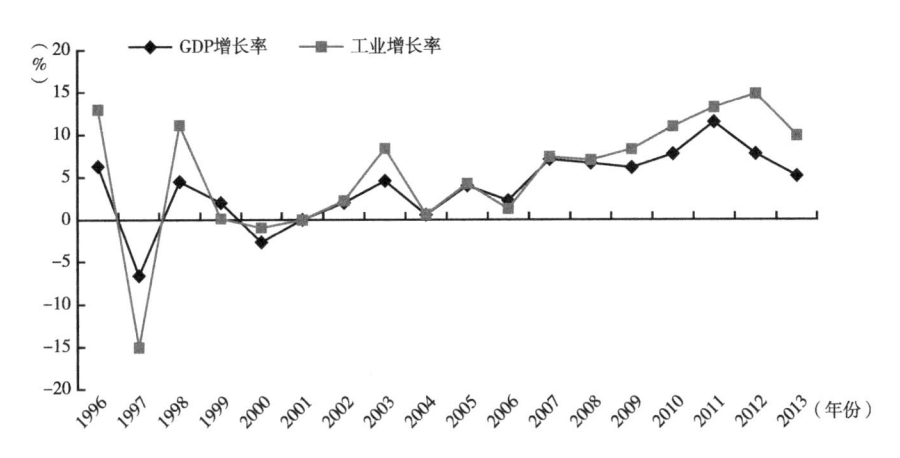

第四章 经　济　**P**apua New Guinea

图 4-7　1996~2013 年巴布亚新几内亚工业增长率

资料来源：亚洲开发银行。

7万亿立方英尺，预测储量15万亿立方英尺。2012年矿产品出口总额为95.235亿基那。[①]

受2008年全球金融危机的影响，矿业GDP占比从2007年的29%下降到2008年的27.3%，到2009年进一步下降到21.1%；增长率也从2008年的8.3%变为2009年的负增长20%。此后矿业GDP占比一直在降低，特别是2012年，矿业增长率为-18.9%，矿业GDP占比降低到14.3%，2013年占比只有13.6%（见图4-8）。巴布亚新几内亚采矿业的萎缩阶段一直持续到2011年，依然只有Hidden Valley一家新矿山，而这个新矿带来的产量并不能补足奥克泰迪矿的计划性减产。2011年，利希尔和波格拉矿的产量仍和2010年一样，这样全国生产的黄金减为60吨左右。巴布亚新几内亚在世界黄金生产中的排名下降，不再保持在第11位。而阿根廷和墨西哥排到巴布亚新几内亚之前，成为黄金的主要生产国。1996~2013年巴布亚新几内亚矿业增长率情况如图4-8所示。

巴布亚新几内亚的现代化矿业始于20世纪30年代在布洛洛

---

① 驻巴布亚新几内亚经商参处：《能源地理》，2015年7月14日，http://pg.mofcom.gov.cn/article/ddgk/zwdili/201507/20150701044114.shtml。

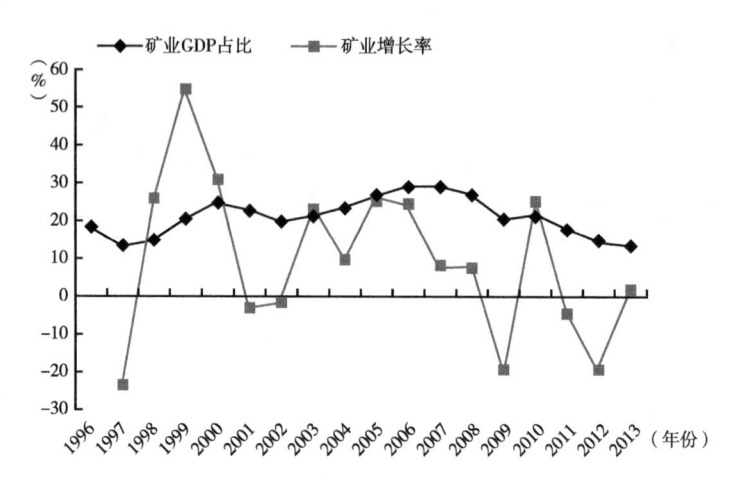

图 4-8　巴布亚新几内亚矿业增长率

资料来源：亚洲开发银行。

（Bulolo）的淘金生产。目前在巴布亚新几内亚有三座世界级的矿山：Ok Tedi（奥克泰迪）铜矿、Lihir（利希尔）金矿和 Porgera（波格拉）金矿。许多世界领先的矿业公司，如 Barrick、Newcrest、Xstrata 和 Harmony 等公司在巴布亚新几内亚展开运作。政府也是矿产工业的主要参与者之一，它通过多种渠道拥有少数股份。2009 年矿产开发业出口总额为 73.93 亿基那，占出口总额的 62%；到 2013 年，矿产部门出口额为 90.71 亿基那，占出口总额的 72.48%。主要的矿产开发企业包括：斯塔特拉铜业公司（Xstrata）、南非哈莫尼公司（Harmony）、奥克泰迪矿产公司（Ok Tedi）、利希尔矿产公司（Lihir）、波格拉矿产公司（Pogera）、中国中冶集团（拉姆镍钴矿）等。

2011 年末，Frontier 资源公司和 Ok Tedi 矿产公司开始对其在南部高地省的 Bulago 合资黄金项目实施钻探，Frontier 资源公司还在东新不列颠岛的 Likuruanga 地区金-铜项目中，在 Esis 地段开始钻孔。第三个勘探区的钻孔工作在 Ok Tedi 矿业参股的位于西塞皮克省的 Leonard Schultz 项目中已经被纳入计划。Goldminex 资源公司于 2011 年 7 月与巴西的淡水河谷（Vale）公司达成一项承包协议。淡水河谷公司支付 2000 万美元，在 6 个

第四章 经　济

勘探区进行为期 4 年的勘探，并取得 51% 的股权。该合资项目在初期将专注于 Goldminex 资源公司在 Owen Stanley 山脉的 Liamu 和 Ubei 地区的斑岩铜－金勘探区。Goldminex 资源公司同时也在该地区进行独立的镍矿勘探，并寻求对其在塞皮克高原的 Awari 和 Karawai 黄金勘探区工作所需的资金支持。

矿业企业在十分关注巴新的矿产资源的同时，对于组成巴布亚新几内亚其余部分的诸多岛屿也做了大量的勘探。在 Lihir、Misima 和 Simberi，各矿山已经取得的成就鼓舞了后来的公司进入 New Britain（新不列颠）岛、New Ireland（新爱尔兰）岛、Tabar（塔巴尔）群岛及其他岛屿的勘探区，也有些是重回老矿。高品位的 Solwara 1 区铜－金矿床是 Nautilus Minerals 公司的主要靶区，该公司在 2011 年 1 月 17 日获得了世界上第一个俾斯麦海开发项目的深海采矿租约。租约包含了位于拉包尔（Rabaul）港北侧 50 公里处的围绕 Solwara 1 区的约 59 平方公里的面积，Nautilus Minerals 公司打算在 1600 米的深海处采出高品位的铜和金矿。巴布亚新几内亚政府先给予其为期 20 年的采矿租约，政府有权在 Solwara 1 项目中作为合资方最多拥有 30% 的股权。这项期权最快可以在 1 个月的期限里行使。政府一旦行使了期权，就要向项目按股权比例提供资金，包括届时已经发生的勘探和开发费用的份额。2011 年 11 月 Nautilus Minerals 公司发表了 Solwara 1 部分地段（约 1300 米长、200 米宽）符合 NI43－101 规范的资源估计报告。这次结果得出的总的推定资源量增加了 18%，达到 103 万吨，而推测资源量从早先的 130 万吨增加到 150 万吨。基于边界品位由 2008 年评估时的 4% 降低到 2.6% 等因素，品位有所提高。

巴新《国民报》2015 年 5 月 28 日报道[1]，中国企业紫金矿业集团股份有限公司，通过全资子公司（"金山香港"）以现金出资 2.98 亿美元（约合 8.27 亿基那），收购巴理克澳大利亚公司持有的巴理克（新几内亚）有限公司 50% 的股权。波格拉金矿位于巴布亚新几内亚西部城市芒

---

[1] 驻巴布亚新几内亚经商参处：《紫金矿业投资巴布亚新几内亚波格拉金矿项目》，2015 年 5 月 28 日，http://pg.mofcom.gov.cn/article/jmxw/201505/20150500989232.shtml。

特哈根（Mount Hagen）以西约 130 公里，位于首都莫尔兹比港西北 600 公里，是一个世界级浅成热液型金矿，保有资源储量较大。目前通过波格拉联合经营体运营。巴理克（新几内亚）有限公司持有波格拉联合经营体 95% 的权益，另外 5% 权益由恩加矿产资源有限公司（Mineral Resources Enga Limited）持有。

（二）油气开发

巴布亚新几内亚共有 5 个含油气盆地，分别是巴布亚（Papuan）盆地、北新几内亚（North new guinea）盆地、新爱尔兰（New Ireland）盆地、布干维尔（Bougainville）盆地、沃格尔海角（Cape Vogel）盆地，其中巴布亚盆地面积最大，也是巴布亚新几内亚石油和天然气的主要分布地区。此外，巴布亚湾也有较大的油气资源潜力，目前的海洋油气勘探活动主要集中在该区域。就行政区划而言，油气储藏在南高地省最为集中，其次是东高地省和海湾省。根据巴布亚新几内亚国家石油部公布的资料，主要油气田包括 Moran 油田、Kutubu 凝析气田、Gobe Main 油田、Hides 凝析气田、Agogo 油田、P'nyang 凝析气田、Juha 凝析气田和 Elevala 凝析气田等。主要油气田构造位置及储量情况见表 4-3。

表 4-3 巴布亚新几内亚主要油气田构造位置及储量

单位：万吨油当量

油气田名称	构造位置	储量
Hides 凝析气田	前陆区	100000
Juha 凝析气田	前陆区	23600
P'nyang 凝析气田	前陆区	22500
Kutubu 凝析气田	褶皱冲断带	21100
Angore 凝析气田	褶皱冲断带	20900
Agogo 油田	褶皱冲断带	7500
Elevala 凝析气田	前陆区	7400
Moran 油田	褶皱冲断带	4400
SEG 油田	褶皱冲断带	3500
Gobe Main 油田	褶皱冲断带	3400

资料来源：单长进和庄妍著《巴布亚新几内亚油气勘探开发现状及投资环境分析》，《国际石油经济》2013 年第 3 期，第 68 页。

第四章 经 济 **P**apua New Guinea

1. 巴布亚新几内亚油气勘探开发现状

由于基础设施等方面的欠缺，巴布亚新几内亚各含油盆地的开发程度总体偏低，但随着国际油价的持续攀升，该国已逐渐成为油气勘探开发新的热点区域。尤其是在亚太地区，巴布亚新几内亚已成为埃克森美孚、中国海油等世界大型石油公司战略目光的聚焦点。目前在建的巴布亚新几内亚液化天然气项目（PNG LNG），总投资180亿美元，埃克森美孚通过其子公司埃索高地公司操作该项目，该项目联通Hides、Juha、Kutubu、Agogo、Gobe五大油气田，预计年产液化天然气690万吨。中国海油从2011年开始进军巴布亚新几内亚油气勘探市场，目前持有该国的4个油气勘探区块，中海油服、中国石油东方地球物理勘探公司和中国石油川庆公司等已在该国开展油田工程技术服务。

目前活跃在巴布亚新几内亚油气市场上的主要石油公司有9家，分别是埃克森美孚、雪佛龙、加拿大国际石油（Inter Oil）、加拿大塔里斯曼（Talisman）、澳大利亚地平线石油（Horizon Oil）、巴布亚新几内亚石油勘探（Oil Search）、基那能源（Kina Energy）、Eaglewood能源、UMC能源。巴布亚新几内亚国内石油公司主要有4家，分别是巴布亚新几内亚石油勘探（Oil Search）、基那能源（Kina Energy）、Eaglewood能源、UMC能源。其中，巴新石油勘探公司是巴新国家控股的一家石油和天然气勘探和开发公司。2012年该公司石油总产量达638万桶，原油库容较上年增长8.1万桶，全年收入达7.3亿美元。

2011年中国海油与UMC能源公司达成协议，中国海油持有UMC能源公司70%的股份，并计划未来6年内在巴布亚新几内亚南高地省和海湾省的4个区块开展石油勘探活动。中国海油的进入标志着中国大型石油公司实质性地进入巴布亚新几内亚油气勘探市场。

2009年，巴布亚新几内亚油气开发业中原油出口为16.11亿基那，占出口总额的13%。到2013年，原油出口为20.29亿基那，占出口总额的16.22%。

2. 巴布亚新几内亚的液化天然气项目

2009年，美孚公司主导投资190亿美元的巴新液化天然气项目开工

巴布亚新几内亚

建设，2014 年 5 月正式投产。该项目带动巴新国内生产总值增长 2~3 倍，出口税收将增长 3 倍。国际石油公司投资 60 亿美元的 ANTELOPE 液化天然气项目也获得政府批准。继巴布亚新几内亚国家执行委员会（NEC）2009 年 12 月 10 日批准项目协议，12 月 23 日，巴布亚新几内亚与国际石油公司签署了项目协议，建设第二个液化天然气项目。协议设定了为期 20 年的财政条款，包括 30% 的公司税减免等。协议也提供了 20.5% 的股份通过巴布亚新几内亚政府的提名人——巴布亚新几内亚石油矿产控股公司（Petromin PNG Holdings Ltd.）持有。另有 2% 的股份由受项目直接影响的土地主持有。该项目将由国际石油公司和它的合资公司伙伴太平洋液化天然气运营公司（Pacific LNG Opertations Ltd.）以及巴布亚新几内亚石油矿产控股公司共同开发。项目的目标投资是 50~70 亿美元，初期包括两条 LNG 生产线。此外，协议还允许将加工厂生产能力扩至每年 1060 万吨 LNG。项目于 2014 年底或 2015 年初投产。索马雷总理表示，通过与国际石油公司的长期合作，巴布亚新几内亚政府确保了在该项目从气井到液化天然气产品产出等各个价值链上的股份权益，这将极大地推动国家繁荣和财政安全。未来 20~30 年，巴布亚新几内亚财富将成倍增长。国际石油公司 CEO Phil Mulacek 表示，巴布亚新几内亚政府已坚定地展示了其向亚洲新兴市场提供长期、稳定能源供应的承诺。

2009 年 12 月 8 日，埃克森美孚公司、澳大利亚石油勘探公司（Oil Search）、澳大利亚桑托斯公司（Santos）、日本新日本石油公司（Nippon Oil）以及巴布亚新几内亚政府在巴布亚新几内亚首都莫尔兹比港正式签署总投资 150 亿美元的巴布亚新几内亚液化天然气项目《最终投资决定》（Final Investment Decision）。根据最终投资决定，巴布亚新几内亚液化天然气项目于 2010 年开工建设。巴布亚新几内亚液化天然气项目计划年产液化天然气 600 万吨，开采年限为 30 年，2014 年投产。该项目已经与中石化和东京电力公司分别签署了连续 20 年、每年 380 万吨的液化天然气购销协议，与 Osaka Gas 和台湾石油公司的 220 万吨购销协议于 2010 年初完成。

巴布亚新几内亚液化天然气项目股份持有情况为：埃克森美孚公司33.2%、石油勘探公司29%、巴布亚新几内亚政府19.6%、桑托斯公司13.5%、日本新石油公司4.7%。澳大利亚政府通过澳大利亚出口金融和保险公司（EFIC）为澳大利亚公司提供5亿美元（约合14亿基那）的贷款，同时帮助巴布亚新几内亚政府建立基金管理液化天然气项目盈利。澳大利亚认为，巴布亚新几内亚最大的液化天然气项目将为澳大利亚提供巨大的契机，澳大利亚出口商已经被确认为总价值12亿美元的工程项目合同的优先竞标方，更有潜力获得余下的30亿美元合约。澳大利亚上市公司石油勘探公司和桑托斯公司拥有该项目超过40%的股份。巴布亚新几内亚液化天然气项目将成为重要的能源供应来源，尤其是对能源需求不断增长的亚太地区更为重要。此外由地平线石油公司（Horizon Oil）、沉香木能源公司（Eaglewood Energy）、大阪燃气（Osaka Gas）、塔里斯曼能源公司（Talisman Energy）等公司联合开发的西部省液化天然气项目也在筹备中。

（三）建筑业

2000年以来，随着一些国际大项目在巴布亚新几内亚的实施，巴布亚新几内亚建筑业增长较快，2000年增速高达39.2%，建筑业的GDP占比也上升到5.4%；2003~2004年有所放慢；但从2006年起又开始快速发展，2007年建筑业增长率达到21.8%，建筑业的GDP占比也上升到9.3%；2011年建筑业增长率达到36.7%，建筑业的GDP占比也上升到16.2%；到2013年建筑业的GDP占比已提高到21.5%（详见图4-9）。

四 服务业

受工业发展的制约，巴布亚新几内亚的服务业主要体现在政府的公共服务、基础设施建设方面。2001年巴布亚新几内亚服务业增长率为7.5%，但到2003年服务业增长率为-1.5%。从2005年起服务业增长率开始由负转为正增长，2007年高达9.4%，高于农业和工业的增长水平。2011、2012年服务业增长率高达12.9%、11.2%；到2013年服务业增长率有所降低，为5.2%。1996~2013年巴布亚新几内亚服务业增长率详见图4-10。

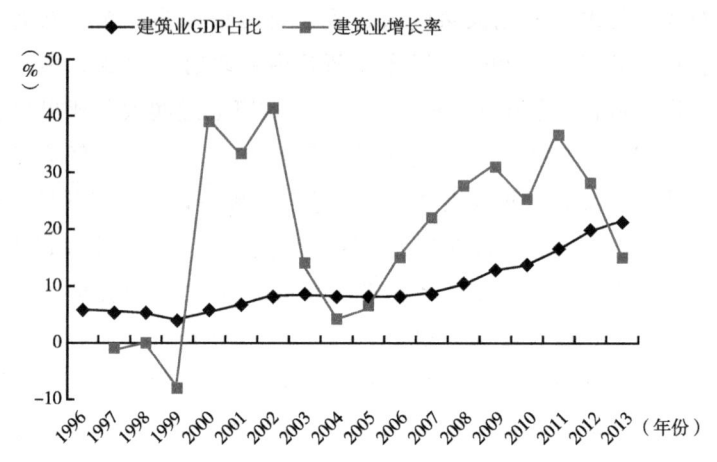

图 4-9　1996~2013 年巴布亚新几内亚建筑业增长率

资料来源：亚洲开发银行。

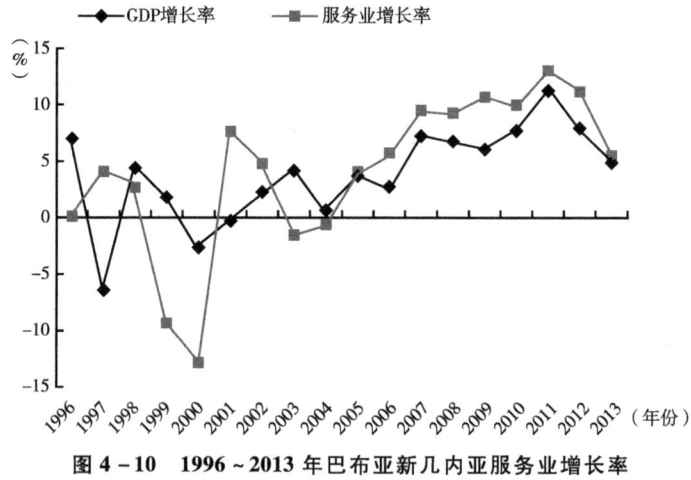

图 4-10　1996~2013 年巴布亚新几内亚服务业增长率

资料来源：亚洲开发银行。

自 2001 年巴布亚新几内亚商贸业开始迅速发展，当年商贸业增长率高达 73.9%，占 GDP 的比重为 5.37%；到 2009 年商贸业占 GDP 的比重增加到 7.26%；2011、2012 年商贸业增长率高达 28%、24.4%；到 2013 年服务业占 GDP 的比重增加到将近 10%（如图 4-11 所示）。

第四章 经 济

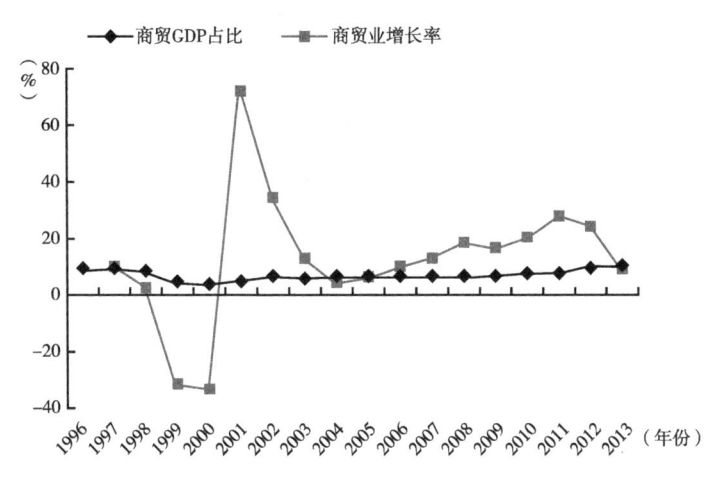

图 4-11　1996~2013 年巴布亚新几内亚商贸业增长率

资料来源：亚洲开发银行。

交通运输、通信部门受益于十年前开始的放松管制政策，2009 年增长率高达 37.1%，占 GDP 的比重为 2.7%；2011、2012 年交通运输、通信业增长率高达 25.9%、20.2%；2013 年增长近 7.7%，交通运输、通信部业占 GDP 的比重也增加到 3.64%（如图 4-12 所示）。

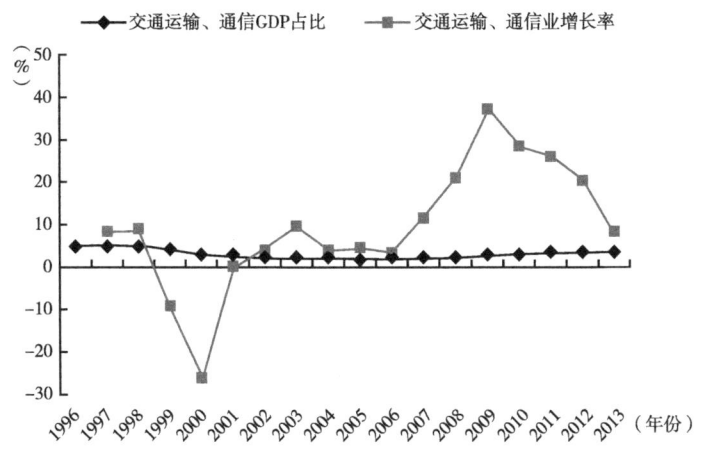

图 4-12　1996~2013 年巴布亚新几内亚交通运输、通信业增长率

资料来源：亚洲开发银行。

2005年，巴布亚新几内亚金融业开始迅速发展，当年金融业增长率高达17.7%，占GDP的比重为3.24%；2009年金融业增长率为22.8%，占GDP的比重增加到4.18%；2011年金融业增长率高达30.2%；2013年金融业增长率为10.2%，占GDP的比重超过5%（如图4-13所示）。

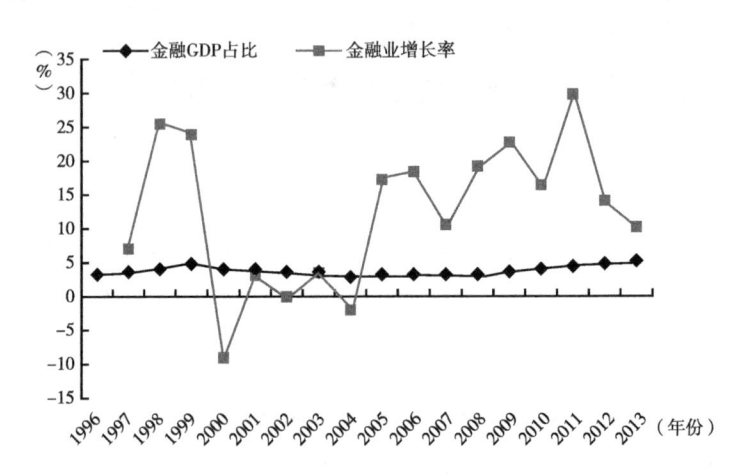

图4-13　1996~2013年巴布亚新几内亚金融业增长率

资料来源：亚洲开发银行。

五　主要大企业

石油勘探公司（OIL SEARCH）于1929年1月17日成立，是巴布亚新几内亚历史最为悠久的国家控股的石油公司，后来在澳大利亚公开上市，目前该公司是巴布亚新几内亚最大的公司之一，拥有国家约70%的石油储量，占国家约14%的国内生产总值和20%的出口收入。石油勘探公司已经连续五年保持利润增长。2006年税后利润4.12亿美元，同比增长106%，为该公司成立77年的历史之最。原油产量1020万桶，与2005年的1220万桶相比略有下降。平均石油销售价格为每桶67.22美元，同比上升16%。

巴布亚新几内亚石油主要生产商是Chevron Niugini有限公司，经营着南高地省的Central Moran油田、Gobe油田和Kutubu油田。Santos有限公司在南高地省的Se Gobe油田生产少量的原油。Exxon Mobil公司也是主要的油田开发经营公司之一。上述三家公司只是巴布亚新几内亚主要的石油生产和管理公司，巴布亚新几内亚油田真正的大股东还是石油勘探公司。

巴布亚新几内亚唯一的石油精炼项目位于莫尔兹比港，其产能为3.25万桶/日，其经营者是加拿大的 Inter Oil 公司。石油精炼产品除满足国内需求外，其余产品出口到周边国家或地区。

巴布亚新几内亚奥克泰迪公司是世界上最大的铜金矿生产商之一，2007年铜产量为17万吨、黄金产量为15吨，税后净利润为7.07亿美元，产品主要出口欧洲和亚洲。

巴布亚新几内亚电力公司是国家控股的电力垄断企业，近年来与中国的合作不断加强，2007年从中国进口了200多万美元的变压器等电气设备。

新几内亚航空公司（Air Niugini）为巴布亚新几内亚国营航空公司，成立于1973年，资产总额为1.15亿基那，是巴布亚新几内亚最大的航空公司。设有飞往国内主要城市及澳大利亚、新加坡、日本、菲律宾、所罗门群岛、中国香港、斐济的航线。2011年，巴布亚新几内亚国内最大的两家航空公司新几内亚航空（Air Niugini–政府拥有60%股份）和航线航空（Airlines PNG）经过内阁批准合并，组成新的航空公司，仍保留新几内亚航空名称，成为南太平洋地区规模最大的航空公司之一。

轮船贸易公司（Steamships Trading Company Ltd.）为巴布亚新几内亚最大的私营综合性商业公司，创立于1924年。现从事商品批发零售、海运、旅馆、房地产、汽车及配件、肥皂生产和工程施工等业务。

RD金枪鱼罐头公司（RD Tuna Canners）是一家成立于1997年的菲律宾公司，该公司从事一体化捕鱼和加工罐头，职工人数3600人，每天加工200吨产品，主要出口欧盟，是巴布亚新几内亚妇女就业最多的企业，也是国家制造业最大的企业之一。

六　矿业管理

巴布亚新几内亚矿业的政府主管部门是矿业部和石油能源部，分别管理固体矿产资源和油气资源。

巴布亚新几内亚

1. 矿业权管理

巴布亚新几内亚于1992年分别颁布了《矿业法》和《石油法》，建立了管理矿产和石油资源的现代特许权制度。法律规定，矿产和石油资源的所有权归国家所有。政府有权授予矿产和石油的勘查和生产的许可证。1992年《矿业法》规定了固体矿产矿业权的种类，矿业开发合同的形式，租金、相关费用和权利金的支付，租地权益和交易的登记，对受影响土地占有者的补偿等。《矿业法》中对于大规模经营规定的主要矿业权有勘探许可证和特别采矿租约。对于中小规模矿山经营规定的矿业权有采矿租约和砂矿开采租约。此外，还有一些辅助权证，例如采矿通行权等。具体规定有以下几点。（1）勘探许可证：期限不超过2年，可以延长2年，最大作业面积不超过2500平方公里。拥有在规定地区勘查某些矿产的独占权利。（2）采矿租约（ML）：期限不超过20年，可以延长10年，该租约通常是针对中小规模矿山和一些砂矿开采。租约持有者必须依据批准的开发建议和其他采矿租约规定的条件行事。（3）特别采矿租约（SML）：期限不超过40年，可以延长20年，该租约通常是针对大规模采矿项目，同时要求签订采矿开发合同（MDC），租约持有者必须依据批准的开发建议和其他采矿租约规定的条件行事。（4）砂矿采矿租约：期限不过超过5年，可延长5年，最大面积不超过5公顷，该租约持有者必须是拥有土地的公民。（5）采矿辅助合约：用于采矿项目的基础设施建设。（6）采矿通行权：道路、电力输入线、排水、管道、桥梁和隧道等设施的建设权。上述矿业权中除特别采矿租约外均由矿业部长批准。特别采矿租约由政府首脑批准。另外还要求在适当补偿的基础上同土地占有者达成协议。

1992年《石油法》规定了三种许可证：（1）石油勘查许可证，允许持有者在规定区域内进行石油和天然气的勘查活动，石油勘查许可证对规定区内的石油勘查拥有排他权，但许可证持有者还必须与政府签订在该租地内有关石油勘探和开发的协议；（2）石油开发许可证，持有者有权开发规定区域内的石油，并建设相关的基础设施；（3）管线许可证，授予持证者对输油管线和相关设施的建设和经营权。按照现行的国家政策，国家有权获得大型矿业项目最高达30%、石油项目最高达22.5%的股权。

国家在项目得到开发批准时按照投入成本从开发者手中购买股份。国家不在中小型项目中参股。

2. 土地主的权益保护

（1）土地主股权：国家在主要矿业项目和石油项目持有的股权中，有一部分分配给省政府和项目区内的土地主，承认土地主传统的所有权权利。对于石油开发项目，土地主可以获得2%的股权，在开始商业生产前的费用由政府持有的22.5%的股权支付，但此后土地主要承担与其权益相应的全部费用。对于大型矿业项目，国家最高可以持股30%，其中土地主可以获得最高5%的股权。在项目开始商业生产前，土地主不需付费，但项目开始商业生产后土地主需要支付全部费用。土地主的具体权益在授予特殊采矿租约时通过谈判确定。（2）土地主补偿：根据《矿业法》和《石油法》，开发者需要对受项目影响的土地主、占有者和其他权利人提供合理补偿。具体通过开发者与土地主和占有者的谈判确定。

3. 矿业税收

所得税：2000年，巴布亚新几内亚政府进行了税收系统调整，将矿业公司所得税率从35%下降到30%，红利预扣税降至10%。公司被允许在总收入中扣减25%的勘探费用。新的税收制度只适用于进行中的项目，并保证项目财务期内财务制度的稳定性。石油项目和大型矿业项目还遵守以项目为基础的税收评价。除某些特殊情况外，这类项目的纳税人按照这一项目纳税，其他活动并入该项目一起计算。

超额利润税：当纳税人已经收回投资，并且净现金流超过特定收益率时须缴纳超额利润税。对于石油项目特定收益率为27%，超过该值，对于净现金收益征收50%的超额利润税。对于天然气项目特定收益率为20%，超过该值部分，按30%的超额利润税。对于边远地区的石油项目，特定收益率为20%，超过该值，对于净现金收益征收35%的超额利润税。对于大型矿业项目，特定收益率为20%，或按当年美国国库券的平均利率加12%，具体由纳税人选择。超过此特定收益率者，按照35%的税率征收超额利润税。2000年税制调整时将矿业项目的超额利润税的特定收益率（起征点）降至15%。

权利金：所有项目生产的石油和矿产应按照 2% 的税率向国家缴纳权利金。这项收入分配给省政府和土地所有者。对于矿业经营来说，当矿产品不经过精炼出口时，按照出口离岸价计算权利金。如果矿产在巴布亚新几内亚精炼，则按照冶炼厂收益计算权利金。对于石油经营，按照井口石油价值计算。在 2% 的权利金中，1.25% 可以从所得税应税收入中扣减，其余 0.75% 享受税收减免。

2014 年巴新矿业与能源部秘书长伦戴尔·瑞穆阿表示巴新考虑取消对资源领域投资的税收豁免与激励政策。瑞穆阿表示现行税收优惠政策存在很多问题，必须建立一套对违规企业的严惩机制。[①] 在回答《国民报》记者有关取消优惠政策会不会影响外国对巴新的投资的问题时，瑞穆阿表示这取决于整体形势，巴新现在需要资金去解决就业问题，如果再有两到三个类似 PNG LNG 这样的大项目，巴新会重新考虑调整财政制度；他还表示资源领域的企业对取消税收优惠不满，但是他们不会离开巴新，他们会留下并且调整适应新的财政体制；他还表示石油与矿业部长没有权力出台税收优惠政策，在他的秘书长任期内也没有同意任何石油和天然气公司享受税收豁免。

4. 环境管理

保护环境是巴布亚新几内亚宪法规定的义务。环境与保护部是政府负责环境保护的主要机构，管理和监督所有资源开发项目。目前该国颁布的主要环境法规有：《环境规划法》要求具有较大环境影响的项目提交环境计划；《环境污染法》要求环境排污者须领取许可证；《水资源法》对于向水资源所有者支付补偿、正式进入权、取水权和用水许可做出详细规定；《保护区法》对于具有特别生物、地貌、地质、历史、科学和社会意义的地区提供保护；《海洋废物倾倒法》规定向海洋倾倒废物须领取许可证。

---

① 驻巴布亚新几内亚经商参处：《巴新考虑取消资源领域的税收优惠》，2014 年 10 月 21 日，http：//pg.mofcom.gov.cn/article/jmxw/201410/20141000766836.shtml。

第三节 旅游业

一 旅游业发展概况

在南太平洋地区，旅游业对于岛国经济十分重要，意味着发展经济、扩大外汇收入、提高当地人员生活水平。巴布亚新几内亚旅游业在国民经济中占有一定地位。为了改变巴布亚新几内亚对旅游业不够重视的局面，政府开始致力于促进旅游业的发展。巴布亚新几内亚政府 2004 年发布的《2005~2010 中期发展战略》（The Medium Term Development Strategy (MTDS) 2005 - 2010）中指出，旅游业的发展要对其经济、社会、文化和环境的福祉做出重要的贡献。2004 年政府发布的《中期发展战略》为旅游业的发展设立了许多高标准的发展目标。

巴布亚新几内亚政府专门制定旅游发展战略、强化旅游管理部门是很少见的。为配合这个战略的实施，还出台了一些配套政策，对旅游业的发展有积极的影响。例如在酒店与接待产业的减税方面，以及在促销和市场发展开支方面的双重抵扣减免政策上的政策优惠。

巴布亚新几内亚政府已制定一系列政策推动旅游业的发展，其中，旅游设施投资金额 1000 万基那（约合 333 万美元）以上的公司将享受连续十年免除每年 20% 所得税的优惠政策。同时，巴布亚新几内亚政府为吸引游客，已大幅度降低机票价格，最高降幅达 60%，但巴布亚新几内亚的签证申办手续烦琐、耗时较长仍是制约其入境游客数量的重要因素。

2009 年到巴布亚新几内亚旅游的外国人数达到 12.3 万人，较上年增长 7%。近 10 年来，到访者来源国和旅游者的比例结构没有太大的改变。如今旅游业主要靠商务旅行份额的支撑，这部分占 70%。商务旅行也带动了酒店业、国际和国内航班的市场发展。2005 年，到巴布亚新几内亚访问的约 7 万名外国人中 26% 是假日旅游者和商务到访人士。这一数字比上年增长了 17%，并为其带来了 4.855 亿美元的收入。其主要的游客来源地是日本（24%）、美国（15%）和一些欧洲国家（8%）。澳大利亚仍然为巴布亚新几内亚主要游客来源地，占53%。2005年假日旅游者为1.8万人。尽管像跳水这种活动的需求有所下降，但这项运动在全球增长很快，估计约12万旅游跳水运动者访问了南太平洋地区。2005年来访者的消费额价值5.96亿基那，假日旅游者消费了2.20亿基那。巴布亚新几内亚是较为昂贵的消费地。2004年平均消费是斐济的两倍。

旅游业是巴新快速增长的产业之一，每年接待16.5万海外游客，旅游业为巴新经济每年带来16亿基那的收入。① 随着巴新快速增长的旅游业而引发的问题是缺乏大量有资质和受过良好培训的人员，因此旅游培训对提高从事旅游业人员的能力和促进旅游业发展非常重要，巴新《2050远景规划》重要的任务之一是在未来为扩大就业机会而促进旅游教育培训（见图4-14）。

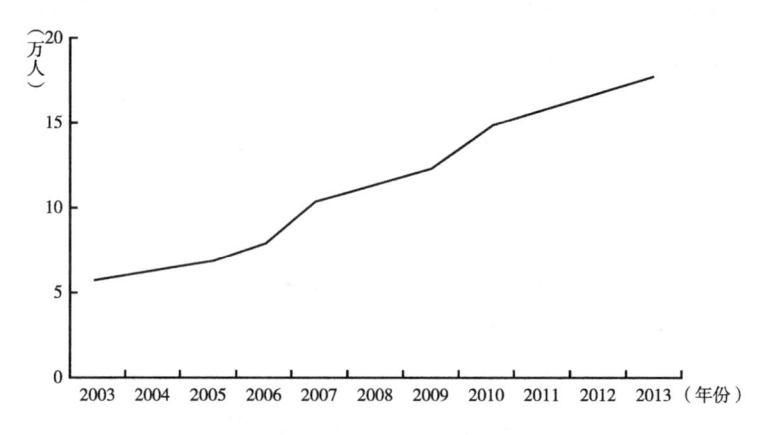

图4-14　到访巴布亚新几内亚的旅游人数

资料来源：世界银行。
2013年，巴布亚新几内亚的旅游人数为17.4万人。

牛津商业集团出版的《2014巴布亚新几内亚国别报告》称该国旅游业正在增长，2002年来巴新旅游的海外游客仅5.3万，到2011年则达到

---

① 驻巴布亚新几内亚经商参处：《巴新旅游业快速增长》，2014年10月9日，http://pg.mofcom.gov.cn/article/jmxw/201410/20141000753462.shtml。

第四章 经 济

16.4万。根据世界旅游业理事会（WTTC）的统计，2014年来巴新旅游的海外游客达18.7万，2024年预计巴新将接待23.9万海外游客。[①] 尽管巴新政府非常重视旅游业，将其作为该国主要的一个经济支柱来扶持，但由于基础设施问题和一些服务领域缺乏竞争等问题导致费用过高，莫港条件较好的酒店每晚住宿费用通常在200~300美元之间，在一些偏远城市的酒店住宿费用则更贵。除住宿费用过高外，机票价格高也是一个突出问题，新加坡到莫港往返机票为1600美元，且只能由巴新国家航空公司新几内亚航空公司运营，另巴新国内机票同样昂贵，莫港到莱城飞行时间45分钟，往返机票为667基那（271美元），莫港到北部高地的哈根山市机票为825基那（336美元），到布干维尔的布卡更是高达1156基那（470美元）。

治安问题也使海外游客却步，英国外交部对到巴新旅游的英国游客发出警告，特别是到首都莫尔兹比港、莱城和哈根山市，尤其要注意拦车抢劫、抢包、持凶器抢劫等。2013年9月，8个徒步旅行的澳大利亚人在北部莫罗贝省地区的山里被抢劫和袭击，3个被雇用的当地行李搬运人员被匪徒杀害。当地媒体经常报道一些治安案件，被报道的只是一部分，还有相当数量的治安案件未被媒体披露。恶性案件时常发生也导致巴新旅游费用高涨，游客不得不加强安全防范措施。治安问题使费用增加，在一定程度上制约了该国旅游业。按美国政府颁布的标准，到巴新出差的人员在莫港每天津补贴标准为504美元，莫港以外地区为323美元，在巴新期间费用明显高于南太平洋地区其他国家，其中斐济苏瓦每天219美元，所罗门群岛每天110美元。美官员到印度尼西亚出差在雅加达每天的津补贴为362美元，日本东京为每天408美元，菲律宾马尼拉为每天237美元。欧盟人员在巴新的津补贴费用则为每天407欧元。2013年旅游外汇收入仅占巴新GDP的1%，根据WTTC的统计，与巴新类似条件的国家相比，巴新旅游收入在184个国家排位中为182。

[①] 驻巴布亚新几内亚经商参处：《过高的费用等因素制约了巴新旅游业》，2014年10月29日，http://pg.mofcom.gov.cn/article/jmxw/201410/20141000776429.shtml。

巴布亚新几内亚

二 旅游资源

巴布亚新几内亚位于新几内亚岛的东部，又在澳大利亚以北，连接了亚洲和大洋洲；巴布亚新几内亚本土除了陆地以外，还有约600个岛屿，地形地貌多样；700多万人口中，有不同民族和部落，仅语言就要700～800种之多，文化形态多元；二元经济体制使得巴布亚新几内亚的城市都是以小型为主，几万人口的城市遍布各地，既有传统的类似农村经济的生活模式，又有现代城市的色彩，虽然现代工业还欠发达，对国民经济不利，但对旅游业的发展则成为优势；自然景观方面，除了热带风情以外，在巴布亚新几内亚境内有着火山和低于海平面的地区，国内22个省份有15个都在这些地区。

（一）主要旅游产品

水下运动。巴布亚新几内亚被业内人士公认为拥有世界级的水下运动场所。其水下运动产业联盟很好地组织了本国的这项运动。这个机构还负责协调推广水下运动，并且成功地使水下运动在巴布亚新几内亚得到了旅游者的认可。巴布亚新几内亚水下运动产业联盟每年从巴布亚新几内亚旅游促进局得到了15万基那的推广费用。

徒步旅行和攀岩。对于巴布亚新几内亚，攀岩是一个新兴的旅游项目。对科科达足迹（Kokoda Trail）的开发和宣传推广在最近的十年内取得了很好的效果。2006年约有3000名旅游者到达这里旅游。该国还有其他一些徒步旅行的地方，包括威廉山（Mt. Wilhelm）和黑猫路（Black Cat Trek）。

二战历史遗迹。对于巴布亚新几内亚，二战历史遗迹是很重要的旅游景点。二战中，日军和盟军在此作战，现在来到这里旅游的人多是日本和澳大利亚游客。二战的主要历史遗迹集中在拉包尔（Rabaul）、米尔恩湾（Milne Bay）和科科达（Kokoda）。现在对这些历史遗迹的保护还不到位，如何使这些地方能够持久地开发值得研究。

冲浪。冲浪是个新兴的旅游市场。冲浪运动主要集中在卡维恩（Kavieng）和瓦尼莫（Vanimo），在奴萨岛（Nusa Island）的度假村中可以为游览者提供饮食条件。冲浪运动是季节性的，但每个年度仍然在增长。巴布亚新几内亚冲浪协会是新兴但很健全的组织。协会在媒体上为冲浪运动进行了大量宣传，积极争取客源。对其来讲，冲浪者的主要客源地是澳大利亚和日本。

文化。巴布亚新几内亚的多元文化在世界上可以说是独一无二的既包含多民族文化，又有来自不同地区的文化元素在此融合、发展。其地标性的景点芒特哈根（Mount Hagen）和戈罗卡（Goroka），因为独特的文化城市景观，吸引了主要来自欧美的游客。

观鸟。巴布亚新几内亚境内有世界鸟类品种13%的奇特鸟类，约有1296种鸟类。在巴布亚新几内亚这样以自然环境闻名的地方，观鸟是很重要的旅游项目。在欧美很多国家，观鸟这项运动是富足的知识阶层的爱好。

动植物观赏。巴布亚新几内亚动植物区内有着很多种类的物种，因此，各地游客慕名而来。这里有着兰花、昆虫、蝴蝶和蝙蝠，除此之外，这里还有很多吸引游客的自然景区。这里的许多旅游产品是"基于研究"的，研究团队可以组团来到动植物区进行游览。

捕鱼。巴布亚新几内亚有着优质的捕鱼旅游产品。澳大利亚、美国和欧洲的游客愿意来到此地进行钓鱼等捕鱼旅游活动。

会展旅游。巴布亚新几内亚吸引了区域内很多国家和地区到此举办会议。2005年这里举办了南太平洋旅游研讨会。2006年这里举办了欧盟与非洲、加勒比、太平洋地区77国会议。其他国家准备与巴布亚新几内亚合作的意向，以及这里旅游市场的吸引力将会使会展旅游发展得更好。

航海邮轮。在全球市场层面，邮轮是新兴的旅游资源。巴布亚新几内亚的邮轮旅游从无到有，2005年时仅有三条航海线路，2006年已经规划了12条线路。只要具备了良好的港口和旅游的安排，巴布亚新几内亚就可以利用邮轮旅游的优势，因为乘客不用住在陆地上，即便基础设施相对较弱也不影响旅游市场。

（二）旅游设施

1. 旅行社

巴布亚新几内亚约有13家旅行社和25家入境旅行社在国内经营，并

巴布亚新几内亚

且巴布亚新几内亚旅游协会已经成立，已经有12家会员。主要的旅行社很小并且注重入境旅游。较大的旅行社包括美拉尼西亚旅社（Melanesian Tourist Services）和新几内亚旅社（Trans Niugini Tours），它们拥有自己的度假地。这两个旅行社在推动巴布亚新几内亚作为旅游目的地国家方面具有重要作用。

2. 住宿

2009年，接待外国游客超12万人次，全国约有212家旅店。1987年，巴布亚新几内亚有2450间客房。2005年，尽管客源增长了，但是客房数量只有小幅增长，约有2850间，不过只有45%在巴布亚新几内亚旅游促进局网站上标明。莫尔兹比港是到达巴布亚新几内亚的大门。东新不列颠（East New Britain）、马当（Madang）、米尔恩湾（Milne Bay）、西新不列颠（West New Britain）、新爱尔兰（New Ireland）也是主要的旅游地，有70%的客流到达过这些地方。莫尔兹比港附近很多旅店开始扩容。不过巴布亚新几内亚旅店没有分级，造成市场混乱和不规则的定价，一般而言，房屋价格较贵，服务水平也低于其他发展中的亚太国家。

巴布亚新几内亚的主要宾馆有如下几个。

航空酒店（Airways Hotel） 航空酒店是一家四星级酒店，位于首都莫尔兹比港，在机场附近，非常便利。酒店靠近议会大厦、莫尔兹比港高尔夫俱乐部、休伯特·莫里体育场和劳埃德·罗布森椭圆球场。航空酒店提供全套水疗服务、健身俱乐部、室外游泳池和蒸汽浴室，公共区域可以无线上网（收费）。商务设施包括全天候24小时商务中心、秘书服务和商务服务。酒店内有3家餐厅，并提供酒吧/休息区、咖啡店和池畔酒吧。住客享有免费（全天）机场接送、免费停车的待遇。活动中心有80平方英尺。酒店职员可以安排礼宾服务、货币兑换和手机/移动电话租赁。酒店的其他服务包括儿童游泳池、儿童俱乐部和健康水疗服务。酒店有指定吸烟区。航空酒店共有85间客房，客房带阳台，可观看高山或花园风景。电视配备有线电视频道和DVD播放器。客房提供无线上网（收费）、电话、免费报纸和室内保险箱（可存放笔记本电脑）。床上配有羽绒被和高档床褥设施，枕头选单。客房配有咖啡/茶壶和免费瓶装水，浴室有免

第四章 经 济 Papua New Guinea

费洗护用品。附加设施或服务包括湿度控制、空调和隔音。酒店还提供每晚夜床服务和客房清洁服务，以及婴儿床和折叠床。酒店地址：巴布亚新几内亚 Jacksons Parade，Port Moresby。

莫尔兹比港皇冠假日酒店（Crown Plaza Port Moresby） 莫尔兹比港皇冠假日酒店是四星级酒店，位于莫尔兹比港的中心地带，地区景点包括休伯特·莫里体育场、议会大厦和劳埃德·罗布森椭圆球场。其他景点包括莫尔兹比港高尔夫俱乐部和巴布亚新几内亚大学。莫尔兹比港皇冠假日酒店提供室外游泳池和健身设施。酒店内有商务中心和餐厅。住客享有免费机场接送的待遇，酒店职员可以安排旅游和货币兑换。酒店服务还包括会讲多种语言的服务员、礼品店/报摊和洗衣机。房间内有电视带有线/卫星电视频道。酒店所有房间都配有书桌和室内保险箱。所有客房提供冰箱和咖啡/茶壶，浴室浴衣和吹风机。附加设施或服务包括湿度控制、迷你吧和空调。另外，根据要求提供叫醒服务。酒店地址：Corner Hunter & Douglas Street，Po Box 1661，Port Moresby。

莫尔兹比港假日酒店（Holiday Inn Port Moresby） 莫尔兹比港假日酒店是一家三星半级酒店，位于莫尔兹比港，靠近休伯特·莫里体育场和劳埃德·罗布森椭圆球场，以及议会大厦。附近还有莫尔兹比港高尔夫俱乐部。该酒店提供室外游泳池和健身设施。酒店的商务设施包括商务中心、秘书服务和商务服务。莫尔兹比港酒店内有餐厅和酒吧/休息区，住客享有免费机场接送服务。附加设施或服务包括礼宾接待处、会讲多种语言的服务员和礼品店/报摊。客房提供电视，酒店还有空调和叫醒服务，可提供折叠床。酒店地址：Waigani Dr & Wards Rd Boroko，Port Moresby。

门户特色酒店（Quality Hotel Gateway） 三星级酒店，设施和服务有：酒吧/酒廊、商务中心、免费停车、餐馆、客房服务、穿梭巴士、套房、游泳池。房间数量130套。酒店位置方便，距离莫尔兹比港国际机场900米，距离劳埃德·罗布森椭圆球场2.9公里，距离休伯特·莫里体育场3公里，距离议会大厦3公里，距离莫尔兹比港高尔夫俱乐部3.3公里，距离巴布亚新几内亚大学6.3公里。酒店地址：Moreo Tobo Road，Port Moresby。

巴布亚新几内亚

拉马纳酒店（Lamana） 房间数量103套，地址：Waigani City Centre, Port Moresby。

太平洋花园酒店（Pacific Gardens Hotel） 太平洋花园酒店是位于戈罗卡山中的三星级酒店，在机场附近，非常便利。酒店提供餐厅和酒吧/休息区，公共区域无线上网（收费）。住客享有免费限时机场接送和免费停车的待遇。附加设施或服务包括礼品店/报摊、烤肉架和洗衣机。酒店所有住宿提供直拨电话和无线高速上网（收费）。酒店地址：Mokara Street North Goroka, Goroka, 675。酒店网址：www.pacifichotel.com.pg。

鸟乐园特色酒店（Quality Hotel Bird Of Paradise） 三星级酒店，位于戈罗卡，距离戈罗卡机场1公里，宾馆有房间52间。宾馆的设施和服务包括：商务中心、健身中心、餐馆、客房服务、穿梭巴士服务、游泳池等。宾馆地址：Elizabeth And Mcwilliam St, Goroka, Papua New Guinea。

马当度假酒店（Madang Resort Hotel） 三星半级酒店，位于马当岛上，有客房120间。酒店提供免费停车、餐馆、4个室外游泳池和健身设施。酒店商务设施包括：商务中心和秘书服务。活动设施包括会议中心、会议室和宴会设施。酒店职员可以安排礼宾服务和旅游/票务帮助。附加设施或服务包括花园和美发沙龙。客房带阳台，配有电视和卫星电视频道。所有客房提供冰箱和咖啡/茶壶。此外还有迷你吧、空调和自动定时收音机。酒店地址：Coastwatchers Ave, Madang, Papua New Guinea。

观海舒适酒店（Comfort Inn Coast Watchers） 二星级酒店，距离马当机场2.4公里，有房间32间。酒店的设施和服务有：餐馆、客房、服务、游泳池。酒店地址：Coast Watchers Avenue, Madang, Papua New Guinea。

美拉尼西亚特色酒店（Quality Hotel Melanesian） 三星级酒店，位于莱城，距离莱城机场35公里。酒店设施和服务包括：餐馆和游泳池。酒店有房间65套。酒店地址：Second Street, Nadzab, Papua New Guinea。

高原特色酒店（Quality Hotel Highlander） 三星级酒店，位于巴布

亚新几内亚芒特哈根市，距离芒特哈根市机场9.4公里。酒店有房间60套。酒店设施和服务包括：免费停车、餐馆、客房服务、游泳池等。酒店地址：Hagen Drive, Mount Hagen, Papua New Guinea。

3. 交通

（1）空运

巴布亚新几内亚的国际交通主要靠航班。从印度尼西亚陆路进入该国或者是乘坐邮轮的客人比较少。该国主要有两家航空公司，与澳大利亚航空公司合作的新几内亚航空公司（Air Niugini Limited）和巴布亚新几内亚航线航空公司（Airlines PNG Limited）。前者占有其80%的市场份额，并且归政府控制的独立公共商业集团（Independent Public Business Corporation）所有。新几内亚航空公司客机类型如表4-4所示。

表4-4 新几内亚航空公司客机类型

飞机	数量	飞机	数量
波音767~300（租用）	1	福克28~400（自有）	4
福克100（租用）	4	"冲锋"—8（1架自有，3架租用）	4

注：《巴布亚新几内亚的旅游状况和主要规划（2007~2017）：作为持续性产业的发展中的巴布亚新几内亚旅游业（最终报告）》，2006，第68页。

在国内运输领域，航班也是很重要的方面，因为国内道路状况不佳，并且其地理条件较为复杂。新几内亚航空公司负责固定和临时的国内航班运输。巴布亚新几内亚航线公司和其他一些小航空公司负责某些地区的固定和临时包机运输。

（2）海运

在邮轮和海运旅游方面，该国仍然相对滞后。根据旅游促进局的数据，2005年共计12艘邮轮来访，运载了4000余短途旅客，约占短途旅客总量的10%。

4. 饮食

巴布亚新几内亚由于民族文化多样，饮食习惯也不尽相同。除了大城市有标准化的西餐之外，各地都有独特的饮食习惯，但总体来说，巴布亚新几内亚的饮食嗜好有以下几个特点：讲究猪肉宴为吉祥，菜肴丰盛实惠；口味一般偏浓重，喜油大；主食以番薯、芋头、玉米、椰子和各种香蕉为主；副食爱吃猪肉、鱼及海味品，以及禽类、蛋类等。蔬菜喜欢西红柿、瓜类等。调料主要用盐和油等；烹调方法主要以煮、炸、烤等烹调方法为主；酒水以啤酒最为流行，也喜欢喝各种水果制成的果汁；果品多以香蕉、甘蔗、柑、桔等水果为主，干果、果仁也受欢迎；中餐以鲁菜、京菜、东北菜受追捧。大拼盘、锅烧肘子、砂锅白肉、雪花鸡腿、干烧鱼、琉璃肉、烤乳猪、熘黄菜、炸烹里脊、炸鱼块等风味菜肴最符合当地人的口味。

三 旅游管理

旅游促进局是巴布亚新几内亚政府主要的旅游管理机构，负责国家旅游政策的制定实施，以及旅游业的全面监督管理。为了配合国家旅游战略的实施，巴布亚新几内亚建立一些机构，配合政府部门对旅游业进行协调管理。例如，新的市场营销机构。其主要职责是未来的市场营销战略和旅游市场规划，以及协调所有的市场营销活动，包括市场研究、主要客源地的市场代表派驻、旅行和道路的指示、到访记者项目、通过互联网开拓市场、协调合作公司并进行广告宣传、公关活动以及与私企协调国内所有旅游市场的活动。参与者应当代表旅游产业的关键部门，例如酒店业、航空业、旅游从业人员和一些项目联盟。

巴布亚新几内亚现有的旅游产业联盟建立于2001年，是代表旅游产业相关部门与政府沟通的桥梁。其目标主要是发展、促进、鼓励和激励该国旅游产业以及为成员提供服务。成立之初，成员有32家，85%的成员都是本地企业，2005年会费增长后，成员规模有小幅下降。此外，省级还有旅游局和联合会，在发展旅游业、协调省级层面的人员培训、旅游产品开发和信息协调以及协调支持地方旅游市场方面起了很大作用。然而，各省的旅游资源和管理不一。在人力资源发展方面，巴布亚新几内亚计划为旅游产业发展职业教育和培训，并建立旅游产业顾问委员会，为旅游业服务，进行国家旅游产业培训需求分析。

赴巴布亚新几内亚旅游注意事项。

(一) 入境

旅客入境，行李须在抵达巴布亚新几内亚的第一个机场时通关，如果携带需要申报的物品应该及时申报。携带以下物品可以免进口税：所有不多于200基那（18岁以下乘客须不多于100基那）的新商品。除下列物品：收音机，晶体管收音机，磁带式录音机，磁带播放器，调谐器，放大器，录影机，电视机及其相关物品；18岁以上（包括18岁）乘客可免税携带酒精类液体1升；18岁以上（包括18岁）乘客可携带香烟260根或雪茄或烟草250克；合理数量的香水。进口任何动物，植物及其相关产品至巴布亚新几内亚，须提前申请书面许可证明，申请须寄至：巴布亚新几内亚布罗科区2141号信箱农业防御部隔离总负责人（动物及植物）收。

巴布亚新几内亚明令禁止从非澳大利亚及新西兰进口的动物类非罐装食品和从新西兰进口的所有新鲜或罐装猪肉，以及从澳大利亚及新西兰以外国家进口所有动物及植物入境。其他规定还有巴布亚新几内亚为濒危野生动植物种国际贸易公约成员（参见《条款与定义》）。宠物方面，从新西兰与澳大利亚进口的狗与猫须隔离48小时；进口自其他国家的宠物在巴新须隔离9个月。宠物只可以货物形式入境。

(二) 巴布亚新几内亚使馆对中国公民的建议

由于巴布亚新几内亚社会治安状况差，中国公民要加强自我保护意识，夜间不要单独外出，白天要减少不必要的外出。如确需外出，应注意人身安全，尽量结伴同行，并与家人、亲友保持密切联系。巴布亚新几内亚较大城市可刷卡消费，出门尽量少带现金。因近年来中国公民非法入境和滞留现象增多，巴布亚新几内亚将中国视为非法移民高危国家，相关执法部门如移民、警察及安全等部门加大了对中国公民的监控和调查力度。中国公民在入境时，经常受到严加盘查，一旦发现问题，如所持签证与其来巴布亚新几内亚目的不符、说不准雇主名称、所称学历或工作经历与原申请不符等，即被扣留护照、拘留甚至被遣返。如遇护照被扣留，建议查看执法人员身份证件，请其出示执法依据、正式收据并提供联系方式，以便追索被扣证件。如被拘留或被告知将遭遣返，请及时与中国大使馆及在巴布亚新几内亚的亲戚朋友联系；如自己无法联系，建议要求有关执法部门迅即通知中国大使馆。

中国与巴布亚新几内亚于1976年10月12日建立大使级外交关系，在首都莫尔兹比港设有大使馆。地址：Section 216, Lot 5, Sir John Guise Drive, Waigani, Port Moresby, PNG。通信地址：P. O. Box 1351, Boroko, Port Moresby, Papua New Guinea。电话+675-3259827（工作时间总机）；传真+675-3258247。网站 http://pg.china-embassy.org 或 http://pg.chineseembassy.org；电子信箱 chinaemb_pg@mfa.gov.cn。领事部电话+675-3259836转200分机；遇紧急情况向使馆求助值班手机+675-6862675；警察局电话000；莫尔兹比港警察局电话+675-3244282；巴布亚新几内亚外交部移民局电话+675-3231509。国家旅游促进局网址 www.paradiselive.org.pg；电子信箱 info@pngtourism.org.pg；电话+675-3200211；传真+675-3200223。巴布亚新几内亚航空公司电话+675-3200422, +675-3250555（机场）；电子信箱 apng@apng.com。

四 未来发展

通过旅游业改善商业环境同时鼓励投资将会使巴布亚新几内亚成为更有竞争力、更加安全的投资场所。为了促进投资和旅游产业的增长，巴新政府在2006年1月出台了一系列投资促进计划，目的是促进国内外旅游产业的增长（见表4-5）。主要包括以下几个方面。

财务方面，采用旅游市场营销双倍抵扣方案，加速资本投资的折旧以及在接待业方面减免税收等政策。在其他方面，例如培训旅游从业人员也是一个重点。针对公司收入的双重抵扣政策，政府允许旅游公司将以下的开支列入培训人员的开支：对全职职工的工资支付，对于该国国民参加指定机构举行培训的支出，以及对实习的旅游产业相关人员发放的工资。另外，巴布亚新几内亚的土地所有形式较为复杂。其传统的土地主占了绝大多数土地，只有极少数的土地是国家和私人明确拥有。这种土地所有制很大程度与当地的文化相关,但也使得当地的人免于贫穷的困扰。巴新政府已经建立了一个土地改革工作组,这个机构会调查并建议政府采取合适的政策,既能保证居民传统的利益,也能增加旅游业的投资。这一机构在土地监管、土地分配和习惯性土地改革方面建立委员会进行管理,职能包括进行土地立法的修正工作,以及对政策法律的实施进行前瞻性研究。

表4-5 鼓励投资的主要领域

对于大型投资项目的税收政策	允许公司对于新的旅游基础设施建设的税收完全减免,为期10年。对于资本占用量大的大型基础设施的开发,应当有一些特殊的税收配套政策,例如,应开发一些供居民使用的基础设施,例如道路、医院、学校。对于建设项目设置标准,这样可以鼓励可持续性的资本投资,例如投资的最小价值应在500~1000万美元,酒店应至少有150间房屋。
加速折旧的优惠	继续沿用折旧旅游用房的基础设施的折旧率55%。
对于培训员工的税收抵扣	在指定机构参加培训的费用允许双重抵扣。
零消费税政策(航空业和其他收费行业)	在国际、国内旅游航空业间采取零消费税政策,在海运方面也要引入实施类似方案。

资料来源:《巴布亚新几内亚的旅游状况和主要规划(2007~2017):作为持续性产业的发展中的巴布亚新几内亚旅游业(最终报告)》,2006年,第59~60页。

巴新还通过建立警用媒体系统和旅游警务机构,确保游客的安全。全力支持投资促进局,确保在该国的投资经商不局限在旅游方面,还要有持续性。

在旅游产业开发方面,主要目标是建立合理的市场营销战略。其目标是要使各省对于旅游规划和产品开发全力支持,鼓励设立持续性的以社区为基础的旅游产品的发展,以及通过提高旅游产品的标准来提高游客的满意度。巴布亚新几内亚需要将省级旅游规划执行好,协调好关于旅游投资机会、现金来源、商业支持服务等信息。该国还要设计和实施一批基于社区的旅游项目,这些旅游项目应当是标准化的,要开发一些关于社区旅游的短期商业、管理和主要操作领域的课程，还要开发提高旅游意识的培训项目，在省级层面培养一些培训师。

巴新需要设立独立的旅游标准和评价体系，设立对旅游从业者的标准和规定，并且可以将从业者纳入认证体系；还要设立为了发展和实施符合国际标准的国家住宿接待分级体系。该国要建立旅游政策秘书处，这是为了协调当地居民的资源和开发商设立的旅游景点的关系。目前其旅游促进局仍是协调、实施、监管《旅游业主要规划》的部门。其主要职责一是与国家规划部紧密合作寻求资金，二是与财政部合作确保政府资金投入到最需要的方面。旅游促进局还要与审计部门合作，监管其旅游业工作组。政府的主要职责是监管这项旅游规划的实施并将情况及时反馈给各利益相关方。因此建议政府每年审视这项规划的实施情况，在实施三年后修改规划以适应时代的变化。工作组需要由总理直接领导，成员需要包括私营部门的旅游业人士和政府各部门的负责人，并且要定期会晤。

发展可持续性的旅游业需要多样性的捐助发展机制。政府、旅游业界、非政府组织和捐助方也需要有联系。这些对旅游业的捐助目的仅限于发展持续性的旅游产业以及减少贫困。旅游业发展也需要一些主要的旅游项目。在三年的规划实施阶段之后，旅游业资金来源主要包括政府发行债券得到的资金以及通过捐助获得资金。

旅游业在巴布亚新几内亚处于方兴未艾的阶段，由于其独特且多样性的自然条件和文化资源，巴布亚新几内亚拥有旅游发展的潜力。2010年旅游产业价值约110亿基那，到2015年旅游收入为178亿基那。假日旅游消费2010年为3.63亿基那，2015年为7.27亿基那。2010年旅游业吸引就业4800人，到2015年为13000人。目前旅游资源还没有开发到位，其国民也没有因为旅游业的发展而大幅提高生活水平，但是政府准备与各利益相关各方一道提高旅游业的水平。巴布亚新几内亚政府积极推动本国旅游业的发展的战略考虑可以对该国带来如下的益处：为国家提供许多就业岗位；为国民增收创造条件，从而减少贫困和犯罪率；促进农村经济发展，减少城乡差距；持续性管理和保护国家的自然资

第四章 经 济

源；促使该国的文化和手工业品制作发扬光大；通过文化交流促进法治和管理，加强安全的环境可以带来经济效益这一理念在该国的传播；促使国家支持运输类基础设施的投入和运输服务的层次提升；促使相关产业的发展，例如渔业、农业等；促进该国政府对社会服务提供直接或间接的财税支持。

巴布亚新几内亚政府计划到2017年将巴布亚新几内亚的旅游产业建成增长性的且可持续发展的产业，并达到以下目标：提高巴布亚新几内亚旅游业的国际认知度，全世界都会认识到这里会对旅游者提供有益的旅游体验；旅游产业促进就业和经济增长；通过旅游产业的开发，其各种独特的自然资源会得到有效保护和合理利用；通过"五年计划"使来到巴布亚新几内亚的假日来访游客数量翻番，改善全国人民的社会和环境利益，创造其旅游总体经济的价值。具体措施主要有：将主要的旅游客源地定位于澳大利亚、美国、日本、英国和德国；主要的旅游产品定位在潜水等水下运动、徒步跋涉、参观二战遗迹等活动上；其他的旅游产品包括观鸟、捕鱼、冲浪、攀岩、乘坐游艇、皮艇运动、邮轮旅游、参观动植物保护区、山洞探险、划竹筏等活动；强化旅游定位、宣传、品牌等；培养旅游人才，加强互联网建设。同时注重旅游研究和提升旅游活动的价值。每年该国还投入1010万基那以保证海外市场开发，主要针对市场集中的国家。为此，巴布亚新几内亚要在旅游产业的完全国际化、准确市场定位以及影响的长期性方面多做努力。

巴布亚新几内亚尽可能提供世界级的旅游资源和旅游内容。从世界角度来看，假日旅游游客偏爱带有探险性质的项目，这是一个新兴且快速发展的增长点。而巴布亚新几内亚这方面的天然资源较为丰富。为此，巴布亚新几内亚努力对旅游市场进行战略动态的研究与统计，通过对旅游市场和对旅游者的调查、旅游贸易等方面的分析准确定位旅游市场。巴布亚新几内亚还与其他邻国的旅游推广机构保持友好联系和更有效的合作，进而能够扩大市场份额，也是市场开拓的重要途径。

根据世界旅游业理事会（WTTC）统计，2014年来巴新旅游的海外游客达18.7万，2024年预计巴新将接待23.9万海外游客。

第四节 基础设施

巴新自然资源虽然非常丰富，但经济发展较落后，基础设施薄弱，是世界上少有的首都不能通过陆路连接到国内其他地区的国家。巴布亚新几内亚没有铁路，没有高速公路，城区内没有地铁。主要靠公路、水路和航空来满足当地的客货运需求。巴布亚新几内亚的电信服务还不够广泛，不过近年来移动电话增长较快。由于地理环境所限，巴布亚新几内亚的电力供应有限。巴布亚新几内亚的土地资源虽然丰富，但是长期沿袭下来的传统土地使用制度限制了巴布亚新几内亚的土地供应，使得巴布亚新几内亚的工业用地需求长期得不到满足。薄弱的基础设施已经成为巴布亚新几内亚吸引外资的最大障碍之一。因此，一些国家或地区对巴布亚新几内亚的援助项目也与基础设施建设有很大关系。

为改变基础设施的落后状况，2009年巴布亚新几内亚政府拟在未来10年内，完成总价38亿基那的基础设施建设。其中，亚洲开发银行对交通部门的贷款计划为27亿基那；世界银行为4亿基那；澳大利亚未来四年内对巴布亚新几内亚道路援助计划为7亿基那。2009年巴布亚新几内亚政府完成10.2亿基那的基础设施建设。2015年亚洲开发银行通过了巴新2016~2020年合作战略，将帮助资源富裕的巴新破除基础设施落后等发展瓶颈。第一期阶段从2016年至2018年，亚开行向巴新提供6.37亿美元。得益于外商投资和出口商品价格高涨等因素，巴新从2002年开始至今，经济保持不间断的持续增长，但是经济发展的不均衡没有使人口占比88%的农村地区受益。由于交通等基础设施薄弱，农业也并没有发挥潜力。巴新在1971年加入亚洲开发银行，现在是亚开行在太平洋地区最大的借款方，亚开行重点关注巴新国家交通网络升级等项目。截至2015年，亚开行共向巴新提供11亿美元资金，其中包括向11个项目提供22笔贷款、8个援助项目、9个技术援助项目、2个私营部门的贷款和股权投资业务。①

巴布亚新几内亚的基础设施发展规划包括公路发展建设由交通部负责，计划到2015年建成联通全国的公路网络，到2030年建成2.5万公里国家级公路。无铁路、地铁、轻轨建设规划。水面交通建设由巴新港口公司、交通部和国家独立公共商业公司负责，计划到2030年，实现国际港口进港时间由现在的3天缩短为1天；航道和船舶数量增长3倍；全国所有港口实现升级。亚洲发展银行水上运输项目将为其提供部分资金。电信建设由信息通讯部负责，计划到2030年实现移动电话覆盖率达80%。电力建设由石油能源部负责，计划到2030年实现70%的家庭通电。

巴新政府将高地公路升级建设作为基础设施建设计划的重中之重，巴新超过70%的人口、重要矿产能源项目（Porgera铜矿、Kutubu油田和LNG项目等）和大量农业物资依赖于高地公路，高地公路是巴新经济生命线。政府呼吁沿线群众放弃过高的补偿，从而确保公路建设进度。② 为适应不断增长的汽车数量，缓解交通压力，巴新政府将斥资5亿基那用于首都地区道路建设。Poreporena Highway到WaiganiDrive等六座立交桥已经招标完毕，其余道路交通设施建设也将逐步启动。③

一 交通运输

巴布亚新几内亚交通运输十分落后，即使在首都和主要工业城市莱城之间，至今也无公路连接。由于地理环境特殊，估计有35%的人口居住在离国道10公里以上的地区，17%的人口居住在不靠近任何公路的地方。航空运输是一个不错的选择，然而航空运输的高成本又不是巴布亚新内

---

① 驻巴布亚新几内亚经商参处：《亚开行通过巴新2016~2020合作战略》，2015年4月16日，http://pg.mofcom.gov.cn/article/ztdy/201504/20150400944335.shtml。
② 驻巴布亚新几内亚经商参处：《巴新总理强调高地公路建设优先地位》，2015年3月2日，http://pg.mofcom.gov.cn/article/jmxw/201503/20150300906039.shtml。
③ 驻巴布亚新几内亚经商参处：《巴新政府将投入5亿基那用于首都地区道路建设》，2015年2月23日，http://pg.mofcom.gov.cn/article/jmxw/201502/20150200901144.shtml。

123

亚这样落后的国家能够消费得起的。巴布亚新几内亚的主要交通方式是空运、水运（货物）和公路。巴布亚新几内亚非城市公路全长约20000公里，其中9000公里由政府负责，其余归省政府、地方政府和私人部门（如矿业和伐木公司等）负责。由于用于道路维护的实际开支减少，巴布亚新几内亚的道路状况很差。

（一）公路

巴布亚新几内亚内陆山脉崎岖，陆路交通不发达，少有的省际和城际间公路状况较差，公路里程8460公里，政府公布的公路总长度约3万公里。首都莫尔兹比港与最大工业城市莱城间由高地公路相连，是商品流通、居民出行的重要通道，对促进经济发展意义重大。巴新与接壤的印度尼西亚之间无公路联通。

（二）铁路

巴新无连接城市间的铁路交通设施，与周边国家无铁路运输网络联通。

（三）水运

巴布亚新几内亚三面临海，连同各主要岛屿在内海岸线总长度为17100公里，水上运输具有得天独厚的条件。货物运输主要以水运为主。境内共有50多个港口，其中由巴布亚新几内亚国有港口公司经营23个，包括莫尔兹比港、莱城等主要港口在内的17个港口正常经营，年吞吐量为580万吨。莱城港为南太地区最大的港口，巴布亚新几内亚60%左右的进出口货物经莱城转运，年吞吐量为280万吨。莫尔兹比港年吞吐量为180万吨。莫尔兹比港国际航运公司提供中国、日本、欧洲、新西兰、南太平洋各岛国及澳大利亚等地区与巴布亚新几内亚间的货物海运业务，港口使用效率很高。不过目前的港口吞吐能力远不能满足贸易运输的需要，而要提高港口的吞吐能力尚需要大规模的资金投入。

巴布亚新几内亚主要港口如下。

阿洛陶（ALOTAU）港。位于巴布亚新几内亚的新几内亚岛东南沿海的米尔恩（Milne）湾内，濒临珊瑚海的北侧。港口距机场约20公里，有

第四章 经　济　Papua New Guinea

不定期航班。该港属热带雨林气候。年平均气温在26℃左右。全年平均降雨量约2000毫米。平均潮高：高潮为1.5米，低潮为0.4米。港口的主要设施如下：集装箱码头泊位1个，长93米，最大水深10米；油码头1个，长56米，最大水深4.9米。货物装卸主要用船上设备（除特殊安排）。有仓库1,874平方米，堆场面积为7640平方米。油码头最大可靠吃水4.27米的油船，该港口拖船设备不足，主要进出口货物为椰干、石油、滚装货、集装箱及杂货等。在节假日，除圣诞节外，均可安排工作。

阿内瓦湾（Anewa Bay）港。位于巴布亚新几内亚的布干维尔（Bougainville）岛东海岸的阿内瓦湾内，在布干维尔首府阿拉瓦（Arawa）的西北面，是巴布亚新几内亚的矿石出口港。港口距机场约34公里。该港属热带雨林气候。年平均气温约20~30℃。全年平均降雨量约1500~2000毫米。平均潮差为1.7米。港区主要有一个长77米的码头，最大吃水12米。港口具备装卸设备，可移式吊，集装箱叉车及滚装设施等，还有直径200~560毫米的输油管供装卸石油使用。泊位可供各种船舶使用，一般用船吊装卸杂货及集装箱等。在码头东部有一固定的散矿装载机，装载效率为每小时800~1200吨。装卸油船时，重油最大卸速每小时为4000吨；轻油每小时为700吨。另有拖船，可使用拖船缆绳（付费）。在节假日，除耶稣受难日和圣诞节之外，均可安排工作。

基埃塔（Kieta）港。位于巴布亚新几内亚东部布干维尔（Bougainville）岛的东部沿海，是巴布亚新几内亚的铜矿砂出口港。在基埃塔地区已探明的铜矿储量达8亿吨，潘古纳铜矿是世界四大铜矿之一。工业以采矿和农产品加工为主，年产精铜矿砂50多万吨。基埃塔港口距机场约19公里。该港属热带雨林气候，年平均气温在20~30℃左右。全年平均降雨量约1500~2000毫米。平均潮差为1.7米。港区主要有一个远洋码头，岸线长122米，水深为8.5米。仓库面积为2780平方米，货物堆场面积达1.4万平方米。对大船有2个推荐锚地，港内有2艘拖船，最大功率为883千瓦。出口货物以铜矿砂为主，进口货物主要有

巴布亚新几内亚

粮食、纺织品及杂货等。在节假日,除耶稣受难日和圣诞节之外,均可安排工作。

金贝(Kimbe)港。位于巴布亚新几内亚东部新不列颠(New Britain)岛北部沿海金贝湾内的斯德丁(Stettin)湾的西南岸,濒临俾斯麦(Bismarck)海的南侧,是新不列颠岛的主要港口之一。港口距机场约50公里。该港属热带雨林气候,年平均气温在20~30℃左右。全年平均降雨量约1500~2000毫米。平均潮差约1.2米。港区主要码头泊位有2个,岸线长177.4米,其中1个为多用途泊位,水深达15米。用船吊作业。仓库面积约1500平方米,货物堆场达1.2万平方米。在港口东约20公里有一木材港,并且在100公里处有一个棕榈油港。在节假日除耶稣受难日和圣诞节之外均可安排工作。如果装卸大量散货,在获得港口管理部门批准的情况下,可以24小时不间断作业。

莱城(Lae)港。位于巴布亚新几内亚东部沿海胡翁(Huon)湾顶端的马卡姆(Markham)湾内,濒临所罗门(Solomon)海的西北侧,是巴布亚新几内亚最大的海港之一,也是对外贸易的主要口岸。曾一度为新几内亚的首府。巴布亚新几内亚中部地区盛产的咖啡、茶叶,主要经过此港输出。港口距机场约40公里。该港属热带雨林气候,盛行东南风。由于靠近南太平洋赤道,所以既热又湿。年平均气温在20~30℃左右。全年平均降雨量约300毫米。港内潮差最大为1.5米,最小为1.1米。港区主要码头泊位有3个,岸线长430米,水深11~13米,可以同时靠泊3艘万吨级船舶。码头的西方有集装箱泊位,岸线长180米,水深11米。装卸设备有25吨以下的各种装卸叉车,有可供装卸散装货物的大型可移动式吸送泵。码头上没有岸吊,装卸货物全靠船上的装卸设备(除另有安排)。该港也可以泊4万载重吨的油船,上有装卸油设施。港内有宽阔的露天堆场,面积约3.9万平方米;有化肥和杂货仓库,面积约1.5万平方米。港口有拖船设备,但均为私人所有,需要时事先提出申请。莱城港主要出口货物为木材、胶合板、茶叶、咖啡及金等,进口货物主要有食品、纺织品、燃料油、机

第四章 经济 Papua New Guinea

械设备及化工产品等。主要贸易对象为日本、德国、澳大利亚、英国、新加坡及美国等。在节假日中，除耶稣受难日、圣诞节外，其余节假日均可安排工作。

马当（Madang）港。位于巴布亚新几内亚的新几内亚岛的东北海岸，濒临俾斯麦（Bismarck）海的西南侧，是巴布亚新几内亚北部地区的主要港口。港口距机场约6公里。该港属热带林气候。年平均气温为20~30℃左右。全年平均降雨量约3000毫米，平均潮差为1.2米。港区有一个可泊远洋船的泊位，岸线长137.1米，水深10.1米。装卸货物用船吊作业（除另有安排）。有仓库面积4600平方米，货物堆场8830平方米，本港无拖船设备。

莫尔兹比港（Port Moresby）。位于巴布亚新几内亚的新几内亚岛南部沿海巴布亚（Papua）湾东岸的入口处，濒临珊瑚（Coral）海的西北侧，是巴布亚新几内亚的最大港口，又是该国的首都，是全国政治、经济及文化中心。经济以农业为主，该国是南太平洋最大的椰油和椰干生产国。工业有造船及纺织等。港口距国际机场13公里。该港属热带雨林气候，盛行东南风。年平均气温21~32℃左右，全年平均降雨量约2000毫米。平均潮高：0.4~1.5米。装卸货物主要用船吊，油船有水下油管供装卸使用。仓库面积约1万平方米，集装箱场地达2.8万平方米。码头最大可靠5万载重吨的油船。拖船的最大功率为550千瓦。大船锚地在外港中部水深达27米。油船只准白天靠离。主要出口货物有椰干、椰油、橡胶、棕榈油、可可豆和木材等，进口货物主要有机械、纺织品、食品、燃料油及化工产品等。在节假日中，除耶稣受难日和圣诞节外，其余节假日均可安排工作。

拉包尔（Rabaul）港。位于巴布亚新几内亚新不列颠（New Britain）岛东北沿海的布兰斯赫（Blanche）湾内，濒临圣乔治（St. George's）海峡的西北侧，是巴布亚新几内亚东部地区的主要港口。港口距机场约4公里。拉包尔港属热带雨林气候。年平均气温在20~30℃左右。全年平均降雨量约1800毫米。平均潮差为1.5米。装卸货物主要用船吊作业（除另有安排）。码头可停靠万吨级船舶。

仓库面积约1万平方米,露天货场面积3.8万平方米。大船锚地距岸约1公里,水深达30米。主要出口货物为铜矿砂、椰子产品、木材、咖啡及可可等,进口货物主要有粮食、纺织品、金属制品、燃料油及机械等。在节假日中,除耶稣受难日及圣诞节外,其余节假日均可安排工作。

韦瓦克(Wewak)港。位于巴布亚新几内亚的新几内亚岛北海岸中部,濒临俾斯麦(Blsmarck)海的西北侧,是巴布亚新几内亚北部地区的主要港口之一。港口距机场约5公里。该港属热带雨林气候。年平均气温为21~32℃左右。全年平均降雨量约2500毫米。潮差1.3米。港区主要有一个长堤码头,为远洋泊位,岸线长73米,水深6.7米。有西北风季节影响靠泊(12月至次年3月)。装卸货物用船吊作业。仓库面积2200平方米,货物堆场面积1.15万平方米。在长堤的另一个沿海泊位,长30米及一个驳船坡道。主要出口货物为椰干、可可、木材及咖啡等,进口货物主要有粮食、纺织品及化工产品等。在节假日中,除耶稣受难日、圣诞节外,其余节假日均可安排工作。

(四)航空

独特的地理环境使得巴布亚新几内亚航空运输成为国内交通必不可少的一部分。巴新主要城市之间的交通方式主要依靠飞机,许多边远地区的出行只能依赖小型直升机或步行。巴布亚新几内亚共有大小机场492个(2007年),其中铺设跑道的机场只有21个,起落直升机机场2个,大多数为设在偏远地区的小型机场,只有少数机场可停降大型飞机,其中国际机场有莫尔兹比港国际机场、芒特哈根机场、阿洛陶机场和达鲁机场。2005年12月,巴布亚新几内亚成为签署太平洋岛国航空服务协议的第六个成员国。

巴布亚新几内亚的航空公司主要有以下几个。

巴布亚新几内亚航线航空成立于1987年,经营莫尔兹比港至澳大利亚布里斯班和凯恩斯的航线。澳大利亚Qantas航空公司和新几内亚航空、巴布亚新几内亚航线航空共享代码。新几内亚航空、巴布亚新几内亚航线航空和Airlink、Islands Nationair等三线航空公司提供国内客运和货运

第四章 经 济 Papua New Guinea

服务。

巴布亚新几内亚航空有限公司，是巴布亚新几内亚的国家航空公司，总部设在莫尔兹比港，以经营国内航线为主，也有亚洲、大洋洲的国际航线。巴布亚新几内亚航空的主要基地是莫尔兹比港杰克逊国际机场。巴布亚新几内亚航空（Air Nuigini）的 IATA 代号：PX；ICAO 代号：ANG；呼号：NIUGINI。

巴布亚新几内亚航空作为国家航空公司成立于 1973 年 11 月，巴布亚新几内亚政府控股 60%，其余股东是安捷航空（16%），澳洲航空（12%）和横贯澳大利亚航空（12%）。巴布亚新几内亚航空成立之初是一个国内航空公司，但不久就开始提供国际服务。政府也鼓励发展一个四通八达的道路网络与机场连接。该公司成立时使用 DC-3 和福克 F27 飞机。从 1976 年 2 月 6 日至 1977 年 2 月 2 日，使用租借的波音 B727 开展国际服务，后来改为购买澳洲航空的波音 707。在 20 世纪 70 年代末，国内航线服务以福克 F28 和福克 F27 涡轮螺旋桨飞机为主。1975 年租赁波音 727-200 型飞机执飞布里斯班航线。该航空公司还使用租赁的波音 707 飞机开设每周一班往返于马尼拉和香港的航线。1976 年，政府全资拥有航空公司。1979 年，巴布亚新几内亚航空开通了到达檀香山和新加坡的航线。同年，在纽约、香港和东京开设了营业部。1984 年，租借了空客 A300 取代了波音 707 客机。随后，两架空中客车 A310s 投入使用，服务于澳大利亚东部省会城市和亚洲其他目的地，如新加坡和马尼拉。

20 世纪 90 年代是公司的困难时期，动乱和拉包尔的火山爆发严重影响了最繁忙的国内服务，而亚洲金融危机也对公司产生了不利影响。巴布亚新几内亚航空财政造成损失，公司开始减员降薪以及减少办事处，试图让航空公司营利。这些改革到 2003 年取得了成果，航空公司实现利润 1500 万美元。2002 年 8 月获得波音 767 客机，取代了空中客车的老旧客机，扩大了国际服务。巴布亚新几内亚航空仍然与澳航实行代码共享，连接莫尔兹比港和澳大利亚的城市。从 2004 年 9 月，使用福克 F100s 以取代老化福克 F28 飞机，用于国内航线以及每日到达凯恩斯的服务，和往返

巴布亚新几内亚

于霍尼亚拉所罗门群岛。2006年3月，巴布亚新几内亚的运输和民航部长宣布开放天空政策，这将允许其他航空公司的国际航线进入巴布亚新几内亚。该政策在2007年生效。在2007年12月，巴布亚新几内亚航空归还其租用的波音767，转租波音757-200和波音767-300ER客机。在2007年年底，巴布亚新几内亚航空引进的波音757-200取代767-300，公司同时表示有兴趣购买一架波音767-300ER飞机。公司还对波音787飞机有兴趣，如果航空公司787飞机订单如期交货，巴布亚新几内亚政府将致力于更广泛的合作。

2009年巴布亚新几内亚民航对国内21个机场进行升级改造，为起降大型飞机做准备。首都莫尔兹比港杰克森国际机场的国内机场部分成为首个接受改造的机场，改造后该机场将可以起降波音737—800型客机。杰克森国内机场改造的设计工作已经完成，民航局要求具有预审资格的参与竞标单位提供标书。项目由巴布亚新几内亚政府和亚行共同出资，亚行提供贷款。

二 邮电通信

巴布亚新几内亚城市地区通信网络相对较发达。巴布亚新几内亚通信网络由微波无线电、卫星、海底光缆、市内光缆传输等构成，互联网链接160多个国家和地区。全国大部分地区有直拨业务，主要中心城市有国际直拨业务。巴布亚新几内亚电信系统中99%是自动运作的，可联通162个国家和国内大多数中心城市，有7万条电话线（用户）和7.25万部电话，也可以提供移动电话网络，互联网服务和私营快递服务。莫尔兹比港至悉尼的海底电缆项目已开通。

电信经营主要是Telikom有限公司，该公司是完全为政府所有的企业。巴布亚新几内亚国有电信公司固网电话用户6.7万，移动电话用户为27.5万。2007年，巴布亚新几内亚开放了移动通讯领域的竞争，爱尔兰Digicel公司进入巴布亚新几内亚市场，2009年，巴布亚新几内亚移动用户数量超过80万人；截至2011年移动电话的使用人数约为240万人。2012年巴新固定电话用户达到13.9万人，移动电话用户达到270万人。

互联网用户14.53万人,占人口2.3%。

由于用户群相对较少(文盲率高导致多数人无法享有高技术带来的通信便利)、基础设施成本高,再加上土地补偿费用高,使得巴布亚新几内亚电信系统运营成本较高。不过近年来移动电话发展迅速,城市地区的互联网服务改善较大,巴布亚新几内亚政府也做了一些努力,这都或多或少改变了巴布亚新几内亚通信落后的状况。

未来一段时期,政府拟继续采取措施实行电信部门改革。第一阶段即移动电话部门引入竞争机制已经获得成功。第二阶段的改革计划正在讨论中。由于液化气项目实施为国家增加了收入,巴布亚新几内亚政府打算建立通向企业、村庄和居民的高速因特网。

三 电力供应

巴布亚新几内亚无国家电网系统,只有2个主要电网向莫尔兹比港和莱城、马当、高地地区供电,部分小功率电网位于其他城市和工业地区。2008年巴布亚新几内亚电力装机容量为581.4兆瓦,其中水力发电216.6兆瓦,热能发电364.8兆瓦。实际发电为534.4兆瓦,其中水力发电166.2兆瓦,热能发电372.2兆瓦。[①] 2009年装机容量约为700兆瓦时,发电量约为33.31亿千瓦时,电力消费量约为30.98亿千瓦时。巴布亚新几内亚电力系统由政府所有的巴布亚新几内亚电力公司经营。水力发电占国家电力供应的1/3。水力发电的潜力较大,但是如何利用是主要问题。石油和天然气发电规模较小,主要用于大城市。巴布亚新几内亚电力供应有限,断电是常事,大多数企业自己配备发电机,特别依赖电力供应的企业则完全用自己的发电机。巴布亚新几内亚供电能力在太平洋地区排名倒数第三,农村地区及部分城市周边地区无电力供应,全国只有约15%的人口能用到电,电力缺口较大,与接壤的印度尼西亚之间无电力联通。

根据2010年1月29日巴布亚新几内亚《国民报》报道,巴布亚新

---

① 《巴布亚新几内亚基础设施情况》,中国驻巴布亚新几内亚使馆经商处,2008年12月17日。

巴布亚新几内亚

几内亚电力公司正在改善水力发电能力。由于主要城市商业、工业等基础设施建设的快速发展,未来 2 年内巴布亚新几内亚能源需求增长 50%、未来 5~10 年内增长 300%,但目前巴布亚新几内亚的天然气产量不足以满足增长需求。主要供应非矿产行业用电的巴布亚新几内亚拉姆电站预计未来 5 年内需求将增长 30%;如果将拉姆镍钴矿、Yanderra 铜矿、Wafi Golpu 铜金矿等矿产项目计算在内的话,初步预计电力负荷与目前相比将增长 300%。因此,巴布亚新几内亚电力正在寻找合作伙伴共同开发 240 兆瓦的拉姆二期水电站项目,计划投资 13 亿基那。巴布亚新几内亚电力急需在电站、变电站和网络基础设施方面的投资,不仅满足日益增长的电力需求,还可以改善电力供应的质量。巴布亚新几内亚已从 2009 年起将两个主要电网升级为国家电网系统,2013 年项目结束,总投资共计 10.17 亿基那。该项目水电站部分,包括 Yonki Toe、Rouna 1、拉姆 1、Paunda、Warangoi 等水电站的维护以及在布干维尔 Ramazon 地区建设一座新的水电站,总投资 3.22 亿基那;地热发电部分总投资 2.48 亿基那,包括在莫尔兹比港、韦瓦克和金贝地区建立地热发电站;变电站方面投资为 2.58 亿基那,包括在莫尔兹比港新建变电站、藏金谷金矿项目的变电站。以上所有投资来自巴布亚新几内亚国内资金和已经获得的贷款。①

2010 年起,亚洲开发银行把对太平洋地区电力行业的援助和贷款比例占到亚行对该地区贷款援助总额的 20% 左右。目前,亚行在太平洋地区的关注领域主要以交通、电力、供水等基础设施建设为主,占亚行贷款总额的 80%,其中改善交通基础设施是亚行援助的重点,今后仍将继续推进。亚行正在其 14 个成员实施约 50 个贷款援助项目,其中 31 个贷款项目总额 6.76 亿美元,17 个援助项目总额 1.62 亿美元,另有 63 个技术协助项目总额 1 亿美元。

---

① 《巴新能源需求大幅增长,巴新电力改善发电能力》,中国驻巴布亚新几内亚使馆经商处,2010 年 2 月 4 日。

第五节　财政与金融

一　财政体制

巴布亚新几内亚是一个以政府为主导的国家，财政在国家经济发展中的地位和作用是不言而喻的。其每年的财政预算状况以及财政平衡状况往往是该国经济增长状况的指示器。

长期以来，巴布亚新几内亚的财政收入主要有三个部分组成，税收收入、非税收收入和外国机构捐赠。从发展趋势看，巴布亚新几内亚财政收入越来越倚重税收收入，其在财政收入中的比重呈上升趋势，2005年巴布亚新几内亚税收收入占财政收入（包括捐赠）的70.3%，到2007年增长到83.5%，2009、2010年比重有所下降，但到2011年又上升到84.9%；2013年税收收入占财政收入（包括捐赠）的比重将上升到90%以上。非税收收入在财政收入来源中的地位在逐年下降，从2006年非税收收入占财政收入（包括捐赠）的6.8%下降到2014年的2.4%。外国捐赠在巴布亚新几内亚中占有重要地位，不过地位也呈下降趋势。税收收入和外国捐赠往往呈互补态势，当税收收入在财政收入中比重下降时，外国捐赠则上升，这是因为巴布亚新几内亚是一个不发达国家，每当财政收入出现危机时，一般情况下主要靠国外捐赠来维持，这有助于解决巴布亚新几内亚的制度和能力方面的不足。赠予是全部外援的主要部分，其中澳大利亚是最大的提供国。欧盟、日本和新西兰也是主要提供方，中国是新近出现的援助国。亚洲开发银行和世界银行是向巴布亚新几内亚多边援助的主要机构。2005年巴布亚新几内亚收到捐赠12.83亿基那，占财政收入（包括捐赠）的24.1%，到2012年下降到9.7%，在2013年该比重将继续下降到5.4%。1996~2013年巴布亚新几内亚财政收入结构如图4-15所示。2014年财政收入为126.74亿基那，2015年126.38亿基那。

巴布亚新几内亚财政支出在过去的20年来发生很大变化，过去巴布

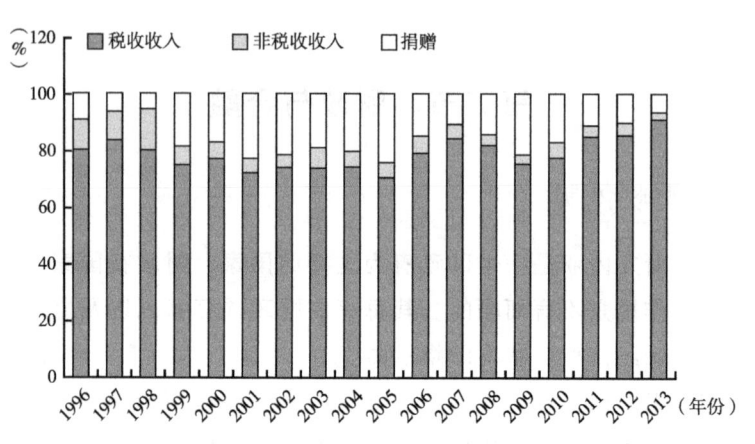

图4-15 1996~2013年巴布亚新几内亚财政收入结构

资料来源：亚洲开发银行。

亚新几内亚的财政支出主要是经常性的开支，也就是说大部分财政收入用于政府的日常开支，在1998年经常性支出占全部财政支出的91.7%，之后经常性支出占比逐年下降，到2005年下降到57.3%，2008年进步下降到50%左右；但近年来又有所上升，2011、2012年分别达到57%、61.7%，2013年进一步提高到75%左右。2008年以前，资本支出占财政支出比重不断上升，对巴布亚新几内亚经济增长起到了积极作用，这对于缺乏发展资本的巴布亚新几内亚而言增强了经济增长的后劲。在1998年资本支出只占全部财政支出的8.3%，但到2005年则提高到42.7%，2008年一度提高到50%；但2009年以后有所下降，2011、2012年分别为43%、38.3%，2013年将进一步下降到25%左右。1996~2013年巴布亚新几内亚财政支出结构如图4-16所示。

近年巴布亚新几内亚的财政状况有所好转，主要得益于控制开支和大量额外的收入快速增长。2003~2007年间财政收入翻一倍，从2003年的36.5亿基那增加到2007年的70.06亿基那；同期支出则增长75%，从2003年的37.74亿基那增加到2007年的65.52亿基那。国际商品价格高涨给巴布亚新几内亚政府带来意外的财源，政府也因此可以偿还外债和设立"额外的优先支出"信托基金。到2008年底，信托基金账户的价值大

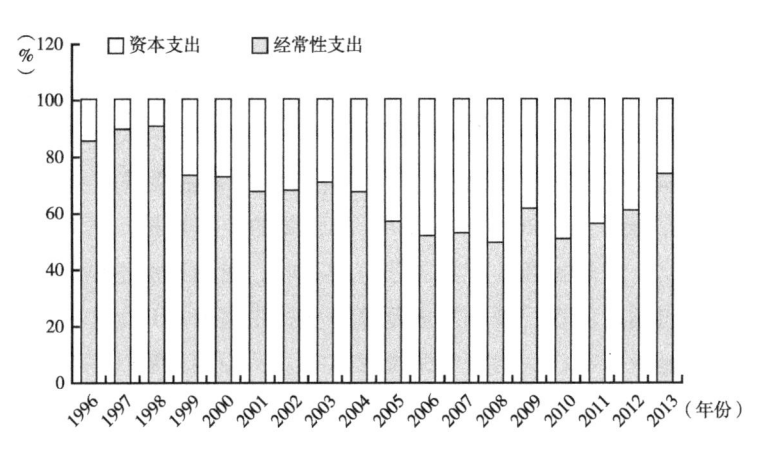

第四章 经 济　Papua New Guinea

图 4-16　巴布亚新几内亚的财政支出结构

资料来源：亚洲开发银行。

约相当于 GDP 的 22%。公共部门的债务有所减轻，从 2002 年占 GDP 的 70% 下降到 2006 年的 47%。同时"额外的优先支出"基金主要用于过去未能设立的项目，如 2008 年预算中相当一部分基金用于长期被忽略的经济和社会基础设施建设。2009 年政府的财政政策目标是实现财政预算平衡。而这一年，虽然是全球金融危机影响最深的一年，巴布亚新几内亚也加大了经常性开支力度，但是巴布亚新几内亚当年仍然实现了财政目标。2009 年巴布亚新几内亚政府全部收入（包括捐款）为 66.51 亿基那，占 GDP 的比重是 26.5%，财政支出为 66.88 亿基那，占 GDP 的比重是 30.7%，巴布亚新几内亚维持了基本的财政平衡。

此后巴布亚新几内亚的财政政策仍将保持相对积极的姿态，政府的目标仍然是保持财政平衡，加大经常开支和发展支出，这主要缘于国际商品价格的上升带来的税收收入的增长和政府同样因 2005~2008 年商品价格上升意外获得的大笔收入形成的基金支出。2009 年意外收入的相当一部分用于财政刺激，从而确保 2009 年经济增长。巴布亚新几内亚《国民报》2010 年 11 月 17 日报道，巴布亚新几内亚国库与财政部和国家计划与监控部在前一日向议会提交了总额 93.281 亿基那的 2011 年预算报告。当年预算主题为"建立经济增长和繁荣的基础"，是巴布亚新几内亚独立

巴布亚新几内亚

以来数额最大的政府预算,与2010年82.4亿基那的预算相比,增加了10.8亿基那。预算收入中,税收收入预计为73.31亿基那,与2010年相比增加8.5亿基那;发展伙伴援助为15.261亿基那,增长2.32亿基那,主要是因为基那对澳元的贬值。① 当年预算主要关注领域有:2010年和2011年预算收支平衡;2010年和2011年强劲的经济增长;对高商品和服务价格的担忧;未增加新的直接和非直接税收;对本地酿造酒类增税;提高首次购房者纳税门槛;增加发展预算、支持中期发展计划中的优先发展领域,尤其是教育部门;增加经常性预算,支持中期发展计划,履行政府义务;解决长期财政问题,如主权财富基金等。

受矿产和液化天然气项目增加的影响,当年预算2011年巴布亚新几内亚经济继续增长,经济增长率为8%,高于2010年7.1%的经济增长预期,但同时也带来8.2%的高通货膨胀;教育部门获得发展预算10.7亿基那,占预算总额的13.8%,是当年预算的最大赢家;首次购房者消费税起征点将从21万基那增至50万基那,50万基那以上将征收5%的消费税;发展预算40.4亿基那,用于中期发展规划;除提高首次购房者消费税门槛外,2011年税收政策调整包括实现税收减免计划,减免环境保护和清污费的特定税收,并将在3年内逐步降低咖啡、茶、香草、小豆蔻、椰干、椰子和蜂蜜等限制和保护关税产品的关税至15%的中间税率等。1996~2013年巴布亚新几内亚的财政收支状况如图4-17所示。

2012年巴布亚新几内亚政府全部收入(包括捐款)为95.66亿基那,但财政支出为100.47亿基那,又出现了财政赤字,2015年财政收入为126.38亿基那,2016年政府预算总额为142亿基那,截至2015年,巴新外债为38.52亿基那,2013年财政赤字进一步增加。巴新《信使邮报》2014年9月5日报道②,巴新政府称巴新经济已连续十多年呈增长态势,巴新2014年预算执行正常,2014年1月至4月,巴新财政预算拨款率为

---

① 《巴新政府2011年预算93亿基那,创历史最高》,中国驻巴布亚新几内亚使馆经商参处,2010年11月17日。
② 《巴新经济连续14年增长》,中国驻巴布亚新几内亚使馆经商参处,2014年9月5日,http://pg.mofcom.gov.cn/article/jmxw/201409/20140900722681.shtml。

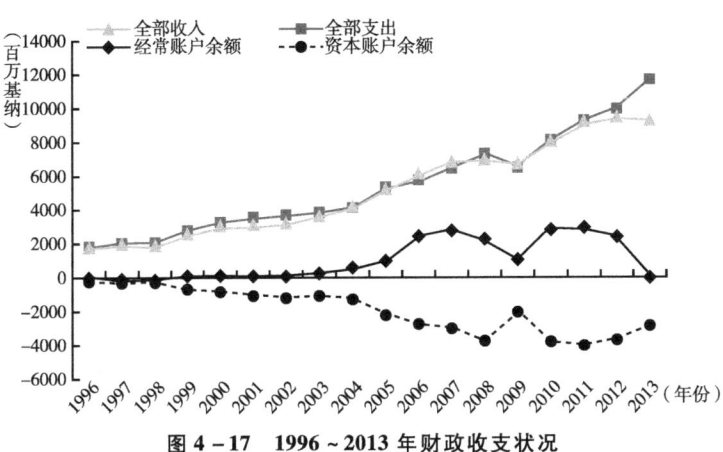

第四章 经　济　Papua New Guinea

图 4-17　1996~2013 年财政收支状况

资料来源：亚洲开发银行。

35%，到 2014 年 6 月，150 亿基那的预算已拨付 52%。上半年预算已拨款占应拨款比率如下：高地公路 40%、莱城道路 55%、莫港道路 79%、全国道路修复和维护 40%、哈根山市道路 100%、全国桥梁修复和重建 40%。除上述基础设施领域外，教育补贴 40%、医疗服务和医用设备 100%、医院修复项目 21%。除上述外，其他主要基础设施项目的预算拨款比率：莱城港潮汐码头项目 50%、民航部门发展投资 63%、码头和防波堤修复和建设 53%。此外，还在 2013 年补充预算方案中为 2015 年南太运动会拨款 3.158 亿基那。2014 年 8 月 27 日巴新总理奥尼尔表示目前该国公共债务处于可控状态，巴新的债务与 GDP 比率略微高出 30%，巴新政府不希望违反"财政责任法令"中规定的债务为 GDP 35% 比率的限令。[1] 巴新央行发布货币政策报告显示公共债务占 GDP 比重计划从 2014 年的 35.5% 下降为 27.8%。[2] 巴新报纸《国民报》6 月 29 日报道[3]，巴新

---

[1] 驻巴布亚新几内亚经商参处：《巴新公共债务处于可控状态》，2014 年 8 月 28 日，http://pg.mofcom.gov.cn/article/jmxw/201408/20140800713954.shtml。

[2] 驻巴布亚新几内亚经商参处：《巴新央行发布货币政策报告显示基那贬值 9.3%》，2015 年 4 月 3 日，http://pg.mofcom.gov.cn/article/jmxw/201504/20150400932266.shtml。

[3] 驻巴布亚新几内亚经商参处：《巴新政府债务达 160 亿基那》，2015 年 6 月 29 日，http://pg.mofcom.gov.cn/article/jmxw/201506/20150601026547.shtml。

截至2015年1季度巴新政府未偿还债务总计超过160亿基那，比2014年第4季度增加7.9亿基那。

二 金融体制与货币

（一）银行系统

巴布亚新几内亚的金融市场不发达，不足以支持私人部门发展，企业资金主要从金融机构等间接渠道获得。巴布亚新几内亚银行系统是由中央银行、4家商业银行和若干有牌照的金融机构和信用合作社（或储蓄和贷款协会）组成。巴布亚新几内亚银行是巴布亚新几内亚的中央银行，成立于1973年，与其他许多国家的中央银行相似，其主要职责是制定和执行货币政策，以期实现和保持价格稳定；制定金融监管和审慎的标准，以确保金融制度的稳定；促进高效率的国家和国际支付系统；促进宏观经济稳定和经济增长。该银行是巴布亚新几内亚商业银行和金融系统的中心。

目前巴布亚新几内亚主要有四家商业银行，分别是巴新南太银行（Bank of South Pacific）、澳大利亚的澳新银行（ANZ）和西太银行（Westpac Bank）以及马来西亚的五月银行（May Bank）。南太银行是巴布亚新几内亚最大的商业银行，拥有40多个分行。2014年巴新南太银行税后利润5.073亿基那，同比增长16.1%，总资产达到158.77亿基那。[①] 澳大利亚的澳新银行和西太银行分别拥有15家分行，马来西亚的五月银行在巴布亚新几内亚有2家分行。同时巴布亚新几内亚还有30多家存贷款机构和10家金融机构提供限额贷款。国家发展银行（The National Development Bank）成立于2007年，是巴布亚新几内亚金融开发机构，为国有独资的公共事业公司。国家发展银行的前身是成立于1967年的农村开发银行，其主要职能是向农村居民提供无障碍开发信贷，以改善生活质量。目前提供长期的农业和商业贷款，包括向渔业信贷设施

---

① 驻巴布亚新几内亚使馆经商参处：《南太银行2014年利润大幅增长》，2015年2月27日，http://pg.mofcom.gov.cn/article/jmxw/201502/20150200903597.shtml。

第四章 经 济 **P**apua New Guinea

和小企业发展公司提供的信贷保证计划。巴新银行保函费率较高，一般都在3%左右。

巴新融资条件有限，一般无法提供大额贷款。外国投资者设立新项目需要从本国自带资金。小额融资须有不动产作为抵押，根据不动产抵押金额申请融资金额。巴新主要城市的超市、酒店、餐馆等接受信用卡，包括AMEX、Diners Club、Mastercard和VISA卡。随着经济状况的改善，巴布亚新几内亚存款从2003年占GDP的23%提高到2006年年底的35%。这一水平仍低于其他南太平洋地区邻国，如斐济，萨摩亚和瓦努阿图等国。在2008年以前巴布亚新几内亚国内信贷增长相对较低，2005年只有8.5%，2007、2008年也分别只有5.5%、15.6%，但金融危机之后国内信贷增长较快。2009年国内信贷增长率为36.6%，2011年有所降低，下降了4.9%，但2012年高达37.8%，2013年为40.9%。与之相反的是对私人部门的国内信贷增长，在2008年以前私人部门信贷增长相对较高，2005年为23.7%，2007、2008年分别为34.3%、29.5%，但金融危机之后私人部门信贷增长较低。2009年私人部门信贷增长率为15.1%，2011年更是降低为8.3%，2012年为12.2%，2013年为17.5%（见图4－18）。

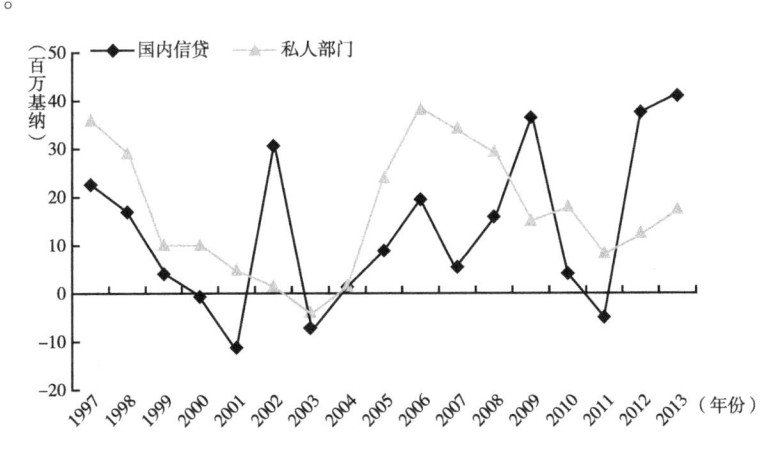

图4－18　1997~2013年国内信贷增长率

资料来源：亚洲开发银行。

（二）证券市场

1997 年，巴布亚新几内亚《证券法》通过之后，于 1998 年正式成立证券监督委员会，其主要职能是为股份出售及交易建立规范的股票市场和规章制度，确保证券市场交易的公平、高效和透明。证券委员会还负责执法。证券监督委员会仅管理除政府债券之外的证券，养老金事务由巴布亚新几内亚银行管理，保险证券由保险委员会管理。证券监督委员会是唯一批准个人或法人机构开展证券交易业务并规范其活动的机构。它也有权禁止特别证券的交易，以保护个人买卖证券或公众的利益。必须指出的是在莫尔兹比港证券交易所（POMSoX），证券监督委员会并没有自己的利益，与 POMSoX 也无其他利益关系。证券委员会还负责管理两个信托单位，即亚太平衡基金和太平洋财产信托。证券监督委员会于 1997 年被国际证监会组织（IOSCO）接纳为成员。

1999 年巴布亚新几内亚成立了莫尔兹比港证券交易所（POMSoX），其运作依据是 1997 年公司法和证券法，其规则沿袭澳大利亚证券交易所的规则。该交易所是巴布亚新几内亚唯一的证券交易市场，由巴布亚新几内亚证券监督委员会监管，只经营股权证券。目前有 20 家公司在该交易所挂牌交易，受规模限制，交易所的交易不活跃。巴布亚新几内亚上市公司还在澳大利亚证券交易所上市。

（三）外汇政策

巴布亚新几内亚中央银行负责执行政府的有关外汇管理政策，其主要目的就是要根据中央银行法规（外汇和黄金条例）第 138 章，保证国家的外汇储备的安全。巴布亚新几内亚遵守国际货币基金组织第八条，并不限制往来业务的交易。外资企业的税后利润，如果想汇往其国内的话可以很容易得到批准。对于合法业务往来资金的支付没有任何障碍。然而，在实施这种政策时，巴布亚新几内亚银行对外汇的使用进行监管，以便确保交易的真实性。外汇管理在 1992 年 11 月已设定了限制，因此，除了与林业、采矿和石油公司有关的大部分交易，都可通过商业银行进行，而与巴布亚新几内亚银行无关。

自 2005 年 6 月 1 日起巴布亚新几内亚放宽对大多数外汇的管制。目

第四章 经济

前只有黄金出口、外汇交易、携带 2 万基那以上（含 2 万）现金出境、常住居民或公司之间签订合同以外汇结算等业务需要巴布亚新几内亚央行批准外，其余均已放开。外国公司在巴布亚新几内亚开设外汇账户时，需向银行提供巴布亚新几内亚投资促进局颁发的注册证明等相关文件。巴布亚新几内亚境内美元和基那可以自由兑换，没有限额限制。外汇账户每年转出超过 20 万基那或等值外汇时需要提供巴布亚新几内亚国内税务委员会的完税证明。低于 20 万基那或等值外汇，可自由汇出。进口结算时，需在支付日期之前 60 天内向银行提供海关货物入关证明或者是转运证明，汇出金额无限制。[①]

为了协助外汇管理机构进行外汇管理，巴布亚新几内亚银行已经授权在国内开展业务的一些商业银行进行外汇业务。这些银行是：澳大利亚和新西兰银行集团巴布亚新几内亚有限公司、南太平洋有限公司、夏威夷银行有限公司、巴布亚新几内亚金融公司、西太银行巴布亚新几内亚有限公司、五月银行巴布亚新几内亚有限公司。使用外汇通常向授权的商业银行进行申请，该商业银行将协助完善申请表。外国投资者在巴布亚新几内亚进行的各种新的投资或增加投资，都需要得到批准，在这些投资获得批准之前，应提供一份综合材料，该综合材料通常包括非当地居民投资于新企业的资本，从非当地居民的投资者或者金融中介借用的资金，以及在连续期间由非当地居民提供的物品和服务。在任何一个日历年度，只要投资额不超过 50 万基那，授权的商人都可以获准这种投资。巴布亚新几内亚银行要求与当地合资的外国公司保存一个适当资金比例。对于林业、采矿业和石油公司来说，债务与投资于新企业的资本之比应为 3∶1；对于非林业、采矿业和石油来说，这种比例应为 5∶1。这种要求是用来保证外国投资者在新企业的资本中拥有较大的投资比例。

关于采矿和石油企业方面的任何申请，或者金额超过 500 万基那的任何申请，都应该向巴布亚新几内亚银行提交。申请材料应该根据银行所给予的

---

① 驻巴布亚新几内亚使馆经商处：《巴新外汇管理政策》，2008 年 12 月 17 日，http://pg.mofcom.gov.cn/article/ddfg/whzhch/200812/20081205959353.shtml。

巴布亚新几内亚

指导材料填写，申请人在安排向任何公司借贷外汇以前，应该保证获得外汇管理部门的同意。巴布亚新几内亚银行不对勘探实行管理，不过却要了解有关勘探的详细情况，比如勘探许可证、有关的勘探范围，开采前景的最新资料以及每季返回的勘探费用。外国勘探贷款必须没有利息，并且只能通过移交或者合资协议的方式来返还本金。在勘探开采成功时，当债务与投资新企业的资本之比超过3∶1时，无利息的贷款可以转换成有利息的贷款。

巴布亚新几内亚银行的外汇管理部门对由非当地居民经营的公司在巴布亚新几内亚借款实行监管。根据目前的实践来看，一个新成立的非当地居民经营的公司，在其运作的头两年中，要受到借贷5万基那的限制，除非贷款银行得到国外银行的担保。之后，公司就可以借贷二倍于非当地居民股东的资金。国内借款每年都要进行审查。

（四）巴布亚新几内亚货币

巴新货币为基那（Kina），1基那等于100托亚（Toea）。根据巴布亚新几内亚《外汇法》规定，基那为可自由兑换货币。在巴新银行机构，基那与美元和澳元可自由兑换。巴布亚新几内亚外汇汇率是浮动汇率，根据这种浮动汇率制，基那的牌价是由市场来确定的，即由外汇的供给和需求来确定的。1基那=0.3550美元（2010年5月21日），1基那=0.4272澳元，人民币不能直接和基那兑换，需要先兑换美元。2013年澳新银行首次在巴新面向公司客户推出人民币结算业务。随着巴布亚新几内亚经济好转，基那对美元汇率呈上升趋势。2005年，1美元兑换3.12基那，2012年1美元兑换2.08基那；2013年基那持续贬值，幅度超过10%；2013年1美元兑换2.24基那（见图4－19）。2015年3月31日巴布亚新几内亚央行发布的2014年度货币政策报告显示[1]，巴新本币基那兑美元汇率从0.4130（2014年6月）降为0.3745（2015年3月27日），贬值9.3%。造成货币贬值的原因有：美国经济复苏，美元走强；巴新贸易逆差，外汇流入减少等因素。为稳定金融市场，巴新央行2014全年向市场

---

[1] 驻巴布亚新几内亚经商参处：《巴新央行发布货币政策报告显示基那贬值9.3%》，2015年4月3日，http：//pg.mofcom.gov.cn/article/jmxw/201504/20150400932266.shtml。

投放 5.7 亿美元。巴新与全球其他国家相比，得益于 LNG 开始出口，2014 年巴新的出口形势乐观。受出口积极因素和"主权财富基金"设立的影响，这些都将使巴新货币更加趋于稳定。基于上述的积极因素，标普对巴新的主权评级评定为 B+/Stable/B。①

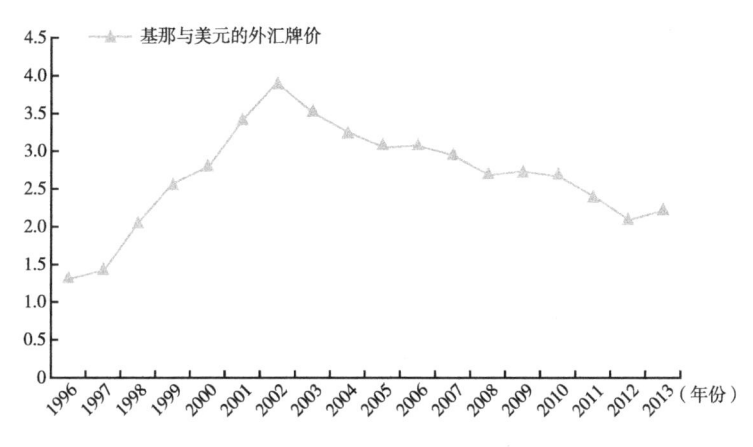

图 4-19　巴布亚新几内亚汇率（年平均汇率）

资料来源：亚洲开发银行。

第六节　对外经济关系

巴布亚新几内亚经济传统上带有殖民地色彩，加上内部经济一直没能较快地发展，因而外部经济对巴布亚新几内亚国内的影响一直长期存在。独立之后的巴布亚新几内亚一直在谋求经济增长，不过巴布亚新几内亚经济情况好转主要是在 20 世纪 90 年代中期以后，特别是近年来国际资源类产品价格的高涨，给巴布亚新几内亚这类产品出口带来丰厚的回报，即使在 2008 年全球金融危机发生时，巴布亚新几内亚经济仍保持较高的增长速度，成为南太平洋地区又一个以出口导向型发展战略获得初步成功的国家。

---

① 驻巴布亚新几内亚使馆经商参处：《巴新经济连续 14 年增长》，2014 年 9 月 5 日，http://pg.mofcom.gov.cn/article/jmxw/201409/20140900722681.shtml。

巴布亚新几内亚

一 对外经济政策

（一）对外经济的基本方针政策

巴布亚新几内亚主要采取出口导向的发展战略，政府也在积极促进出口和吸引外资，同时国内政策方面也逐步建设适合经济发展的良好的政策环境。巴布亚新几内亚贸易政策一个关键目标是提高国内初级农产品和矿产品附加价值。近几年经济快速增长已经得益于该出口导向战略的成功实施。因此，出口导向战略有可能带动巴布亚新几内亚成为太平洋地区中最先迈入快速增长行列的成员。

（二）巴布亚新几内亚加入的主要经济协定

为推行"出口导向战略"的实施，巴布亚新几内亚的外交政策和对外经济关系积极配合。巴布亚新几内亚不仅继续保持与南太平洋地区的密切关系（澳大利亚、新西兰和南太平洋岛国），还采取"北向（日本、中国、东南亚和南亚）政策"，选择性地从地区层次和全球层次开展双边和多边贸易安排。巴布亚新几内亚还是世界贸易组织成员。

巴布亚新几内亚积极参与南太平洋地区合作，是太平洋岛国论坛最大的发展中国家。2004年9月，太平洋岛国论坛成员国在斐济通过了更紧密经济关系太平洋协定下的建立地区贸易便利方案的谅解备忘录。2005年该论坛新出太平洋计划，以加强地区一体化建设，巴布亚新几内亚对此很感兴趣，这样可以加快对澳大利亚和新西兰的劳动力人口流动。巴布亚新几内亚参加了《太平洋岛国贸易协定（PICTA）》，在太平洋岛国间的进出口贸易享受优惠关税待遇。

巴布亚新几内亚也是亚太经合组织成员，还同欧洲联盟达成科托努伙伴关系协定（以前是第四洛美协定），是南太平洋区域贸易和经济协定（SPARTECA）、美拉尼西亚先锋集团（MSG）、澳大利亚－巴布亚新几内亚的贸易和商业关系协定（PATCRA）和巴布亚新几内亚/斐济贸易协定的成员。根据《经济伙伴协定》，巴布亚新几内亚出口产品进入欧洲共同体市场享受免税待遇；根据《普惠制原则》，巴布亚新几内亚出口产品进入美国市场和日本市场可享受减免关税待遇；根据《最惠国待遇协定》，巴布亚新几内亚同澳大利亚、比利时、中国、韩国、美国签有《贸易协定》，享受最惠国待遇。根据《巴布亚新几内亚—澳大利亚贸易和商业关系协定（PATCRA）》，巴布亚新几内亚特定商品进入澳大利亚享受零关税待遇；根据《南太平洋区域贸易和经济协定（SPARTECA）》，巴布亚新几内亚出口澳大利亚和新西兰均享受原产地产品免税待遇。

巴布亚新几内亚政府一直把投资安全列为最优先的事项，已与多个国家缔结国际协议，承诺给予投资者等同于巴布亚新几内亚国民的优惠待遇，以减低投资风险（包括征用、裁定合同和歧视）。巴布亚新几内亚于1990年加入了世界银行的多边投资担保机构（担保机构），并与中国签订双边投资保护协议。巴布亚新几内亚已经同澳大利亚、加拿大、中国、斐济、德国、马来西亚、新加坡、韩国、英国签有避免双重征税条约。

二 对外贸易

对外贸易在巴布亚新几内亚经济中占重要地位。2009年巴布亚新几内亚产品贸易规模达到70亿美元，其中出口42亿美元，进口28亿美元。主要出口铜、金、矿砂、原木、原油、椰干、椰油、可可、咖啡、棕榈油等初级产品。2007年巴布亚新几内亚出口黄金58吨，铜19.2万吨，银61吨，矿产品出口总额为79亿基那（约合27.85亿美元）。2009年矿产品出口总额为210.63亿美元，2011年进出口总额110.64亿美元，进口额39.69亿美元，出口额为70.95亿美元。2007年矿产品和原油出口占全部出口的78%，仅铜占全部出口的30%，金和原油分别占26%和22%，农产品占10%，木材占5%。主要进口食品、饮料、纺织品、化工产品、燃料油及机械运输设备等。在过去的几年中，巴布亚新几内亚产品对外贸易保持相对较高的增长率。不过2008年全球金融危机的发生，使得巴布亚新几内亚的对外贸易增长速度有较大的回落。2009年巴布亚新几内亚进出口贸易双双负增长，出口下降24.2%，进口下降8%。巴布新几内亚央行最新公布的数据显示，2013年巴新进出口商品总额239.39亿基那（约

100 亿美元），同比增加 9.13%，其中进口商品总额为 114.24 亿基那，出口商品总额为 125.15 亿基那（见图 4-20）。2015 年进出口总额 293.83 亿基那，其中进口额为 62.57 亿基那，出口额为 231.26 亿基那，顺差 168.69 亿基那。

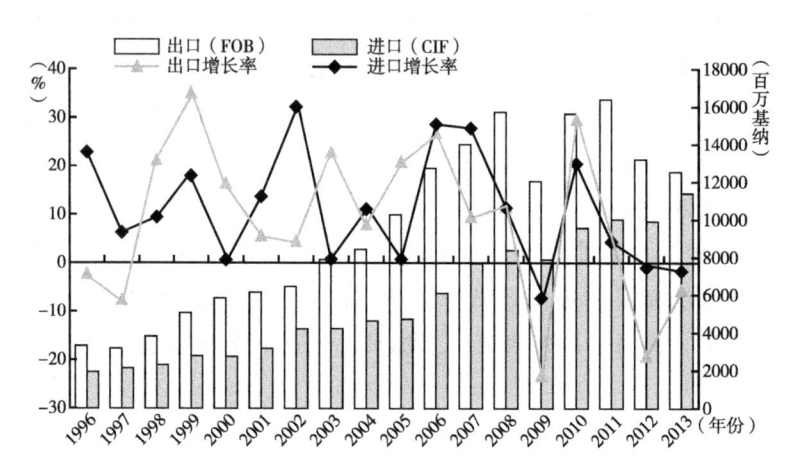

图 4-20　1996~2013 年巴布亚新几内亚产品进出口状况

资料来源：亚洲开发银行。

巴新的主要贸易伙伴是澳大利亚、美国、新加坡、日本、中国、新西兰等国（见表 4-6 和表 4-7）。澳大利亚始终保持巴布亚新几内亚的最大进口国和最大出口国地位，1996 年巴布亚新几内亚对澳大利亚出口占其出口总额的 30%，2011、2012 年也保持在 30% 以上。1996 年巴布亚新几内亚从澳大利亚进口占其进口总额的 55.2%，以后虽然有所下降，2011、2012 年也仍然保持在 36.9%、36.3%。

巴新《国民报》2015 年 7 月 15 日报道[1]，根据巴新央行公布的数据显示，巴新 2014 出口额为 219 亿基那，比 2013 年增长 64%，主要是由于

---

[1] 驻巴布亚新几内亚经商参处：《得益于 LNG 投产，巴新去年出口大增》，2015 年 7 月 15 日，http://pg.mofcom.gov.cn/article/zxhz/sbmy/201507/20150701045849.shtml。

第四章 经济

表4-6 巴布亚新几内亚主要出口对象

单位：%

	1996	2000	2005	2010	2011	2012	2013
1. 澳大利亚	29.9	30.0	28.8	28.0	31.4	30.0	26.2
2. 日本	17.7	11.3	8.6	9.1	7.0	9.9	7.2
3. 中国	2.9	6.5	5.4	7.2	6.2	4.9	6.6
4. 德国	6.7	4.1	4.0	2.6	3.2	4.1	2.7
5. 菲律宾	2.7	0.6	2.0	3.0	1.8	1.4	1.6
6. 韩国	4.4	3.8	1.2	1.8	2.5	1.6	1.9
7. 荷兰	0.5	0.5	0.7	1.3	1.8	1.4	0.9
8. 英国	4.9	2.8	1.9	0.8	1.5	1.5	1.5
9. 印度	0.1	0.0	1.2	1.4	1.5	0.8	1.4
10. 西班牙	0.0	0.1	0.5	1.0	1.0	1.2	1.3

资料来源：亚洲开发银行。

表4-7 巴布亚新几内亚主要进口来源

单位：%

	1996	2000	2005	2010	2011	2012	2013
1. 澳大利亚	55.2	49.5	54.7	41.2	36.9	36.3	37.9
2. 新加坡	9.1	19.9	13.4	12.9	14.1	13.8	13.6
3. 中国	1.6	2.2	3.6	7.7	7.0	7.9	8.8
4. 马来西亚	2.3	3.4	4.2	4.8	9.1	8.4	8.7
5. 日本	9.0	4.0	4.3	6.5	5.0	5.8	4.9
6. 美国	4.0	2.1	3.0	4.2	4.7	4.8	2.7
7. 印度尼西亚	1.6	3.0	2.7	3.4	4.7	2.5	2.8
8. 中国台北	0.9	0.9	0.6	2.5	2.1	3.1	5.6
9. 泰国	1.2	1.7	1.9	3.1	3.1	3.2	2.8
10. 新西兰	3.8	3.8	3.9	3.0	2.6	2.4	3.1

资料来源：亚洲开发银行。

LNG项目开始投产。其中，2014前三季度LNG出口额约为77亿基那；金、铜、钴、油出口保持稳定，瑞木镍矿出口额为7.394亿基那，增长40%；农产品2014年出口额为30.5亿基那；林业2014年出口额为8.151亿基那，增长11%，其中88%木材出口到中国；海产品出口额从2013年的2.344亿基那上升到2014年3.214亿基那。

三 外资

巴布亚新几内亚是个不发达国家，自身的经济发展尚需要大量的资金，故而巴布亚新几内亚对外直接投资的规模非常小，2005、2006、2007 年分别在 600 万美元、100 万美元和 800 万美元，2001～2007 年累计对外直接投资超过 1 千万美元。巴布亚新几内亚在中国的直接投资也不过几十万美元。由此可见，引入外资对巴布亚新几内亚经济增长至关重要。由于全国国内储蓄水平较低，外资通常是大型项目，特别是在采矿、石油和天然气部门至关重要的资金来源，也是技术和技能转让以及出口市场的提供者。外资也是巴布亚新几内亚农业企业发展的重要力量，可以为巴新提供种植园开发和加工设施所需的资金和运营模式。90 年代中期以后，外资在巴布亚新几内亚的投资步伐明显减慢，特别是在资源部门更是如此。这种低迷状况在很大程度上反映了巴布亚新几内亚的政治和政策的不稳定以及法律和秩序的混乱。2007 年外商直接投资为 0.96 亿美元；2008 年外资流出约 0.3 亿美元；2009 年巴布亚新几内亚吸收外资 4.23 亿美元，占 GDP 的 5.22%，其中固定投资占比 27.3%。2011 年巴新又发生大规模外资流出，约 3.1 亿美元；2012、2013 年外商直接投资流入 2500、1822 万美元，占 GDP 的 0.16%、0.12%。据联合国贸发会议发布的 2014 年《世界投资报告》显示，截至 2013 年底，巴新吸收外资存量为 40.8 亿美元（见图 4-21）。

巴布亚新几内亚工、矿、林、农、渔各行业是外资重点投资的领域（见表 4-8），投资额占巴布亚新几内亚吸收外资总额的 70% 以上。巴新外资主要来自澳大利亚、马来西亚、欧盟、巴哈马、中国、加拿大等国家和地区。巴布亚新几内亚的重要产业几乎均为澳、日、英、美等国公司控制。除了澳大利亚，马来西亚是巴新最重要的外国投资来源地之一。根据巴新投资促进署统计，马来西亚在巴新第一、二、三产业都有广泛的投资，其中林业 69 家、农业 15 家、矿产石油业 6 家、渔业 1 家、商务咨询与管理 16 家、制造业 10 家、批发零售业 51 家、房地产业 44 家、建筑业 29 家、交通运输业 12 家、金融服务业 12 家；从 1999 年至 2014 年，该署总共批准了 650 家马来西亚企业在巴新注册经营，为当地提供了约 4 万个工作岗位。根

第四章 经 济

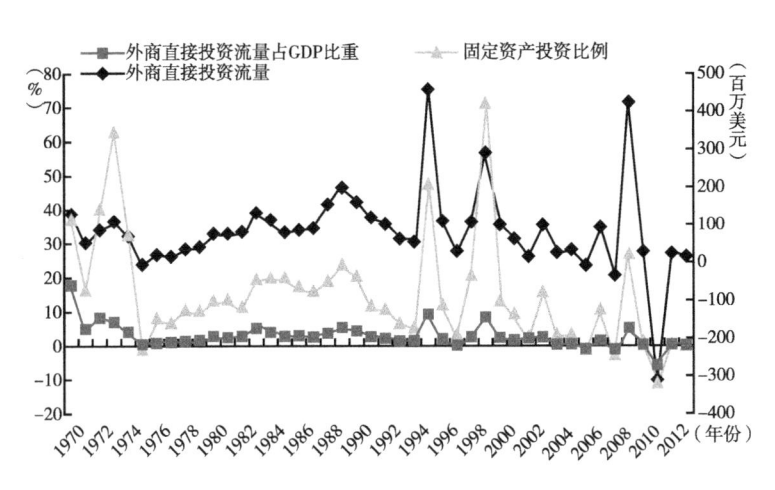

图 4-21 外商直接投资流量

资料来源：UNCTAD 数据库。

据马来西亚高专数据，2013 年马来西亚对巴新投资总额达 63 亿基那（约合 26 亿美元），主要集中于批发零售业、金融业、林业、制造业和农业。[①]

近年来中国在巴新的投资增长迅速。2006 年巴布亚新几内亚吸引外资总额为 21 亿基那（约合 7 亿美元）。其中，澳大利亚仍保持巴布亚新几内亚第一大投资国地位，投资额为 3.797 亿基那（约合 1.27 亿美元），同比减少 57.27%。中国投资巴布亚新几内亚总额为 3.197 亿基那（约合 1.07 亿美元），同比增长 1154%，跃居成为巴布亚新几内亚第二大投资来源国。印度尼西亚和马来西亚排在第三、四位，投资额分别为 3.104 亿基那（约合 1.03 亿美元）和 2.525 基那（约合 0.84 亿美元）。目前中国企业在巴新从事经营合作的领域主要包括资源开发、贸易经营和承包工程，经营方式以独资为主。根据中国商务部统计，2013 年，中国对巴新非金融类直接投资 3713 万美元；中国企业在巴新新签承包工程合同 50 份，合同额 9 亿美元，完成营业额 4.51 亿美元，当年派出各类

---

① 驻巴布亚新几内亚经商参处：《马来西亚是巴新重要外国投资来源地》，2014 年 9 月 4 日，http://pg.mofcom.gov.cn/article/jmxw/201409/20140900721299.shtml。

劳务人员932人,年末在巴新劳务人员1423人。中国企业在巴新经营情况总体良好,越来越多的中国企业来巴新开展投资、贸易、承包工程和劳务等经贸合作。[①]

表4-8 国外企业在巴布亚新几内亚开展的主要合作项目

日本液化天然气公司(LNG Japan Corporation)	与巴布亚新几内亚国有石油、矿产资源公司Petromin签订了谅解备忘录,加强液化天然气项目的合作。
韩国	韩国在巴布亚新几内亚中央省投资木薯生物燃料项目。
澳大利亚最大的煤气和电力供应商(Australian Gas Light Co-AGL)	在巴布亚新几内亚拥有的石油开发许可证股份(Petroleum Development Licenses-PDL)包括库土布油气田(Kutubu-PDL2)11.9%、莫兰(Moran-PDL2)5.2%、东南马南达油气田(South East Mananda-PDL2)11.9%、戈贝油气田(Gobe Main-PDL4)66.7%和东南戈贝油气田(South East Gobe-PDL4)27.3%的股份。同时,AGL还有巴布亚新几内亚液化天然气项目(LNG)3.6%的所有权。
澳大利亚国际石油公司	巴布亚新几内亚液化天然气项目。
美国合成油品公司	与巴布亚新几内亚政府签署了天然气转柴油项目(GTL)合作协议。科威特石油公司与该公司签署了项目投资合作协议。
埃克森美孚公司	与巴布亚新几内亚政府签署了"世界最大的液化天然气项目",合资伙伴包括埃克森美孚(41.5%)、Oil Search(34%)、圣托斯(17.7%)、AGL(3.6%)、土地主(1.2%)等。
澳大利亚石油勘探公司	暂停了巴布亚新几内亚通往澳大利亚天然气管道项目的建设工作,全面开发巴布亚新几内亚液化天然气。
Marengo矿产公司	Yandera铜矿项目。
南非哈莫尼公司	瓦菲铜金矿项目。
斯塔特拉铜业公司(Xstrata Copper)	Frieda铜金矿项目。
澳大利亚鹦鹉螺矿产勘探公司(Nautilus Minerals)	海底矿产开发项目。

资料来源:商务部网站。

[①] 驻巴布亚新几内亚经商参处:《中国与巴新经贸合作简介》,2015年7月15日,http://pg.mofcom.gov.cn/article/zxhz/hzjj/201507/20150701045556.shtml。

据中国商务部统计，2013年当年中国对巴新直接投资流量4302万美元。截至2013年末，中国对巴新直接投资存量4.22亿美元。近年来，中资企业在巴新投资合作的主要项目包括以下几项。2006年11月3日，中国冶金集团与巴新方合作开发的拉姆镍钴矿项目奠基，2012年12月该项目正式投产，这是中国在太平洋岛国地区最大的投资项目。2008年7月，首届巴新——中国贸易洽谈会在巴新首都莫尔兹比港举行。2009年12月，中国石油化工集团与巴新液化天然气项目牵头方埃克森美孚签署协议，中石化在项目投产后20年内每年将购买200万吨液化天然气。新签大型工程承包项目包括中国港湾工程有限责任公司承建巴新NCDC道路改造工程、中铁国际经济合作有限公司承建巴新市场公路1A+1B段项目、华山国际工程公司承建巴新L-P公路升级改造项目等。

四 外债

自1999年至2008年，巴布亚新几内亚外债呈稳步下降态势，1999年债务总量为26.57亿美元，到2008年债务总量下降到14.35亿美元；自2009年巴布亚新几内亚债务总量逐年上升，到2010年增加到53.8亿美元，2011、2012年达到了125.8亿、231.3亿美元；2013年有所下降，为125.2亿美元。巴新债务中以长期债务为主，在大多数年份，长期债务占债务总量的比重均在90%以上（见图4-22）。

国际上通常认为一个国家的短期债务占全部外债比率的警戒线为25%。2000年巴布亚新几内亚短期外债（偿还期在一年以内）所占比重仅为2.1%，2005年上升到12.2%，2008年所占比重仅为0.8%，2011、2012年分别为1%、1.2%，巴布亚新几内亚短期外债所占比重大大低于国际警戒线水平（见图4-23）。

从巴布亚新几内亚的债务来源结构上看，长期外债主要分为官方贷款和私人贷款（见图4-24）。巴布亚新几内亚的官方借贷和私人借贷波动较大，2003年官方借贷所占长期外债的比重一度高达92.1%，但到2005年下降到76.6%以下，2010年以后官方借贷所占长期外债结构的比重开始大幅下降，为19.4%，2011、2012年继续下降到8.7%、5%。

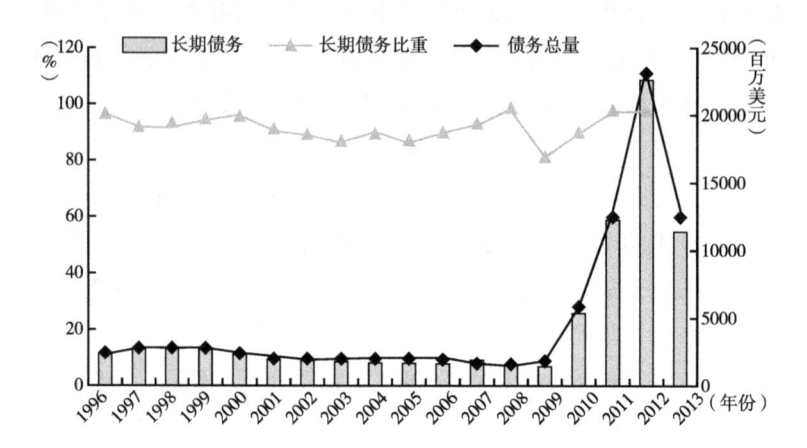

图 4 – 22　外债状况

资料来源：亚洲开发银行。

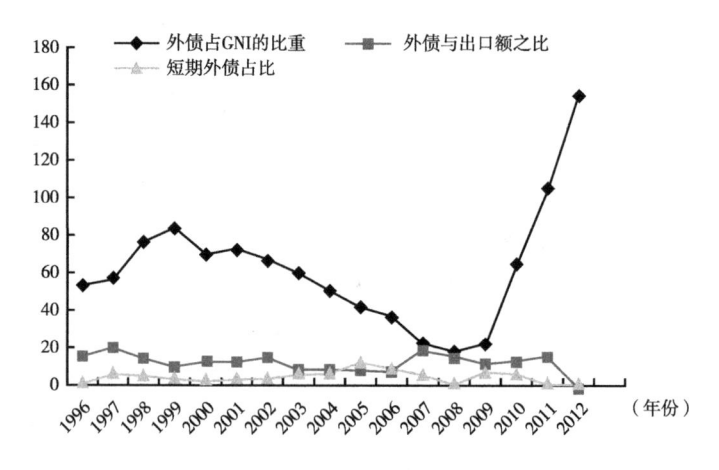

图 4 – 23　外债结构

资料来源：亚洲开发银行。

外债币种结构是指一国对外负债总额中货币币种的构成比例。巴布亚新几内亚的大部分外债是以美元计价的，20 世纪 90 年代后期，基那的贬值增加了从国外借债的成本。不过，2005 年末美元的贬值也给巴布亚新几内亚还债带来好处，这导致以基那计算的巴布亚新几内亚外债大幅度的削减，

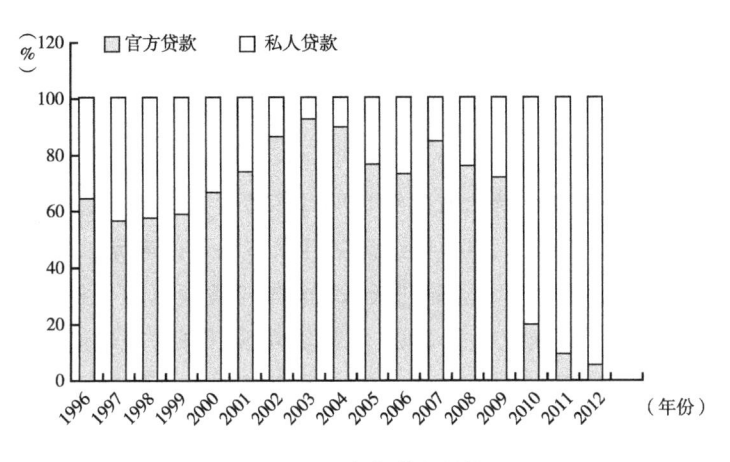

第四章 经　济　Papua New Guinea

图 4-24　长期债务结构

资料来源：亚洲开发银行。

2005 年末，全部外债累计为 39 亿基那，比 2002 年末的 58 亿基那有较大的降低，巴布亚新几内亚基本上完成了 IMF 减贫和增长计划下的偿债数额。

巴布亚新几内亚的债务状况有明显好转，也说明外债偿还能力增强。外债偿还能力的大小既是一国信誉的直接反映，也是一国经济实力和应变能力的综合反映。巴布亚新几内亚的债务占 GNI 的比重从 2001 年的 72.4% 下降到 2008 年的 18.1%。巴布亚新几内亚债务好转主要缘于巴布亚新几内亚近年的外汇储备的增长。巴布亚新几内亚外汇储备曾一度枯竭。随着澳大利亚等国的外援增加和巴布亚新几内亚经济状况好转，到 2008 年末，巴布亚新几内亚外汇储备达到 20.9 亿美元，相当于 8.5 个月的非矿产品的进口，大大提高了巴布亚新几内亚的外债清偿能力。但 2009 年以后债务占 GNI 的比重开始大幅上升，2010 年达到 64.4%，2011、2012 年更是高达 104.8%、153.9%。

通过上述情况分析，2008 年以前巴布亚新几内亚的外债情况有明显的好转，截止到 2008 年，巴布亚新几内亚外债风险的各项指标均在国际上公认的安全线之内，经济状况日趋好转，加上巴布亚新几内亚出口的资源类产品国际市场价格走高，外债水平会保持稳定，还债压力不会影响经

153

济的发展，但2008年以后巴布亚新几内亚债务水平大幅上升，治理经济的薄弱和脆弱性意味着债务风险较高。

五 国际收支与外汇储备

1990年以来巴布亚新几内亚经常项目多数年份保持顺差，1996年经常项目顺差3.1亿美元，2001年经常项目顺差2.7亿美元，但2002年经常项目逆差1.3亿美元，此后一直到2008年经常项目均保持顺差，2008年经常项目顺差8亿美元；从2009年起经常项目开始出现逆差，当年逆差5.9亿美元，到2012、2013年逆差规模达到23亿、33.1亿美元。资本和金融项目差额分布不均，2008年逆差10.4亿美元，2012、2013年顺差19亿、26亿美元。近年来巴布亚新几内亚资本和金融项目不管是顺差，还是逆差，规模都比较大，表明巴布亚新几内亚的国际收支账户的内容日渐增多，对外交往活动的范围也在扩大（见图4-25）。

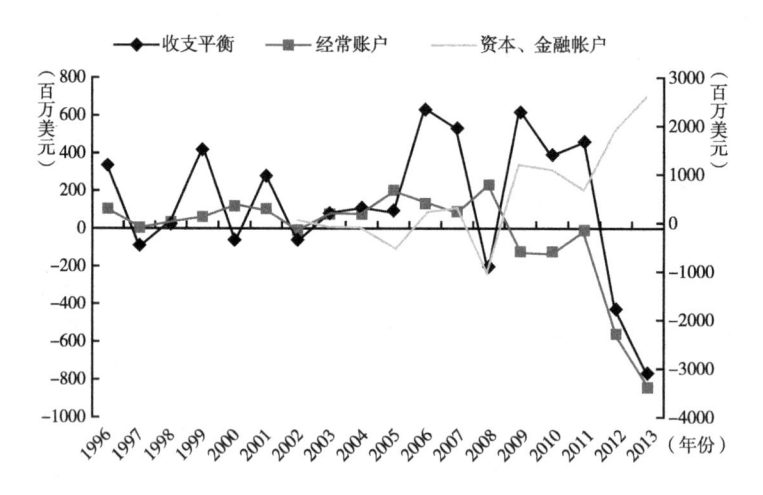

图4-25 巴布亚新几内亚收支平衡规模

资料来源：亚洲开发银行。

从经常项目顺差结构看，主要包括三部分，即货物和服务及收入、经常转移。巴布亚新几内亚经常项目波动较大。贸易盈余主要来自产品贸易账户，服务贸易账户则是赤字。服务贸易账户的赤字基本抵消了产品账户的盈余。特别是受 2008 年全球金融危机的影响，经常项目产生大量逆差。1996~2013 年巴布亚新几内亚经常账户变化情况如图 4-26 所示。

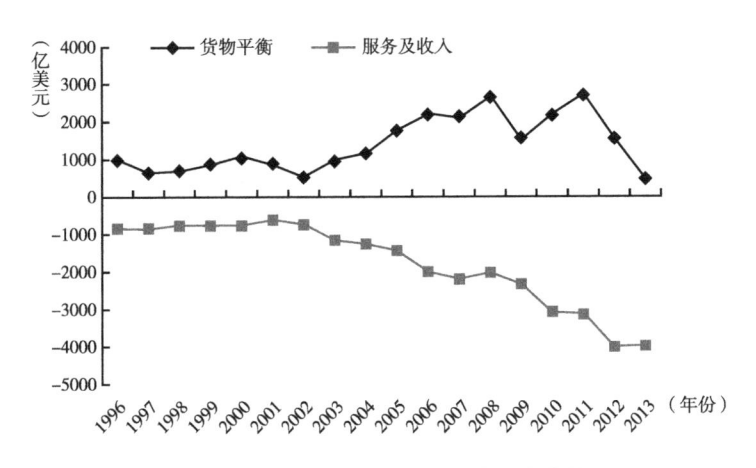

图 4-26　巴布亚新几内亚经常账户变化

资料来源：亚洲开发银行。

外汇储备是巴布亚新几内亚国家经济实力表现的重要组成部分，主要用于平衡国际收支，稳定汇率，偿还对外债务。巴布亚新几内亚外汇储备近年来处于高增长阶段（见图 4-27）。自 2003 年巴布亚新几内亚经济好转以来，从 2006 年起巴布亚新几内亚外汇储备的增长迅猛，从 2003 年的 5 亿美元左右增长到了 2009 年的近 25 亿美元 2010 年达到 30 亿美元；2011、2012 年分别为 42 亿、39 亿美元。

六　贸易管理制度

（一）贸易管理制度

巴布亚新几内亚主要负责国际贸易和经济政策的机构有首相署、外交部、贸易和工业部、财政部、农业部、矿产资源部、石油和能源部、土地委员会、劳动部。其他几个部门也与贸易政策的制定和执行有关，包括巴布亚新几内亚森林管理局和渔业管理局、国家计划和农村发展部、公共企

图 4-27 外汇储备

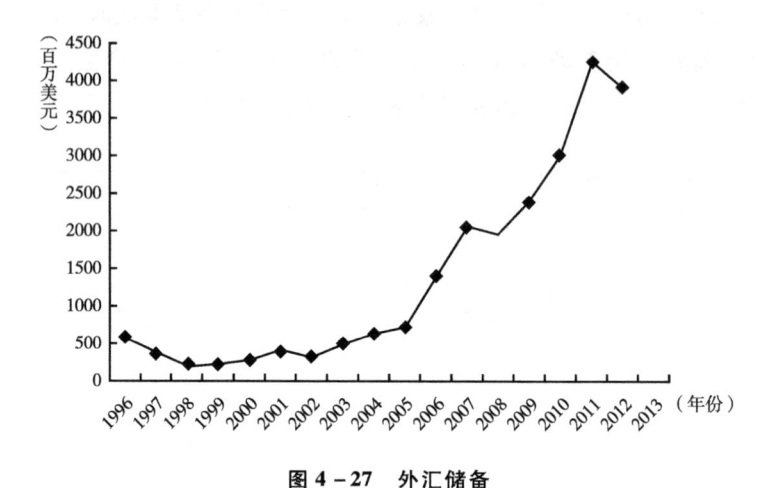

资料来源：亚洲开发银行。

业和环境保护部。贸易和工业部是牵头机构，不仅发挥主导作用，还协调多方面的贸易政策工具和执行。国内税务委员会负责征收进口税。其他私人协会，包括巴布亚新几内亚商会、矿业和石油商会也参与其中。巴布亚新几内亚政府认为在没有变成国内法律之前，国际条约和公约是不能直接适用于巴布亚新几内亚的。

1. 贸易管理的相关规定

巴新禁止出口的商品包括：麻醉剂、武器、文化遗产等。巴新限制出口的相关规定：出口鱼类、沙金、原木、贵金属物件时，须持有渔业局、林业局、环保部和国家农业检疫检验局等部门的出口许可，部分出口商品还须获得国内税务委员会许可。巴新禁止进口的产品包括：麻醉剂、非法药物、武器、淫秽物质等。仪器、植物、动物等进口须提前申报，获得巴新国家农业检疫检验局许可。

进出口商品检验检疫：巴新对各类动植物产品的进口有检疫要求，需要对进口产品的特征及进口商相关信息进行检查。巴新国家农业检疫检验局是农畜部所属职能部门，负责对进口产品进行检验检疫。

动物检疫：向巴新出口动物及动物产品，应事先获得巴新国家农业检疫检验局首席检验员和检疫员批准的进口许可,如涉及野生动物进口还需获得环保部、渔业部等部门的进口许可。在申报口岸接受国家农业检疫检验局检查,出示产品原产地有关机构签发的出口证明。

植物检疫:向巴新出口植物及植物产品,应事先获得巴新国家农业检疫检验局首席检验员和检疫员批准的进口许可,部分植物进口需获得环保部的进口许可。在申报口岸接受国家农业检疫检验局检查,出示产品原产地有关机构签发的出口证明。

出入境管理:巴新严禁旅客携带活着的动物、动物羽毛、肉制品、奶制品、生物制剂、木制品、植物和种子、水果等物品入境。18 岁以上成年人允许携带酒 1 升、香烟 260 支和 1 公斤以内的奶粉。

2. 海关管理规章制度

巴新《海关法》(2006)规定,海关需定期公布新的海关税则表,作为《海关法》的附属文件。

关税税率:2007 年 1 月 1 日起,巴新执行现行关税税率(见表 4-9)。巴新大部分出口商品无须缴纳关税,但以下产品出口须缴纳关税,具体税率如下。出口税为 25% 的产品有椰子、咖啡豆、茶、花生、椰干、椰仁、甘蔗、棕榈油、可可、椰干油、橡胶;出口税为 5% 的产品有矿产品、鳄鱼皮、贵金属珠宝;原木出口实行 28.5% 的税率。自 1999 年 7 月 1 日起,巴新对特定奢侈消费品征收进口消费税。目前对酒类、酒精饮料、烟草、燃油、香水、照相器材、珠宝、电器、汽车及零配件、扑克机等征收最高至 150% 的消费税。新鲜水果和蔬菜、酒精饮料、烟草等不在关税减免之列。

2011 年巴新政府财政预算案推出了适度的关税减免计划,具体细节从 2012 年开始执行,执行期为 7 年。巴新政府曾于 1999 年至 2006 年间采取过类似的计划,产生了很好的效果,因此将推行进一步的关税减免计划,并在 3 年内逐步降低限制进口商品和受保护商品的关税税率至 15% 的中间税率水平。2012 年,关税减免计划实际减少税收 1000 万基那,降低行业的输入成本,减少在巴新从事开发活动的投入,降低消费商品价

表4-9 主要商品的进口税率

单位：%

商品名称	关税税率	商品名称	关税税率
食品	0~40	机械	0
日用消费品	0~25	工业用品	0~25
燃料	0	汽车及零配件	0~15

注：对部分木材、鱼类、蔬菜、水果、糖、烟草、水泥、贵金属、珠宝、工艺品、预置房等收取40%的保护关税。

资料来源：巴新海关。

格，鼓励巴新发展更具国际竞争力的行业，推动竞争优势最大化。① 巴布亚新几内亚的税率调整情况如表4-10所示。

表4-10 税率调整

单位：%

年份	原有税率				新税率		
	1999~2001	2001~02	2003~05	2006	2012~14	2015~17	2018
从价税率	30	25	20	15	15	15	15
保护税率	40	35	30	25	20	15	15
限制税率	55	50	45	40	35	30	25
指定农产品							
保护税率	40	35	30	25	25	25	25
限制税率	55	50	45	40	40	40	40

实行保护税率的商品包括咖啡和茶、香草、小豆蔻、果仁和椰干、椰子和蜂蜜；实行限制税率的商品包括新鲜水果和蔬菜（包括但不限制西红柿、葱、生菜、胡萝卜、土豆、芋头、山药、茄子、香蕉、西瓜、菠萝、柑橘和牛油果）、坚果。

---

① 驻巴布亚新几内亚使馆经商参处：《巴新将从2012年起实行关税减免计划》，2010年12月15日，http://pg.mofcom.gov.cn/article/ddfg/sshzhd/201012/20101207308976.shtml。

(二) 贸易政策评估

巴布亚新几内亚的贸易开放程度较高。2007 年在 125 个国家的贸易（最惠国待遇）关税限制指数（TTRI）中，巴布亚新几内亚排名第五，巴布亚新几内亚贸易体制比东亚和太平洋国家或低收入国家更加开放。巴布亚新几内亚平均适用最惠国关税的简单税率从 1995~1999 年平均 19.7% 降低到 2000~2004 年的 6.7%，2007 年又降到 5.3%。相应的最惠国贸易加权平均为 2.4%，低于东亚和太平洋国家的平均水平（11.1%）和低收入国家的平均水平（11.3%）。农产品的简单平均关税税率 17%，贸易加权指数则为 10.3%，低于东亚和太平洋国家以及低收入国家的水平。不过，在服务贸易总协定承诺指数上，巴布亚新几内亚表现相对较差，表明巴布亚新几内亚有足够的空间做出更大的多边承诺。巴布亚新几内亚 79.8% 的产品出口享受最惠国零关税的待遇。

七 外资政策涉外法律

(一) 外资政策

1. 投资主管部门

根据巴新《投资促进政策法案》规定，巴新投资促进局为巴新主管外国投资的政府部门。

巴布亚新几内亚的投资促进局（Investment Promotion Authority）成立于 1992 年，负责投资促进活动，重点是吸引新的投资者以及鼓励现有的国内外投资者扩大对巴布亚新几内亚的投资，同时还对外国直接投资提供认证服务。投资促进局的主要职能是：提供信息、协助投资者获取所有必要的许可证和批准资格、提供公民和外国投资者之间的交流便利、提供对外国企业的认证、监督外国企业的活动，以便确定外国企业是否有资格开展商业活动并符合条件、向政府部门就投资促进政策提出建议、登记外国投资机会、方便公民参与投资和享有国内外企业所有权等。网址：www.ipa.gov.pg。

企业注册机构为投资促进局。该局下的企业登记及监管司旨在提供有效的登记服务和可公开查阅的资料库,以提供完整的企业服务。该司负责巴布亚新几内亚主要的企业法律,如1997年公司法、商业名称法第145章、商业团体注册法第144章和协会成立法案第142章。它还提供了高效的知识产权管理与保护系统,并发展有效监管和执法的程序和做法,以使投资者有信心继续在巴布亚新几内亚证券市场投资下去。

1992年的《投资促进法》是由投资促进局制定的,通过给予外国投资者最惠国待遇,防止国外资本被征用、取消合同和受到歧视等。第37条承诺外国投资者的财产不得收归国有或征用除非依照法律用于公共目的并有相应的赔偿。该法第39条旨在鼓励国际投资更多地流入,投资争端可以通过外交渠道或利用当地补救办法得到解决,当然也可以通过投资争端解决的国际中心或通过其他适当裁决来解决。

2. 投资行业规定

巴布亚新几内亚拥有丰富的自然资源和具有下游产业加工的机会,以实现经济增长和人民生活水平的提高。大型投资主要集中在矿产和石油部门。政府利用这些收入进行再投资,以开发人力资源和中小企业。政府也将旅游部门作为国家具有巨大潜力的部门给予支持。为了吸引外国投资,在纳税优惠、加速折旧、工资补贴、培训税等方面为新的海外投资者提供相应的鼓励机制。

能够促进经济发展、提供就业机会、利用国内资源(尤其是可再生资源)、扩大出口量和出口额、发展农村地区经济、引进科技和技能等行业领域,被巴新政府列入优先投资领域。

禁止投资领域如下。

农业:年销售额低于5万基那的种植业、畜牧业;

林业:部分树种和植被的采伐;

渔业:3海里近海商业捕捞、部分海洋动植物的捕捞和开采;

矿业:冲击矿床的开采;

公共饮食业:移动食物零售;

批发零售业:野生动植物批发零售、二手服装批发和零售、街头贩卖、手工艺品批发和零售、修鞋店等。

另外，在税收方面也有鼓励措施。当地居民和非当地居民从当地商业银行外汇账户获得的利息收入可免收入税。申请向国外的股东支付股息必须提供本公司的股息说明和/或公司最新的可靠的资金平衡表等。如果利润由分公司、合作伙伴等配发，也必须把类似的资料提供给国外的总公司。完税证明也是必要的。在巴布亚新几内亚运作的公司，不管其与当地结合，还是作为国外总公司的分公司，都需要得到外汇管理机构的许可，以便开设涉及非当地业务结构的公司账户。如果要向国外汇资金，以便减少公司的负债，就必须向授权的商人提交申请，并且要提供国外债权人的说明，在说明中应写明目前未偿还的数额。

3. 投资方式的规定

外资可以采取个人投资、公司投资、外国公司分支机构、信托公司、合资企业等形式投资。巴新企业分为 3 类：公民企业（Citizen Enterprises），由巴新公民或政府独资拥有；国民企业（National Enterprises），巴新公民拥有超过 50% 以上的股份；外资企业（Foreign Enterprises），外资或非巴新公民拥有超过 50% 以上的股份。

巴新工商业发展水平不高，目前矿产资源领域主要由外资企业开发经营，政府占有一定的相对较少的股份，没有关于外资并购安全审查、国有企业投资并购、反垄断、经营者集中等方面的专门法律规定，也没有中资企业在当地开展并购遭遇阻碍的案例。

目前，巴新基础设施主要是政府出资或利用国际组织、伙伴国援助资金建设。在居民用水方面，巴新国有水务公司 Eda Ranu 于 1997 年与马来西亚公司 JC - KRPT 签署了 BOT 合同，约定由该马来西亚公司负责经营一家水处理厂并将处理后的水卖给 Eda Ranu，合同期限为 22 年。2013 年 3 月，Eda Ranu 公司以利润分配不公为由宣布终止该 BOT 合同。近年来，巴新政府逐渐认识到 BOT 方式对发展该国基础设施及房地产业的价值，现有个别商业性住宅项目开发已具有 BOT 的性质，但总体仍处于探索阶段，没有就此出台具体政策和规定。

（二）主要涉外法律

巴布亚新几内亚政府一直把投资安全列为最优先的事项。已与多个国家缔结国际协议，承诺给予投资者等同于巴布亚新几内亚国民的优惠待遇，以减低投资风险（包括征用、裁定合同和歧视）。同时巴布亚新几内亚在1990年加入世界银行下属的多边投资担保机构。投资促进委员会承担实施《1992年投资促进法》。为了吸引外国投资，在纳税优惠、加速折旧、工资补贴、培训税等方面为新的海外投资者提供相应的鼓励机制（见表4-11）。以下是巴布亚新几内亚几个主要的涉外法规。

《雇佣法》对基本的雇佣条件做了规定，最低工资标准由最低工资局决定，巴新政府宣布从2015年7月3日上调最低工资标准，从之前的3.20基那/小时上调至3.36基那/小时，并在2016年上调至3.5基那/小时。

《国家储蓄基金法》为雇员超过25人的雇主制定了强制性的养老保障计划。

土地资源对海外投资者的限制：外国投资者就土地资源的使用权与当地传统的土地所有人进行磋商。外国投资者有关矿业和石油开采的投资计划，需要经过从申请勘探执照到批准、建设、开采等5个阶段。

长期居留证制度。从2005年1月1日起，开始逐步实施长期居留证制度，放宽了国外公民在巴布亚新几内亚的居留条件。

环境禁令。从2005年1月1日起，开始禁止进口并使用塑料购物包装袋；从2005年6月1日起，全国禁止生产和使用塑料购物包装袋。

《海关法》。降低关税、促进贸易增长是巴布亚新几内亚的重大举措。国内税务总局在1999年1月采用了"统一商品代码系统（Harmonized Description and Coding System）"。进口税的四个主要税率是：5%、11%、40%、和55%，同时制定了减免进、出口税的法规。巴布亚新几内亚一直在进行关税政策改革。关税平均水平从过去的20%下降到1999年的

9%，所有低于12.5%的关税都取消了。用来保护国内工业的关税也被降到10%。到2006年降到5%。不过一些农产品仍保留较高的关税水平。在巴布亚新几内亚不存在实际的非关税壁垒。在APEC中，巴布亚新几内亚承诺到2020年实现贸易投资自由化。

影响投资者的主要立法部门是：外交部（涉及非公民出入境手续和签证）、劳工和就业部（与非公民工作许可证有关以及禁止非公民从事的职业）和巴布亚新几内亚银行（与外汇管制有关）。

国家渔业管理局监督1998年的《渔业管理法》，规范渔业部门；巴布亚新几内亚林业局负责1998年《林业法》，议会法案影响投资鼓励、环境、土地使用权、关税等，财政部和贸易与工业部负责具体的部门立法和制造业部门的大规模投资建议，省级和地方当局负责地方法律法规，例如，地方当局颁发贸易许可证。

表4-11 巴布亚新几内亚主要涉外法律法规

法律名称	生效年份	主要内容和备注说明
劳动法	2009	主要适用于外籍雇员。
非国民雇佣法	2007	
《食品卫生法规》	2007	2009年正式实行。
新税法	2004	规定本国居民和外国居所得税税率相同；对年收入5000基那以下免征所得税，个人所得税从开始征收的25%逐渐增加到收入超过95000基那的47%。还有培训税、强制交纳国民发展资金、股息扣留税等，不过不征收资本收益税。
海关法	2002	
专利和工业品外观设计法	2002	立法基础是与TRIPS相一致。
版权和邻接权法	2002	立法基础与TRIPS相一致。
独立消费者与竞争委员会法	2002	
自由贸易区法	2000	

续表

法律名称	生效年份	主要内容和备注说明
渔业管理法	2000	
投资促进法	1998	
公司法	1998	
土地(所有权完全保有)法	1996	任何外国投资者或者非公民不允许拥有土地。外国投资者可以租赁土地。由国家向个人或公司出租,租期通常为99年。所有租赁和保有土地都被"登记"在案。虽然完全保有的土地不能转移给非公民,租赁土地可以自由处理。
电信业法	1996	
林业法	1992	
矿业法和石油法	1992	
关税法	1990	
水资源法	1982	对于向水资源所有者支付补偿、正式进入权、取水权和用水许可做出详细规定。
国家公园法	1982	
国民雇佣法	1980	确定工资最低标准。
国际贸易(动植物)法	1979	
环境规划法	1978	要求具有较大环境影响的项目提交环境计划。
环境污染法	1978	要求环境排污者申请许可证。
保护区法	1978	对于具有特别生物、地貌、地质、历史、科学和社会意义的地区提供保护。海洋废物倾倒法规定向海洋倾倒废物须领取许可证。
集团合并法案	1974	
鳄鱼贸易法	1974	
动植物(保护和控制)法	1966	

续表

法律名称	生效年份	主要内容和备注说明
外汇管理法		
国家储蓄基金法		为雇员超过25人的雇主制定了强制性的养老保障计划。
土地登记法		土地支付的受理和决定。
商标法		该法案目前正在被审查,使之与贸易有关的知识产权(TRIPS)相一致。其他如地理标志、集体商标和驰名商标也在被考虑审查。
价格管制法(320章)		

资料来源:巴布亚新几内亚投资促进局网站。

(三)涉外税负

巴布亚新几内亚于2004年发布新《税法》。巴布亚新几内亚税法包含在1959年的收入税法规中,该法规由国内税务总局局长负责执行。国内税务总局下设税收、海关和货物税三部分。巴新的主要涉外税收情况如下所述。

专利权使用税。当巴布亚新几内亚的居民向国外领受人支付专利税收,必须遵守专利税的规定:在专利税支付给无联系的人员或任选的领受人时,纯利润的48%执行全部税额的10%,或在专利税支付给有关公司或个人时执行全部税额的30%。这些税率可根据双边税收协定进行修改。

银行储蓄利息。从1999年1月1日起,政府已经废除了以前的免税规定。由金融机构和公司预先扣除所支付全部利息的15%。这种税仅仅是一种暂时的税。所有的利息必须在年度税收申报中进行说明,除非对可信的已支付扣留的利息税之外。不过,由巴布亚新几内亚当地公司向国外的承受人支付利息时是免税的,当然在某些情况下,要按照总数的48%的扣留税来办理(收入税法规,186款)。

双边税收协议。为了对外国投资者更有吸引力,政府将继续与其他国家进行谈判,以便在巴布亚新几内亚限制收入的双重税收。

收入税。巴布亚新几内亚收入税率使巴布亚新几内亚比相邻的国家具有更好的竞争性。在巴布亚新几内亚，当地公司的税率为25%，低于在澳大利亚、菲律宾、印度尼西亚、斐济、马来西亚、中国、新西兰、泰国、新加坡的公司。

巴布亚新几内亚收入税情况见表4-12。

表4-12 巴布亚新几内亚收入税结构和税率

公司所属	行业	税率(%)
当地居民的公司	不从事采矿或石油开采的公司	25
当地居民的采矿公司	特定的采矿租赁	35
	一般采矿租赁	25
非当地居民的公司	包括从事采矿的公司	48
当地居民和非当地居民	石油公司	50
	煤气公司	30

本国居民和外国居所得税税率相同；对年收入5000基那以下免征所得税，个人所得税从开始征收的25%逐渐增加到收入超过95000基那的47%。

销售税。由省政府在零售方面征收的销售税是省政府收入的主要来源，这些物品包括啤酒、红酒、白酒、烟草制品、石油和轮胎。其税率从1.5%~5%不等。

培训税。收入超过10万基那的业务都要缴纳2%的培训税，若对当地职工的培训费超过收入的2%，则任何业务都不缴纳培训税。

强制缴纳国民发展资金。雇用20或20个人员以上的雇主必须登记国民发展资金，除非从事可免除国民发展资金的领域（目前限于某些农业领域）。

股息扣留税。当巴布亚新几内亚当地的公司（除去石油公司）支付股息时，必须扣除17%的股息扣留税，并把其转交给国内税务总局。非当地公司或个人：股息扣留税是股息的最终税。当地的公司（个体/公共）股息扣留税可抵销债务；对当地的个人股息扣留税可抵消个人股息收入一般的税收债务。

资本收益税。不征收此种税。

外国承包商扣留税。雇用一个非当地居民的承包商进行建筑工作时，需要从支付给国外承包商的款项中扣除12%的扣留税。

非当地居民的保险公司。巴布亚新几内亚的业务投保至非当地居民的保险公司，就需要根据向保险公司新支付的保险费来纳税，其税率为保险费的4.8%。

（四）外国企业的设立程序

根据巴布亚新几内亚的投资促进法（Investment Promotion Act）规定，巴布亚新几内亚的企业组织形式可以是个人或公司，合伙人或其他法律认可的个人或机构。各类企业受相关的法律制约，如1997年《公司法》。所有外国企业在巴布亚新几内亚开展业务之前，必须经投资促进机构的批准。某些商业活动只能由巴布亚新几内亚公民企业和国有企业来经营。这类商业活动的名单可从投资促进局获得。国外企业在巴布亚新几内亚从事商业活动必须先获得从业资格。任何人，单独或与他人一起，填好公司注册表1、表2、表3、表4及表6，均可在巴布亚新几内亚申请注册公司。注册公司必须提供：带有"有限"或"有限公司"为结尾的名称；一个或多个股份；一个或多个股东；一个或多个董事。根据1997年公司法，公司不再需要谅解备忘录和公司章程。海外公司可以在巴布亚新几内亚注册使用表4-6申请海外公司的注册。海外公司的登记费和非公民公司的注册费是一样的，即500基那。

巴布亚新几内亚投资促进局接受电子申请方式。一些外国企业可以免除认证的要求。申请认证必须是完整的并填写正确的表格，交纳2000基那。所有细节和所附的文件必须正确，否则将被拒绝或被推迟或返回申请人并予以解释。如果提供的资料完全正确，投资促进局将处理申请并给予认证，审批时间大约三周。对于符合条件的国外企业，投资促进局会给予认证。如果外国企业及其业主或人员没有获得认证就从事商业活动，将被处罚10000基那。

法律将公司注册和管理分为两类，即豁免公司和报告公司。豁免公司是指在任何时间资产不超过500万基那、不超过股东25个或员工不超过100名，只要符合一个或两个（但并非所有上述三个）条件的，且所有股东同意不委任一名会计师，并是豁免公司的子公司的。否则就为报告公司。

巴布亚新几内亚

海外公司必须在申请注册后一个月内开展商业活动。申请必须有：名称、完整的公司董事的名字和地址、营业地、巴布亚新几内亚居民或居住在巴布亚新几内亚的能够代表海外公司的一人或多人的全名及邮政地址、海外公司是否开展业务或打算开展业务的国家和任何其他需要说明的详情，必须附上原注册地的注册证书和法律文件的副本（英文），并交纳560基那，另外每一份文件还需要交纳其他相关收费，这些费用必须以现金或银行支票支付。申请保留拟议的公司名称并提交申请给登记处，并附带下列文件：每名董事、每个股东以及每个秘书的同意文件和保留公司名称的通知。

外国人在巴布亚新几内亚从事商业活动还必须获得两个审批：外国人的认证资格、公司或企业名称获准注册。每家公司必须在巴布亚新几内亚有登记在册的办事处，且向公众开放。该办事处地址必须通知给注册官员。如果改变其注册办事处的话，必须在一个月内通知给注册官员。公司必须将下列文件保存在被登记的办事处：公司章程、过去7年之内的所有会议和股东决议备忘录、利益分配登记（董事的利益）、过去7年之内的董事决议和董事委员会会议的备忘录、过去7年由董事提供的证书、董事及秘书的全名、过去7年之内的所有通报给所有股东的书面副本，包括年度报告、过去7年之内的所有财务报表的副本和股份登记。

八　商业投资环境评估

世界银行和国际金融公司（IFC）联合发布的《2010年全球商业环境报告》显示，巴布亚新几内亚成为世界上最难展开商业活动的国家之一，在183个经济体中排名由上一年的第96位下滑至第102位。与其他太平洋岛国相比，在前一年里巴布亚新几内亚商业环境更差。虽然排名靠后，但世界银行和国际金融公司认为"巴布亚新几内亚仍有调整空间"，可以通过改善商业法规进而有效地增加商业机会，关注多领域发展以改善排名。国际金融公司认为，在商业环境标准改革方面做得不够导致巴布亚新几内亚排名靠后，但巴布亚新几内亚政府和商业部门之间已经建立更多的对话机制，以改善现有的商业环境。

世界银行商业环境调查的10个指标包括公司的建立、经营、跨境贸易、纳税、关闭企业等所需的时间和费用。在对巴布亚新几内亚10个指标进行评定后，属于情况好转的指标有申请建筑许可由2009年排名第128名上升至2010年的121名、雇用工人由2009年排名第29名上升至2010年的26名、跨境贸易由2009年排名第90名上升至2010年第89名、合同执行由2009年排名第165名上升至2010年第162名。情况变差的有开办企业方面由2009年排名第96名下降至2010年的102名、注册财产由2009年排名第74名下降至2010年的83名、获得信贷由2009年排名第131名下降至2010年的135名、投资者保护由2009年排名第38名下降至2010年的41名、缴纳税款由2009年排名第89名下降至2010年的96名。情况没有变化的是企业破产，排名不变，仍为第104名。由于商业经营环境的主要指标在恶化，故而巴布亚新几内亚的商业环境的总体评估在后退。不过需要指出的是，实际上巴布亚新几内亚很多经营指标本身与2009年的评估结果没有太大的差别，只是其他国家或地区在商业经营环境方面做出较大的改进，使得巴布亚新几内亚排名有所下降。

报告还指出，企业创建过程复杂并伴有腐败增加，这一点尤其体现在发展中国家。每一个程序都是一个接洽点，也是贿赂的机会。但是繁杂的企业创建法规并不能提高产品的品质、加强安全生产和减少污染，反而限制私营投资，使更多的人转向非正规经济，导致消费价格指数提高。在获得许可方面，报告认为规章制度的作用影响较大，迫使企业家们经营转入安全顾虑不多的非正规经济，致使情况更加恶化。当劳工法规普遍提高在职工人工资和延长任期的时候，僵化的法规就会出现不尽如人意的影响，包括工作岗位数量减少，公司规模缩小，在研究和发展方面的投入减少，失业时间延长。另外，电力供应、工作许可、签证、费用和许可证的安排和限制、电信问题等已经成为巴布亚新几内亚商业活动的障碍，但都没有引起政府的足够重视。

（一）巴新投资有利条件

1. 政治局势相对稳定

2012年大选结束，新政府组阁后，巴新政治局势逐步稳定，之前的政治动荡局面基本结束。新政府成立后积极推出政策促进经济发展。在欧债危机和全球经济低迷的大环境下，巴新与亚洲新兴国家特别是中国合作的意向逐步加强。

2. 经济增长前景看好

巴新经济超过 10 年连续增长，经济发展势头良好。近年来 LNG（液化天然气）项目的建设是推动巴新经济调整发展的主要动力，房地产、物流、运输等多个行业因此获得快速发展。据英国的《经济学人》发布的报告称 2015 年巴新是大洋洲地区经济增长最快的国家，报告认为 2015 年随着液化天然气的出口，巴新 GDP 增速将达 14.8%。[①] 长期来看，国家经济发展前景看好。

3. 投资合作需求大

巴新资源非常丰富，优势产业为矿产、油气、渔业、林业和农业。巴新是世界上第 10 大铜生产国和第 11 大黄金生产国，原油、天然气储量丰富，金枪鱼储量占世界 20%。主要出口黄金、铜、原油、木材和棕榈油、咖啡、可可等。目前巴新的资源开发程度有限，待开发领域广泛，开发潜力大。同时，巴新的国家基础建设、教育、医疗等各方面发展落后，建设需求较多，长期来看对外合作需求大。

（二）投资制约因素

1. 国家发展整体落后

巴新国家整体发展落后，国民受教育程度较低，医疗等社会服务较差，国民没有储蓄观念，消费能力低，就业率低（全国就业率仅 16%）。公共基础建设严重滞后，城市间缺乏道路联通；航空业高度垄断，运输能力较低且费用极高；海运能力不足。城市建设落后，道路建筑老旧，水、电和通讯等基础供应无法保障，经常出现停水、停电及断网现象。

2. 社会治安状况恶劣

巴新法律建设不完善，国家军队和警察力量薄弱，社会秩序比较混乱，城市犯罪现象非常严重。巴新城市暴力犯罪率高，警察执行力不高，

---

① 驻巴布亚新几内亚经商参处：《经济学人报告称 2015 年巴新将是亚洲地区经济增幅最快国家》，2014 年 8 月 18 日，http://pg.mofcom.gov.cn/article/jmxw/201408/20140800701431.shtml。

第四章 经 济

黑帮活动频繁，治安恶劣全球闻名。首都莫尔兹比港多次被外媒称为"谋杀之都"。拦路劫车、抢劫店铺和住户、罪犯越狱等事件频发。在巴新的城市商业中心特别是银行附近都属于高危地区，社会治安问题是在巴新经商的首要难题，其负面作用超过了其他所有不利因素。在巴新法律和社会秩序问题所引发的安保花费在经商成本中占很大比例，绝大多数经商者总支出的5%～30%用于安保。治安事件频发大大增加了巴新社会的不安定因素，限制了外国投资和旅游发展。

3. 公共基础建设滞后

巴新经济发展整体落后，工商业和服务业基础薄弱，发展水平很低。首先，巴新物流效率低下。巴新内陆山脉崎岖，城市道路普遍老旧受损，维修资金迟迟未能到位，雨季来临时就会造成道路运输的严重阻滞。因缺少道路联通，巴新城市之间的运输主要依靠航空和海运，巴新航空业高度垄断，运输能力有限且费用极高；海运能力同样不足，全国只有莫港和莱城两个具有商业化集装箱运输服务能力的港口。其次，巴新城市建设落后，且水、电和通信等基本设施都无法保障。经常性的停水停电给城市企业和商户带来大量经济损失，正常的生产、经商秩序受到影响。出于安全和卫生因素的考虑，停电停水期间很多公司不得不遣散员工回家待业。

4. 经商环境相对较差

巴新政府存在腐败、管理能力低下、办事效率低等问题，再加之极端恶劣的治安情况，导致在巴新创立和经营企业受到诸多限制，经商环境相对较差，不利于企业的长期发展和经营。根据世界银行2012年发布的全球经济体经商容易度指数（主要考虑经济体的环境及管理情况是否有利于开创和经营本土企业），巴新在183家经济体中排名第101位，较2011年的97位后退了4位。这个排名落后于其他美拉尼西亚先锋集团成员伙伴国（所罗门群岛第74位、瓦努阿图第76位、斐济第79位）。2014年世行全球经商容易度国家排位中巴新排名为133[①]，这个排位比上年挪后

[①] 驻巴布亚新几内亚经商参处：《巴新在世行刚发布的2014年全球经商容易度国家中排位133》，2014年11月7日，http://pg.mofcom.gov.cn/article/jmxw/201411/20141100788911.shtml。

两位。世行共对189个经济体的经商容易程度指数进行了综合评比,在巴新前面和后面的国家是埃塞俄比亚和基里巴斯。根据数据,在巴新经商要有6道程序并需要等待53天。在此次排位中,新加坡排名首位,其次是新西兰、中国香港、丹麦和韩国,厄立特里亚排在189个经济体的最后一位。南太平洋地区的国家中萨摩亚排在该地区首位,在189个经济体中排名第67位,汤加第69位,瓦努阿图第76位,斐济第81位,所罗门群岛第87位。

5. 经商成本较高

巴新生产能力薄弱,很多生产、生活必需物资长期大量依赖进口,近年来LNG建设推高房地产价格等因素共同作用,造成了巴新物价的飙升,基础设施费用、物流和人员费用等经商成本费用尤为明显,经商成本增长过快。以一家公司从巴新北部海岸运输20英尺集装箱到高地的费用为例,2008年到2012年的4年之间增长了11倍(2008年是2500基那,2012年已涨至27500基那)。成本增长导致商品和服务价格增长,经商者不得不将额外成本转嫁到消费者身上,经商者和消费者都倍感压力。

6. 为促进本国中小企业发展,限制外企趋势抬头

目前巴新经济产业90%被外商控制,巴新限制外企发展的政策趋势有所抬头。2012年下半年,巴新政府提出了刺激中小企业发展的一揽子计划。巴新政府将与国家发展银行合作管理资金流动,并大幅投资基础设施建设,降低企业发展成本,支持企业发展新兴行业。2013年巴新国家预算草案对中小企业发展安排了首批8000万基那投资及后续4.98亿基那的刺激中小企业发展投资计划。刺激中小企业发展一揽子计划的目标是到2050年实现中小企业由目前的不足5万家增至50万家,新增就业机会两百万。具体措施包括以下两方面。

一是全面支持本土企业发展。(1)加大金融和财税优惠。2013年巴新国家发展银行获国家投资超过8000万基那,用于支持其对国民贷款年利率由22%降至6.5%;信贷保证公司成立,为巴新企业特别是新成立的企业提供贷款担保,鼓励更多公司和个人贷款投资和拓展业务。同时,巴新政府将制定一系列税收和其他优惠奖励措施,以鼓励巴新本土企业投资战略领域,拉动国家经济增长。(2)加强国际贸易推广。巴新政府将继

第四章 经济

续 StretPasin 商业发展计划，缺少资金的巴新公民可以通过申请该计划获得从商帮助。此外，商工部将组织更多贸易代表团出访，并鼓励更多国家在巴新举办贸易展览会，促进本土中小企业与外商开展贸易合作。(3) 简化企业注册程序。巴新政府将立法引入有限责任公司制，简化有限责任公司注册要求，并推出在线公司注册系统，降低公司注册成本和注册门槛。(4) 启动商业奖励和培训。巴新政府将启动商业奖励计划，表彰并奖励巴新杰出商业人士和做出突出贡献的巴新本土企业；还将为中小企业提供业务培训、金融推广课程、业务生存能力和其他形式的创新培训。

二是严格限制外国企业发展。(1) 立法确定本土保留商业领域。巴新政府即将推出《巴新商业许可法》，确定巴新本土保留商业领域，严格保护专属于巴新国民从事的行业。为巴新国民提供更多发展较大企业的机会，防止外国企业在宏观层面控制巴新经济。(2) 成立外国投资和审查委员会。巴新政府正筹备立法成立外国投资和审查委员会，委员会成员只能由巴新的杰出公民担任。该委员会将负责外国投资监管，审查并批准外国公司和个人进入巴新经商。外国企业在巴新经商必须与巴新方签订合资协议，巴新方所有权须达 52%。① 巴新贸商工部部长马鲁 2015 年 2 月 18 日在议会宣布，初始投资额不高于 1000 万基那（约合 370 万美元）的中小企业必须完全由巴新居民所有，投资额少于 1000 万基那的外国投资者将不被允许投资，已投资的将被赎买，投资者会被要求离开巴新。巴新希望外国投资者能够投资于那些巴新政府希望投资的领域，从而给巴新本土企业留出一定的发展空间。②

---

① 驻巴布亚新几内亚经商参处：《巴新促进中小企业发展新政策》，2013 年 3 月 1 日，http://pg.mofcom.gov.cn/article/ztdy/201303/20130300041389.shtml。
② 驻巴布亚新几内亚经商参处：《巴新拟出台政策限制中小外国投资者》，2015 年 2 月 20 日，http://pg.mofcom.gov.cn/article/jmxw/201502/20150200901043.shtml。

第五章

社会与文化

第一节 国民生活

一 物价

随着经济状况的好转,巴布亚新几内亚消费水平的提高,加上大型矿业项目的实施,这些都使得巴布亚新几内亚面临较大的通货膨胀压力。2005年货币供应(M3)增长率高达29.5%,货币供应(M3)占GDP的比重为33.6%;随后几年货币供应(M3)增长率远高于GDP增长率,2009年为22.7%,货币供应(M3)占GDP的比重也增加到52.9%;2012年、2013年货币供应(M3)增长率有所降低,分别为11%、6.7%,货币供应(M3)占GDP的比重也保持在52%左右。2014年巴新在天然气和矿业领域的推动下,经济发展依然强劲,通膨率尽管有所上升,但仍然处于可控状态,巴新央行继续维持它的货币政策,基那的利率保持在6.5%水平。[①] 巴新央行发布的货币政策报告显示,2015年巴新经济增长率约为9%;通货膨胀率为6.0%;2015年保持广义货币增长6.3%(2014年实际为1.2%)。[②] 1996~2013年巴布亚新几内亚货币供应增长率见图5-1。

[①] 驻巴布亚新几内亚经商参处:《巴新经济连续14年增长》,2014年9月5日,http://pg.mofcom.gov.cn/article/jmxw/201409/20140900722681.shtml。
[②] 驻巴布亚新几内亚经商参处:《巴新央行发布货币政策报告显示基那贬值9.3%》,2015年4月3日,http://pg.mofcom.gov.cn/article/jmxw/201504/20150400932266.shtml。

巴布亚新几内亚

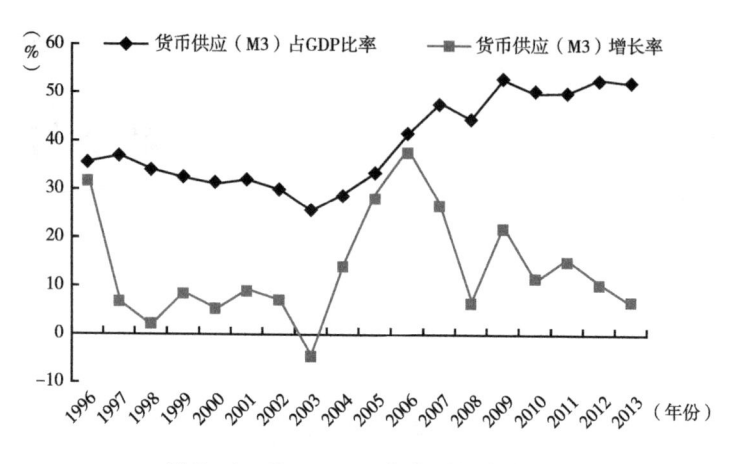

图 5-1　1996~2013 年货币供应增长率

资料来源：亚洲开发银行。

2008 年巴布亚新几内亚通货膨胀率一度高达两位数，2009 年随着国际商品价格的回落，巴布亚新几内亚的通货膨胀压力有所缓和。2010 年，巴布亚新几内亚再度面临通货膨胀压力，2010 年 12 月消费者物价指数达到 7.2%。通货膨胀提速主要是由于槟榔价格翻倍，其他居民消费价格上涨不过 5%，接近过去 5 年的平均水平。食品价格在 2010 年第四季度上升了 5.6%，其中肉和鱼增长幅度最大。除了 2011 年初石油价格上涨外，巴布亚新几内亚通货膨胀迄今为止仍未受全球商品价格提高的影响。巴布亚新几内亚通货膨胀基本上是由国内因素的变化带来的，即国内需求过快上涨而供给能力有限造成的，这与巴布亚新几内亚历史上因进口价格上涨导致的通货膨胀爆发有极大的不同（见图 5-2）。2005 年非食品价格上涨 3.5%，2008 年高达 16.6%，2011 年后有所下降，2012 年为 1.6%，2013 年约为 -0.4%。

巴布亚新几内亚市场多为进口食品，2010 年 5 月，大米每公斤约合 1.7 美元，面粉每公斤约合 1.4 美元，植物油每升约合 3 美元，鸡蛋每个约合 0.36 美元，猪肉每公斤约合 7 美元，牛肉每公斤约合 7 美元，白菜每公斤约合 5 美元，西红柿每公斤约合 8.8 美元，生菜每公斤约合 3.85 美元，黄瓜每公斤约合 1 美元。工业用电价格为每千瓦时 0.44 基那（约

第五章 社会与文化

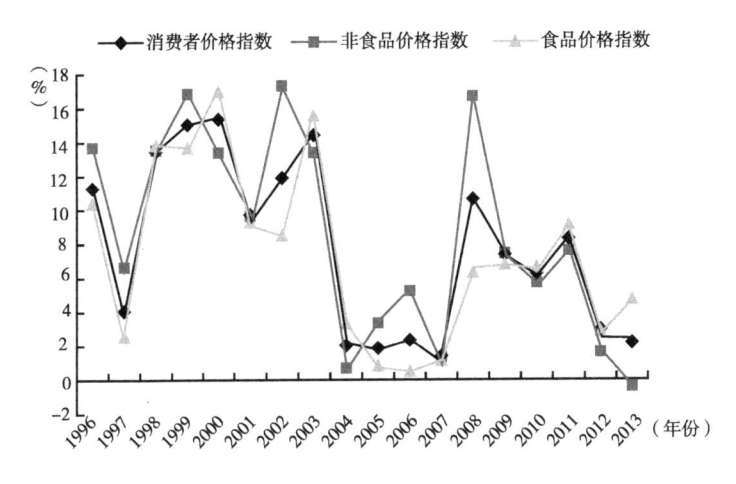

图 5-2 巴布亚新几内亚通货膨胀率

资料来源：亚洲开发银行。

合 0.17 美元）；居民个人用电每月前 30 千瓦时每千瓦时 0.34 基那（约合 0.13 美元），超出部分每千瓦时 0.59 基那（约合 0.227 美元）。工业用水价格为每吨 0.85 基那（约合 0.327 美元）；居民个人用水 15 吨以下每吨 0.85 基那，15~35 吨每吨 1.7 基那（约合 0.65 美元），超出部分每吨 3.6 基那（约合 1.385 美元）。当地无管道天然气供应，煤气罐每罐（45 公斤）为 298 基那，约合 114.6 美元。

二 就 业

巴布亚新几内亚是个年轻化的国家，1980~2000 年，巴布亚新几内亚的人口增长率高达 2.7%，处在发展中国家平均水平之上，19 岁以下的人口占 51%。进入 21 世纪后，巴布亚新几内亚人口增长速度放缓，不过巴布亚新几内亚仍是人口年轻的国家。现在巴布亚新几内亚每年约有 6 万名达到工作年龄的青年人离开学校，其中只有一小部分年轻人继续在学校学习或接受一些就业技能培训，大多数人则在寻求就业机会。巴布亚新几内亚是个有充足劳动力供应的国家。由于在正规部门就业的劳动力仅占全部人口的 20% 左右，巴布亚新几内亚的多数劳动力只能在非正规部门中就业。巴布亚新几内亚于1980年颁布《国民雇佣法》，对劳工关系，合同内容，劳资双方权利、义务，福利报酬，就业及保护，妇女和未成年人的雇用，劳资纠纷的解决做了相关规定。

巴布亚新几内亚就业率低。为解决本国居民就业，在就业岗位、数量及劳工签证方面政府规定较为严格。关于外国人在巴布亚新几内亚工作的权利义务，在《非国民雇佣法》（2007）、《非国民雇佣规章》（2008）及对上述法规进行整理阐释的《工作许可指南》（2009）中有具体规定。外国人在巴布亚新几内亚工作需要获得工作许可和工作签证，否则将对雇主和雇员分别处以20000基那以下和10000基那以下的罚款。巴布亚新几内亚从2009年1月1日起开始执行新的《劳工法》。新《劳工法》主要适用于外籍雇员。

鉴于巴布亚新几内亚的劳动人口受教育水平不高，尤其是待就业的青年劳动力普遍为文盲，缺乏高级管理人才和技工，"技能危机"是外资在巴布亚新几内亚面临的一个主要问题。基础教育和以发展为导向的非正式成人教育对巴布亚新几内亚发展至关重要。不是所有的儿童都能够接受基础教育。政府希望到2015年能够实现9年义务教育的目标。

三 工资

由于劳动力供应充足且素质低，巴布亚新几内亚劳动力成本较低。成立于1972年的最低工资委员会负责确定工资水平。1992年做出的最低工资制度有助于放松高于最低水平的所有工资的管制，并对所有新员工规定了统一的最低工资标准。1992年制定的国家最低工资为每周22.96基那，全国青年最低工资是指所有低技能和年龄在21岁以下的新就业人员工资至少每周17.22基那。

津贴包括露营津贴、重岗位津贴、农村技能工具津贴和农村艰苦条件津贴。除农村艰苦地区津贴外，其他津贴可在雇主与雇员之间协商解决。值得注意的是随着目前经济状况的好转，巴布亚新几内亚最低工资委员会决定提高最低工资水平，从2010年1月1日起，巴布亚新几内亚实行新的最低工资标准，即每小时2.29基那、每双周201.52基那。当然并非所有家庭都能够增加工资。巴新政府宣布从2015年7月3日上调最低工资标准，从现行的3.20基那/小时上调至3.36基那/小时，并在2016年上调至3.5基那/小时。①

四 居住条件

首都地区房租价格较高，其中3居室住房周租金从500~5000基那不等，首都中心地区200平方米写字楼月租金约为12000基那。首都地区3居室住房售价从7.5万~150万基那不等。2010年，巴布亚新几内亚独立消费者与竞争委员会（ICCC）首席执行官托马斯·阿贝表示，巴布亚新几内亚住房问题已经进入"危险期"，政府需要立即予以关注并出台相关改革措施。因为巴布亚新几内亚有40%的人口日均收入不足1美元，发达国家采取的住房措施不能解决巴布亚新几内亚的实际问题。实际上，住房部门增长潜力也将推动经济多元化，成为经济增长和创造就业的动力来源，因而巴布亚新几内亚政府积极改善居住条件。根据巴布亚新几内亚地区不同，土地及房屋出租、销售价格差异较大。巴布亚新几内亚政府只拥有全国3%的土地，可出租给投资者，最长租期是99年，其余97%的土地为土地主所有，是否可以出售或出租，取决于双方谈判和协议。首都莫尔兹比港土地租赁价格为每平方米400~1200基那不等。

五 税收

巴布亚新几内亚新税法以1959年《所得税法》为基础，税收由国内税务局管理。巴布亚新几内亚纳税年度是日历年，即从1月1日至12月31日。所有所得税申报以此期间的收入为基础。巴新实行属地税法，全国统一税收。巴新国内税务委员会负责收取和监督各项税收。主要赋税包括直接税和间接税。直接税包括所得税、开采税、培训税等各种收入税；间接税为进口税、消费税、出口税、货物服务税、印花税等各种货物服务

---

① 驻巴布亚新几内亚经商参处：《巴新上调最低工资标准》，2015年7月13日，http://pg.mofcom.gov.cn/article/ddfg/laogong/201507/20150701042899.shtml。

税。根据巴新法律规定，公司税和个人所得税每年缴纳一次，其余税种每月缴纳一次。纳税时须填写缴税单并支付相应税款即可。

主要税种和税率（见表 5 – 1 和表 5 – 2）。

表 5 – 1 巴布亚新几内亚的主要税种

税种	税目
个人税	个人所得税
	临时税
	土地税
	离境税
	印花税
	彩票税
	借记税
公司税	所得税
	预扣税
信托基金征税	单位信托基金股票销售征税
	其他信托基金的收入征收 30%
销售税和消费税	货物服务税
	培训税
	强制支付给国家节约储金
	自然资源税
	无资本收益税
进出口税	进口税
	消费税
	出口税
特别税	业务收支税
	管理费(预提所得税)
	外国承包商(扣留)税
	海外船运税
	林业税
	非居民保险公司税
	采矿、石油和天然气的规定税
	结转损失
	业务费

表5-2　巴布亚新几内亚居民和非居民企业所得税税率

单位：%

居民企业（不包括采矿和石油公司）	30
非居民企业	
包括从事采矿经营	48
特殊采矿出租	30
采矿出租	30
石油公司	
居民和非居民公司	50
新石油项目	45
天然气公司	
居民和非居民公司	30

个人所得税。纳税人分为巴新居民和非巴新居民。巴新居民包括拥有巴新住所、在巴新居住超过1年半及在巴新工作的外国人，巴新居民需对所有收入纳税。非巴新居民只需对在巴新产生的收入纳税，税率高于居民，最高为42%。2011年个人所得税起征点由年收入7000基那提高至1万基那，以减轻低收入者的税收负担。

公司税。根据巴新税法，巴新企业分为居民企业和非居民企业。居民企业是指，在巴新成立的公司或者是未在巴新成立，但其管理和控制均在巴新境内或者其大部分股东为巴新居民的公司。居民企业，需要对在巴新境内、外收入纳税；非居民企业，只需对在巴新境内产生的收入纳税。居民企业公司税率为30%，非居民企业税率为48%。矿产、石油和天然气行业公司税率分别为30%、45%或50%、30%。

预扣税。公司向非居民企业或个人支付红利时，需缴纳17%的红利预扣税，油气公司因实行较高税率，无须缴纳预扣税。

货物服务税。在巴新，销售商品缴纳10%的货物服务税。年营业额超过10万基那的企业或个人需注册税号。

出口和进口消费税。巴新对原木、海洋产品、鳄鱼皮等出口征收出口税，对高档消费品进口征收进口消费税。

印花税。大部分契约、股权转移以及文件证明等均需缴纳印花税，因合同类别不同，GP 花税税率不等。

个人离开巴布亚新几内亚不需要办理纳税手续。然而，每人每年金额超过 5 万基那，只有获得税收清单证明之后才不需要纳税。自 2005 年 6 月 1 日起，巴布亚新几内亚授权经销商（the Authorised Dealers）协助税收监控。中央银行不再履行税收监督这一职能。

六 社会治安

近年来，巴布亚新几内亚社会治安较差，已经成为社会生活中的突出问题。安全问题是目前投资巴布亚新几内亚的最大风险之一。巴布亚新几内亚社会治安问题由来已久，过去 20 年间，巴布亚新几内亚政治经济的迅速变化伴随着社会各阶层的关系紧张和冲突。最严重的社会动乱发生在布干维尔自治区，秩序混乱和军事行动导致潘古纳铜矿于 1989 年停产。近年来，巴布亚新几内亚政府虽然做了较大的努力，但收效并不明显。部分高地地区部落冲突加剧、械斗不断。大城市抢劫、杀人等刑事案件数量逐年呈上升趋势。城乡交接地区社会治安较差。首都地区和第二大城市莱城为案件高发区，持刀抢劫、盗窃等案件时有发生，强奸、凶杀案件数量也呈上升趋势。由于政府对监狱设施投入不足，近两年多次发生重刑犯越狱事件，而警方警力有限，无法追回全部犯人。越狱犯人再次伺机作案，危害社会治安。

近年来针对中资企业和中国公民的案件呈恶化趋势。2009 年 7 月，由于工人之间发生冲突，中冶集团拥有多数股权的拉姆镍钴矿和加工厂的建设项目进程中断。巴布亚新几内亚矿业检察长 Mohansingh 于 2009 年 7 月 21 日命令该矿停止运营，并要求所有人撤出该矿，其理由是基于健康和安全考虑。另外，2009 年首都莫尔兹比港和马当省巴沙木克地区等地发生大规模针对中资企业和中国公民的暴力犯罪事件，造成中方人员受伤和财产严重损失。中国大使馆已就此向巴布亚新几内亚有关部门多次进行交涉。中国大使馆特别提醒在巴布亚新几内亚的中资企业员工、援外专家和旅居巴布亚新几内亚的中国公民提高警惕，加强防范和自我保护，尽量减少外出，特别是夜间外出，以免发生不测；对居所、商铺、工地、驻地等进行安全隐患排查、加强相应安全措施，以保证生命财产安全。

恶劣的安全问题严重破坏了巴布亚新几内亚的矿业投资环境。加拿大弗雷泽研究所发布的2008/2009年度全球矿业公司调查结果显示，其代表政治稳定性、政策解释、法规实施、环境、环境控制、税收、土地占有制度、相关经济协议、地质数据库、安全和劳工问题等项指标的"政策潜力指数"排在第61位（共调查了71个国家），排位比较靠后，在亚太10国中排位也靠后，位于印度、吉尔吉斯斯坦和印度尼西亚前面列第7位。这项指标比上一年度有一定下降，上一年度其全球排位为55位，其中安全问题是重要因素之一。

巴布亚新几内亚首都莫尔兹比港在英国《经济学人》杂志全球"最宜居城市"排名中位列倒数第八位。《经济学人》的年度调查从稳定、医疗、文化与环境、教育及基础设施五个方面对每个城市进行了评比，该排名被跨国公司用来决定派往不同国家员工的津贴水平。最终加拿大温哥华连续五年被评为全球最宜居城市，而巴布亚新几内亚首都莫尔兹比港排在倒数第八位。

2014年以来有所改善，但仍不容乐观。2014年8月18日，根据《国民报》报道，巴新总理奥尼尔在回应世界银行关于犯罪对巴新经济影响的报告时表示，巴新犯罪率在过去3年内显著下降，在押犯人数量减少了50%。奥尼尔将这个改善归功于政府的强力政策和大量投入，也说明了巴新年轻人获得了更多的工作和教育机会。

世界银行从2012年到2014年调查了135家巴新企业，认为高犯罪率仍然是制约巴新经济增长的一个主要因素。报告还得出了以下结论。(1) 虽然存在地区差异和年份波动，巴新暴力和犯罪率仍然居高不下，抢劫和人身侵犯最为常见。(2) 高犯罪率影响营商环境，84%的企业要花费资金来聘请保安、安装滚网和警报器等防护装置。(3) 治安恶劣影响企业经营和投资决策。(4) 企业平均每年因财产失窃损失8.9万基那，因内部员工小额窃取损失7.1万基那。报告建议加大对犯罪数据的收集整理，以便为政策出台做支撑；建议减少因政治原因导致的犯罪和腐败、加

强枪支管控、缓和家庭暴力，特别是在城市地区更要加大力度；报告还建议要帮助年轻人解决就业并提高司法机构的效率。

第二节 医疗卫生

巴布亚新几内亚卫生状况不是很好，世界卫生组织甚至认为巴新是太平洋地区健康状况最为恶劣的国家。根据联合国人类发展指数，巴新在187个国家中排名第153位，健康事业一直停滞不前，难以完成联合国千年发展目标中的任何一项指标，民众的健康也受到影响。

巴布亚新几内亚全国有19所医院，240多家诊所。公立医院看病基本免费，但服务质量一般。全国医疗卫生基础设施落后，普遍缺乏医生、药品，难以保障病人就医需求。私人医院看病收费较高。偏远地区医疗条件更差，有些地区甚至无医院、医生。

巴新人口约700万，但仅有不到400名医生，其中在首都莫港之外工作的只有51名，而巴新87%的民众生活在乡村地区。平均每17068人有1名医生，而澳大利亚平均每302人就有一名医生。

巴新还缺少保健人员，平均每1000人仅仅有0.58人，低于世卫组织平均每1000人配备2.5人的最低标准。连基本护理的水平都无法达到。

巴布亚新几内亚产妇大约50%在分娩时没有医生或助产师护理；婴儿死亡率较高，2009年5岁以下儿童死亡率在6.8%，这一水平在世界上都较高（见图5-3）。

巴新仅有33%的人可以喝上干净的水（见图5-4）。

巴布亚新几内的传染病也很严重，全国62%的死亡是由肺结核、疟疾及其他传染病造成的。主要传染疾病有疟疾、登革热等，肺结核、肝炎、伤寒等疾病也较为普遍。近年来，艾滋病在巴布亚新几内亚的形势较为严峻。国际诸多援助项目与此有关。

巴布亚新几内亚的艾滋病形势在南太平洋地区最为严重。巴布亚新几内亚是1987年开始进行有关艾滋病的血液检查的，之前艾滋病有可能已经在巴布亚新几内亚存在了。虽然现在还不能准确统计出全国有多少受感

第五章　社会与文化

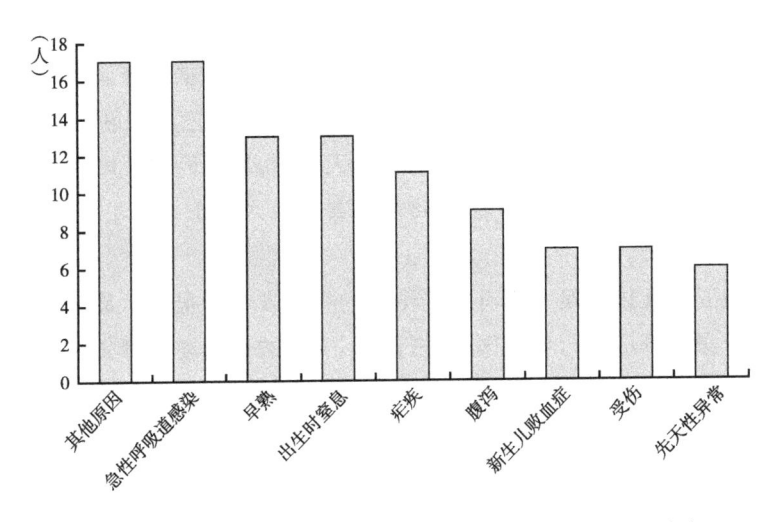

图 5-3　2013 年巴布亚新几内亚 5 岁以下儿童死亡原因分布

资料来源：世界卫生组织。

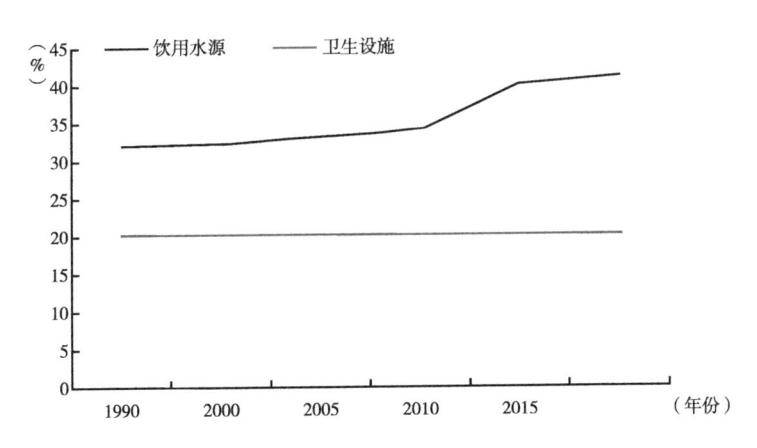

图 5-4　巴新人民使用水的卫生设施的改善程度

资料来源：世界卫生组织。

染的艾滋病病人，很多感染者并不知道已经受到感染，只有很少的病人进行化验，但是超过万人感染艾滋病病毒是可信的。根据 2009 年 9 月的数据，有 2.83 万个艾滋病病例得到确诊。很多因艾滋病而去世的患者可能

被当作结核、疟疾或者是肺炎等病致死。

目前艾滋病在巴布亚新几内亚还有恶化趋势。根据巴布亚新几内亚国家艾滋病委员会（NACS）的估计（2007年为止），巴布亚新几内亚全国大约有6万人受到感染，其中死亡6千人，因此留下的孤儿有3730个。城市人口中艾滋病感染比例为1.38%，农村地区为1.65%，全国人口的1.28%受到感染。

巴布亚新几内亚第一份有关艾滋病的报告发布得很晚，是在1987年。据估计，去国外的旅行者在国外进行了不安全的性活动，将艾滋病带回巴布亚新几内亚。自此，艾滋病在巴布亚新几内亚得到传播迅速。到目前为止，巴布亚新几内亚各个年龄段的人群、所有地区都发现艾滋病感染者。

巴布亚新几内亚艾滋病易感人群中，年轻女性首当其冲，相比同龄男性更加容易感染。年轻女性易感艾滋病的主要原因有：（1）性活动；（2）没有受过正规教育，不知道有关艾滋病的知识；（3）年轻女性被强迫嫁给老年男人而受感染；（4）女性性器官易受感染；（5）贫穷；（6）年轻女子受到性侵害的概率高；（7）暴力的受害者；（8）巴布亚新几内亚文化中的一些陋习；（9）早婚早育社会压力；（10）男权的支配等。

此外，老年男人也是易感人群。性活动和育龄人群容易感染艾滋病。

男青年也是感染较多的群体，主要原因是：（1）性行为；（2）性滥交；（3）酗酒和滥用毒品；（4）贫困和暴力；（5）结婚财力的压力；（6）异地工作或者上学等。

面对艾滋病蔓延的严峻现实，巴布亚新几内亚政府采取了政府、教会和地方组织三位一体的应对体制，并实施了如下措施。

一是立法并成立管理机构。2003年8月通过了《艾滋病及其病毒携带者管理和预防法案》（*HAMP Act*），明确规定不许歧视艾滋病人和HIV阳性患者；学校必须设置有关艾滋病教育的课程；鼓励进行艾滋病的血液检查，建立保密制度。如果感染了艾滋病，要事前提醒性伙伴，提倡使用安全套等。建立国家级艾滋病委员会（NACS），并在每个省建立省级艾滋病委员会。

二是加强教育。在2005年12月1日的世界艾滋病日，巴布亚新几内亚开始了国家教育体系中有关艾滋病和病毒携带者的教育计划,该计划覆盖所有学校、教师和学生。教育部分别制定了 2007~2012 年的艾滋病及其病毒携带者政策和实施计划;在所有小学和中学中增设个人发展课程,由教师讲授生活的技巧;在技校和假期学校开设艾滋病和性传播疾病课程,并将有关宣传材料发到每个学生,制订每年的年度计划,到期检查。同时,在学校教育中强调性别平等。教会制定自己的艾滋病预防政策,教育教会工作人员和教徒。天主教和圣公会教堂都有较好的行动。

三是医疗预防。通过关怀中心、检验中心和宣传活动逐渐改变人们的性行为习惯,使人们不再受艾滋病病毒的危害。

针对艾滋病恶化的现实,其他一些国家和国际机构也在努力采取措施,帮助巴布亚新几内亚扭转艾滋病恶化的现状。

第三节 教 育

巴布亚新几内亚的现代教育是在殖民时期开始的。殖民当局的教育体系是 20 世纪 40 年代和教会几乎同时建立的,一直独立运作。直至 20 世纪 70 年代,国家教育体制才真正建立起来。

巴布亚新几内亚教育体制分中央、省级和地方三级。教育体制实行三级教育:基础教育、中等教育和高等教育。巴布亚新几内亚的教育制度自 1978 年省级政府系统建立以来就是分散化管理的,有关教育的法律赋予各省政府教育计划、财政、用人、12 年级以下学校管理的权利,包括学前、小学低年级、高年级,中学和假期学校。2012 年国民识字率为 57.8%。2014 年全国登记的中、小学有 10466 所,在校生约 180 万人,入学率已达 78%。现有 6 所大学,主要有巴新大学和巴新科技大学,学生约 7780 人。另有 21 所私营城乡国际学校,在校生 6000 余人。

一 基础教育

巴布亚新几内亚规定儿童在年满 6 岁就要接受小学的基础教育,小学教育在各地按不同语言组织进行。前三年主要是通过基础教育开发儿童的基本能力，包括语言、算术、家庭和社区价值等，还包括纪律、个人健康和尊重别人。

初级的小学教育要给儿童灌输文化自豪感；宣扬社会价值理念和生活方式；提倡社区和互助精神；为未来儿童的教育提供自信和鼓励。因此，小学的初级教育是儿童教育的一个重要的开端。

二 中等教育

9岁以后，儿童在小学的高年级继续接受基础教育。小学高年级需要6年的时间，进行双语教育。6年的学习之后，学生要具备独自生活的能力，对其社区有所贡献；能用英文理解基本的社会、科学、技术和人文的概念与价值观念（8年级以后开始学习）。9年的基础教育是每个儿童生活的良好开始。

中等教育在巴布亚新几内亚也称后基础教育。9~12年级学生的教育要使学生具备作为社区、国家或者国际社会成员的独立生活能力。通过更高级的教育和培训，学生可以参与和承担更多与日常生活有关的活动和工作。

三 灵活、开放的远程教育（FODE）

在巴布亚新几内亚，灵活、开放的远程教育主要是针对低收入人群，有潜在的广泛受众。因能克服距离上的障碍，所以可以将教育服务送达巴布亚新几内亚的任何地区。

灵活、开放的远程教育主要面向的对象人群：

- 在边远地区的6~8年级的学生；
- 在灵活、开放的远程教育体系中完成9~10年级的课程，想继续在正规的教育系统中深造的学生；
- 想完成12年级或者预科的课程，为了进一步深造的学生；
- 一些希望接受技术培训和假期培训课程的人。

四 技术和假期教育培训（TVET）

技术和假期教育提供在不同经济和社会行业都需要的实用技能、劳动和知识经验等。

商业和技术学院可以提供众多领域的课程，遍布巴布亚新几内亚全国的133个假期培训中心可以为已经完成了8年级、10年级和12年级课程的人提供全日制课程。对于公众和已经工作的人也可以提供综合培训和短期培训。

课程设置是由相关机构密切磋商确定的，例如，国家培训委员会、国家评估和商务考试委员会、企业、省政府和社区等。所有的课程都在国家资格认证机构备案。这样就形成了学校—技术和假期培训教育—就业或者是更高级别的培训教育的通道。

所有挑选出来的假期培训学校都被授予资质，对于有工作经验或者培训经历的在职人员进行技能和工作考核、评估和技能认证。

技术和假期教育培训是教育部和政府的重点，因为技术和假期教育培训的积极意义在于通过改善国家的经济和社会的条件，也改善人们生活的质量。相关培训意识的提高可以使人们在家庭和工作中更加自立，开创更有活力的生活。技术和假期教育培训系统的目标正是要增加人们和经济发展的机会。

五　高等教育

现有6所大学，在校学生约8000人。另有21所私营城乡国际学校，在校学生6000余人。主要有巴布亚新几内亚大学（University of Papua New Guinea）、巴布亚新几内亚理工大学（Papua New Guinea University of Technology）、戈罗卡大学（University of Goroka）、沃达尔大学（University of Vudal）、太平洋安息日大学（Pacific Adventist University）和圣言大学（Divine Word University）。[1]

第四节　艺术与传媒

巴布亚新几内亚文化悠久、丰富多样。[2] 这与巴布亚新几内亚的历史

---

[1] 巴新教育部网站，http：//www. education. gov. pg/index. php? content = students。

[2] http：//www. traveldocs. com/pg/culture. htm。

巴布亚新几内亚

发展息息相关。巴布亚新几内亚原有土著居民，加之后来不断涌入的来自东南亚的小股族群，逐渐形成了巴布亚新几内亚国内多民族社会，文化资源也十分丰富。

巴布亚新几内亚的文化多样性是世界上少有的，700多万人口的国家拥有800多种语言，每种语言都代表着自己的族群和文化，并用不同的形式，反映在各族群和民族的艺术、舞蹈、歌曲、音乐、建筑、绘画、服装、礼仪等方面。目前大概能分出近200种文化。虽然现代化进程给巴布亚新几内亚带来了变化，但它的人口集中在高原地区和沿海地区，以农业和小村落形态生存，因此，基本的社会结构变化不大。日常照顾孩子、耕种、饲养家畜等还是由女人承担。社会的基本单位是家庭，部落和部族。财富的所有权集中在家族男人手里。社会观念的基础是互惠和家庭责任。

1. 传统手工艺

传统的仪式还是重要的社会文化事件，因为是种族聚会，并有部族长者来主持，武士们涂着各种色图，戴着羽毛，戴着贝壳和亮丽装饰。现在22个省级行政地区都有自己的文化节和地区文化特点的表演。虽然主要是为了吸引游客，但客观上也起到了一定保持和发扬传统文化的作用。

由于语言不同，各种文化带有地区和部族特点。器皿、武器、雕刻、编织物、乐器等是因地而异，就地取材，制成各种风格迥异的工艺美术作品，表现出不同的技术和信仰，如马拉甘面具、白利安岛的渔船、巴布亚地区的陶器、岛屿地区的贝雕、塞皮克河的木雕和乐器、特罗布里恩群岛的渔具等都是典型的文化的特色。一些乡村艺术家和工艺师还设计了非常有特色的雕刻、镶嵌和壁挂等。

巴布亚新几内亚议会大厦就是按照传统的塞皮克建筑的风格修建的，是多元文化背景下的产物。在正面的墙上，由上而下以传统的立体绘画和雕刻手法将各种图案巧妙结合在一起，描述了巴布亚新几内亚的历史、人类与自然界万物的关系，并预示巴布亚新几内亚美好的未来。该大厦被国际建筑界列为世界级民族建筑典范之一。

2. 音乐舞蹈

巴布亚新几内亚人多能歌善舞。其歌舞讲究真实美感，具有浓厚的生活气息，音乐曲调适中，旋律变化平稳，动作简明流畅，朴实无华，强调以体型和手势叙事，以歌声和眼神传情，体现其对世间万事万物的爱憎情感。除全国流行的草裙舞外，较有名的民间舞蹈还有高地地区的泥人舞、塞皮克河流域的青蛙舞等。

巴布亚新几内亚的当地音乐历史悠长，传统的庆祝活动、宴会和仪式，歌唱和舞蹈是重要内容，被称为"singsing"。传统的舞蹈、音乐和歌曲充满活力，往往是伴随着多姿多彩的服装装饰，舞者随领唱与合唱团交错悠扬的歌曲，创造出一个神游般的效果。

巴布亚新几内亚的传统音乐并没有被很好和完整地记录下来。由于地理位置偏远，音乐的地区性强，巴布亚新几内亚传统的音乐一直鲜为人知。

历史上，基督教传教士在殖民时期对巴布亚新几内亚的音乐影响很大，基督教的赞美歌、教堂音乐、乐器等在巴布亚新几内亚的音乐中，加入了传统的西方文化和音乐色彩。1872年后，外国人开发矿产，并引入外籍劳工，又介绍了更多风格的音乐、歌曲和乐器。例如，来自澳大利亚矿工的风琴。进入20世纪，基督教赞美诗劳动歌和淘金热的歌曲很受欢迎，一些用当地语言演奏或演唱，也有用英语或德语演唱。到了20世纪20年代，已成为流行音乐。西方流行音乐出现在30年代后期。第二次世界大战中，盟军士兵和水手在巴布亚新几内亚推广了吉他，弦乐队非常流行，并很快占据了流行的乐坛。在60年代后期，摇滚乐的乐队出现在巴布亚新几内亚城市。同时，还有来自其他太平洋岛国的音乐，例如，来自所罗门群岛的竹乐队，在20世纪70年代中期，很快传遍了整个国家。到70年代末，摇滚和爵士乐传入巴布亚新几内亚后混合了本地和西式风格。

20世纪90年代，随着电视在巴布亚新几内亚的普及，美国流行音乐不断扩大影响力，也影响了巴新的音乐。流行音乐与巴布亚新几内亚本土音乐开始交融，出现了一些著名的歌手，并在城市开始演出。

巴布亚新几内亚具有丰富多元的文化传统，因此其艺术特点也具有多样性。巴布亚新几内亚有世界著名的木雕雕刻：面具，独木舟，故事板。不幸的是许多最好的艺术品已经流失到海外，陈列在一些国家的博物馆里。

颈符在巴布亚新几内亚高原地区地区使用,记录账目,同时也标注身份。男子在部落中的地位主要衡量的标准就是在重要的仪式上他所能得到的赏赐。①

巴布亚新几内亚的一些艺术家在当代艺术中颇为前列,其代表人物有马蒂亚斯·夸居(1944年~),蒂莫西阿基斯等,均来自首都莫尔兹比港。

3. 新闻媒体

巴布亚新几内亚两家主要的英文报纸是《国民报》和《信使邮报》,分别为马来西亚常青集团和澳大利亚默多克报业集团所有。另外皮钦语报纸为《同乡报》。

巴布亚新几内亚国家广播公司新成立一个国有电视台 KUNDU2 电视台,另一个电视台 EMTV 为私人电视台,成立于 1987 年,覆盖面较广。通过有线网络电视,可收到多个英语频道和部分中文频道。

巴布亚新几内亚共有 6 家广播电台,其中三家英语广播电台、NAU FM 和国家广播网隶属于国家广播公司,还有两家皮钦语和一家莫图语电台。

---

① http://translate.google.com.hk/translate? hl = zh - CN&langpair = en%7Czh - CN&u =. http://en.wikipedia.org/wiki/Culture_ of_ Papua_ New_ Guinea.

第六章

外　交

巴布亚新几内亚外交以往主要集中在澳大利亚及其盟国和南太平洋地区，并自我定位是南太平洋地区成员。然而，近些年来，巴布亚新几内亚也开始注重发展与亚洲国家的关系，巴布亚新几内亚已同世界上70余个国家建交。①

第一节　外交政策

巴布亚新几内亚地处大洋洲与亚洲之间，加之有过被西方殖民的历史，这就决定了其外交的特点：立足南太平洋地区，面向亚洲，联系欧美。总的来说，巴布亚新几内亚的对外关系是奉行中立政策，主张各国和平相处，增加经济往来与合作，致力于南太平洋地区的和平与稳定，支持联合国在国际事务中发挥积极作用，积极参与国际和地区事务。近年来，巴布亚新几内亚政府在继续与澳大利亚、新西兰等南太平洋国家和欧美国家发展传统关系的同时，对东亚和东南亚各国重视程度不断提高。2007年索马雷总理连任后，巴布亚新几内亚政府继续大力鼓励出口和吸引外来投资，坚持"以出口带动复苏的经济发展战略"，主张以"有选择性地交往"作为外交政策的主轴，强调"北向政策"，同时把改善与澳大利亚关系作为外交重点，积极"参与南太平洋地区事务"。

巴布亚新几内亚是联合国、不结盟运动、亚太经合组织（APEC）、

---

① 中国外交部网站：《巴布亚新几内亚国家概况》，http://www.fmprc.gov.cn/chn/pds/gjhdq/gj/dyz/1206_47/sbgx/。

太平洋岛国论坛、东盟地区论坛（ARF）、美拉尼西亚先锋集团等组织成员，有18个驻外使团。近年来，巴布亚新几内亚更加注重多边外交，对外关系更加活跃。例如，巴布亚新几内亚出席联合国成立60周年、亚太经合组织、东盟地区论坛、亚非峰会，英联邦部长和非加太集团部长会议等，并在多边外交中寻求发挥积极作用。巴布亚新几内亚利用"热带雨林国家联盟"共同主席国身份，积极谋求在气候变化问题上的发言权。[1]

2017年，巴新外交与贸易部长伦宾克·帕托（Rimbink Pato）指出，巴新外交战略主要包含五个方面：一是增强与澳大利亚、印度尼西亚、美拉尼亚国家和其他太平洋国家的近邻关系；二是增强与全球伙伴及国际组织的关系；三是拓展新的伙伴关系，助力双边贸易、发展合作与人文交流；四是为全球在气候变化、性别平等、人权等问题上做出贡献；五是做好外交培训，输送学生赴海外留学。

第二节　与南太平洋地区国家的关系

巴布亚新几内亚在南太平洋地区是除了澳大利亚之外最大的国家。由于澳大利亚和新西兰是西方移民国家，虽然在南太平洋地区是超级大国，但是它们地区身份特殊。因此，在南太平洋地区成员中，巴布亚新几内亚的角色更加重要。巴布亚新几内亚也希望能够在南太平洋地区发挥更大的作用。

巴布亚新几内亚主办了第16届美拉尼西亚先锋集团大会、第5届南太旅游组织（SPTO）大会及该组织部长理事会会议、第35届太平洋岛国论坛会议及第16届非加太—欧盟联合议会大会。在南太地区，巴布亚新几内亚还注重发展双边和此地区小多边的关系，与所罗门群岛、斐济和瓦努阿图同为美拉尼西亚先锋集团成员国。2007年3月，巴布亚新几内亚总理索马雷与所罗门群岛总理索格瓦雷、瓦努阿图总理利尼及斐济临时政府外长奈拉蒂考在瓦首都维拉港签署《美拉尼西亚先锋集团宪章》。

---

[1] 中国外交部网站：《巴布亚新几内亚国家概况》，http://www.fmprc.gov.cn/chn/pds/gjhdq/gj/dyz/1206_47/sbgx/。

第六章 外 交

2008年1月，所罗门群岛总理西库阿访问巴布亚新几内亚。4月，巴布亚新几内亚总督马塔内访问所罗门群岛。[①]

一 与澳大利亚的关系

由于历史和政治原因，与澳大利亚的关系始终是巴布亚新几内亚最重要的外交关系。巴布亚新几内亚自1975年独立以来，就同澳大利亚一直保持着特殊关系。2008年双方关系更上了一个台阶，两国签署了《澳大利亚—巴布亚新几内亚发展伙伴》(*Papua New Guinea-Australia Partnership for Development*) 协议，规划了5个重点合作发展的领域：基础教育，卫生，交通基础设施，改善公共部门和政策程序与规划。根据协议，双方还要紧密协作，为巴布亚新几内亚提供法律和司法帮助，在艾滋病防治和高等教育、技术教育及假期教育培训方面提供协助。[②]

在政治方面，两国领导人保持着密切往来，双边互访频繁。两国政府每年举行部长级磋商，还有各种级别的合作。2008年3月，澳总理陆克文访问巴新，双方发表了《莫尔兹比港宣言》，签署了《森林碳伙伴协议》。2009年4～5月，巴新总理索马雷访问澳大利亚。2009年6月，巴布亚新几内亚和澳大利亚召开了第19届部长论坛。论坛评估了《澳大利亚—巴布亚新几内亚发展伙伴》协议的实施进展，讨论了应对全球性的经济危机，双方计划强化合作，澳大利亚承诺增加对巴布亚新几内亚的援助。双方还讨论了防务合作。[③] 在两国"防务合作计划"下，澳向巴新提供包括培训和技术咨询在内的军事援助，双方定期举行联合军演。澳与巴新建立"警察伙伴关系"，派警察赴巴新协助维持社会治安。双方还建立国防部长磋商机制。2012年11月至12月，巴新总理奥尼尔访问澳大利亚。2012年12月，澳大利亚—巴新第21次部长级论坛年会在巴新首都莫尔兹比港举行。2013年4月，澳总督布赖斯访问巴新。5月，澳总理吉

---

① 中国外交部网站：《巴布亚新几内亚国家概况》，http://www.fmprc.gov.cn/chn/pds/gjhdq/gj/dyz/1206_47/sbgx/。
② 澳大利亚外交外贸部网站，http://www.ausaid.gov.au/country/papua.cfm。
③ 澳大利亚外交外贸部网站，http://www.ausaid.gov.au/country/papua.cfm。

巴布亚新几内亚

拉德访问巴新,双方签署《伙伴关系联合宣言》。2014年2月,澳外长毕晓普访问巴新。2015年3月,澳总理阿博特访问巴新,双方签署《经济合作协议》,5月,澳外长毕晓普访问巴新。

在经济方面,巴布亚新几内亚长期是澳大利亚最大的援助对象国。到2005年,巴布亚新几内亚独立后的30年间,澳大利亚共向巴布亚新几内亚提供了大约130亿澳元的援助。根据两国2004年达成的"加强合作计划",澳大利亚自2004年起5年内增加对巴布亚新几内亚援助8亿澳元。[1] 澳大利亚还帮助巴新中央政府改善向省政府和地方政府提供服务和经费的渠道,使得2009年地方政府能够多得25%的经费用于提供服务。2009年,澳大利亚还帮助巴布亚新几内亚维护和修理了2034公里的公路,改善了巴布亚新几内亚的基础设施。[2] 2010~2011年度澳大利亚对巴布亚新几内亚的全部官方发展援助(ODA)为4.57亿美元,其中澳大利亚国际发展署国家项目为4.15亿美元,其他通过区域和全球方案和其他政府机构由澳大利亚提供的援助为0.42亿美元。

澳大利亚也是巴新最大的贸易与投资伙伴,澳投资占外国在巴新投资的近2/3。澳大利亚与巴布亚新几内亚进口签订了《巴—澳贸易和经济合作协定》。根据上述协定,澳大利亚方面给予从巴布亚新几内亚进口的产品以免税和非限制性准入待遇。

巴布亚新几内亚在澳大利亚的对外贸易中不占重要的地位,相反澳大利亚是巴布亚新几内亚的第一大贸易伙伴,双方在贸易上是一种不对称的关系(见图6-1和图6-2)。2015~2016澳大利亚财政年度,澳与巴新贸易额49.53亿澳元,其中从巴新进口33.13亿澳元,出口16.4澳元。[3] 2010年澳大利亚对巴布亚新几内亚的出口为18.2亿美元,进口27.1亿美元,分别占澳大利亚出口额和进口额的0.9%和1.4%。2009年巴布亚新几内亚对澳大利亚出口额为23.1亿美元,进口额16.2亿美元,分别占巴布亚新几内

---

[1] 中国外交部网站:《巴布亚新几内亚国家概况》,http://www.fmprc.gov.cn/chn/pds/gjhdq/gj/dyz/1206_47/sbgx/。
[2] 澳大利亚外交外贸部网站,http://www.ausaid.gov.au/country/papua.cfm。
[3] 澳大利亚外交外贸部网站,http://www.ausaid.gov.au/country/papua.cfm。

亚出口额和进口额的29.9%和43.3%。巴布亚新几内亚对澳大利亚主要出口的产品包括黄金、原油、加工后的石油和咖啡等，巴布亚新几内亚从澳大利亚进口的产品主要包括工程设备和零部件、特殊设备和零部件等。

2016年，巴新对澳大利亚出口、进口总额分别为14.45亿美元、18.11亿美元。

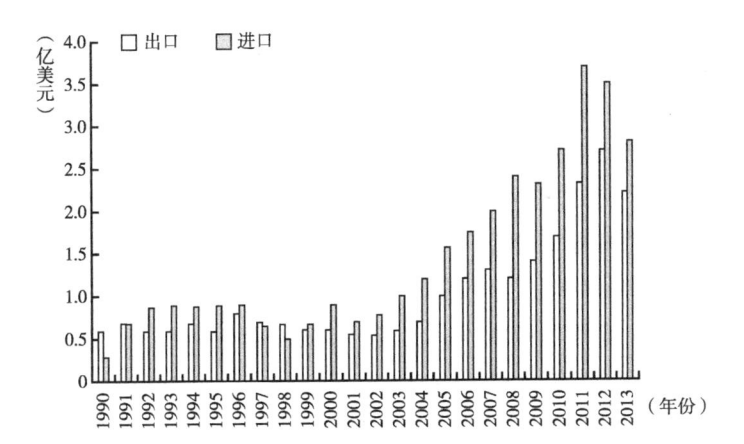

图6-1　1990~2013年澳大利亚对巴布亚新几内亚进出口

资料来源：世界贸易一体化解决方案（WITS）。

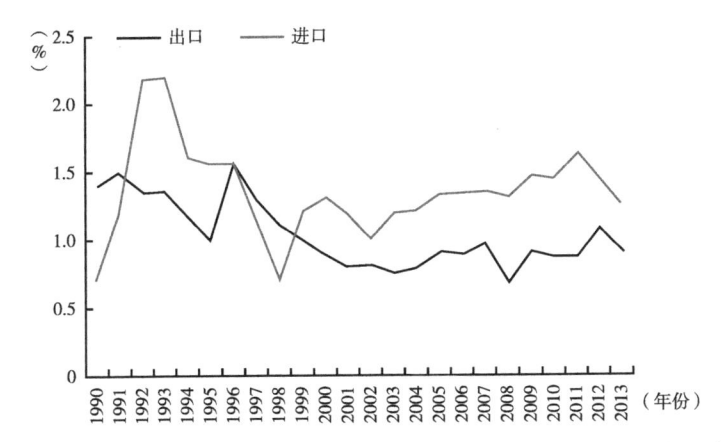

图6-2　1990~2013年澳大利亚对巴布亚新几内亚进出口占全部进出口的比重

资料来源：世界贸易一体化解决方案（WITS）。

巴布亚新几内亚

澳大利亚也是巴布亚新几内亚最大的投资伙伴,澳大利亚的海外投资中对巴布亚新几内亚的投资占 2/3。截止到 2009 年,澳大利亚在巴布亚新几内亚的投资累计达到 44.42 亿澳元,巴布亚新几内亚在澳大利亚的投资累计达到 15.2 亿澳元。

在军事方面,巴布亚新几内亚是澳大利亚的邻国,是非常重要的安全因素。在两国"防务合作计划"下,澳大利亚向巴布亚新几内亚提供包括培训和技术咨询在内的军事援助,双方定期举行联合军演。2007 年 3 月,第 23 届澳大利亚—巴布亚新几内亚商业论坛在澳城市凯恩斯举行。2008 年 3 月,澳大利亚总理陆克文访问巴布亚新几内亚,双方发表了《莫尔兹比港宣言》,签署了《森林碳伙伴协议》。2009 年 4 月至 5 月,巴布亚新几内亚总理索马雷访问澳大利亚。2009 年 6 月,澳大利亚—巴布亚新几内亚第 19 次部长级论坛年会在澳大利亚布里斯班市举行。[①] 澳与巴新还建立国防部长磋商机制。此外,双方还有"警察伙伴关系",澳大利亚可以派警察赴巴新协助维持社会治安。

在社会方面,澳大利亚政府和巴布亚新几内亚政府加强合作,在乡村建立法院,改善法院的信息管理系统,培训乡村法官。为了让妇女也能得到同样的法律保护,还专门培训女性法律工作者,从 2004 年的 10 人增加到 2009 年的 384 人。[②] 此外,澳大利亚还通过培训警察,帮助布干维尔自治区恢复法制,还帮助修建法院的用房、监狱和社区司法中心等,以促进乡村的法制建设和社会稳定。

在教育方面,2010 年澳大利亚为巴布亚新几内亚的小学提供了教科书,2009 年援建了教室、教师用房,以及学校的公共设施,例如,图书馆、行政楼等。为此,巴布亚新几内亚的基础教育有了较明显的改进。与 2006 年相比,2009 年巴布亚新几内亚多招收了 3 万名小学生,基础教育的完成率也从 2006 年的 41.5% 提高到 2009 年的 56.9%。[③]

---

① 中国外交部网站:《巴布亚新几内亚国家概况》,http://www.fmprc.gov.cn/chn/pds/gjhdq/gj/dyz/1206_47/sbgx/。
② 澳大利亚外交外贸部网站,http://www.ausaid.gov.au/country/papua.cfm。
③ 澳大利亚外交外贸部网站,http://www.ausaid.gov.au/country/papua.cfm。

第六章 外 交

在卫生方面，2008年，澳大利亚为90万名儿童提供了麻疹和其他疾病的疫苗，占巴布亚新几内亚6个省95%的儿童。2009年，针对巴布亚新几内亚暴发霍乱，澳大利亚及时向巴布亚新几内亚提供了净水技术、医药援助、试验设备、防治信息等全面的援助。

澳大利亚还在防治艾滋病方面与巴布亚新几内亚进行合作。截至2009年底，有226套设备已经遍布巴布亚新几内亚各地，进行免费艾滋病检验，并为11.5万人进行了检查。① 此外，还提供了避孕工具。

二 与新西兰的关系

自巴布亚新几内亚1975年独立，巴新与新西兰就建立了外交关系，从此，两国一直保持着密切关系。双边关系包括定期的政治磋商，大规模的援助项目和防务合作，以及商务网络等。

新西兰和巴布亚新几内亚是伙伴关系，在地区和双边问题上有着共同利益。因此，双边保持着高层次的定期交往。2006年2月，巴布亚新几内亚总督马塔内访新；5月，新西兰外长彼得斯访巴布亚新几内亚。2007年12月，新西兰外长彼得斯访问巴布亚新几内亚，并与巴布亚新几内亚外长阿巴尔共同主持两国外长双边磋商。2009年1月，新西兰总理约翰·基和外长麦卡利访问了巴布亚新几内亚；9月，新西兰总督萨特亚南德访问巴布亚新几内亚。2010年2月萨姆·阿巴尔副总理访问新西兰。2010年4月，巴布亚新几内亚总理索马雷访问新西兰；2014年3月，新西兰国防军司令基廷访问巴新。

在新西兰与南太平洋岛国的双边贸易中，巴布亚新几内亚排在第二位，仅次于斐济。2010年上半年，双边贸易额达到1.62亿新西兰元，比2009年同期增长7%。新西兰有2500人居住在巴布亚新几内亚。巴布亚新几内亚是新西兰在南太平洋地区第三大出口市场。

巴布亚新几内亚是新西兰最大的援助对象国。新西兰对巴布亚新几内亚的援助在2007～2008财政年度为2150万新西兰元；2008～2009年度为2250万新西兰元；2009～2010年度增加到2700万新西兰元；2010～2011

---

① 澳大利亚外交外贸部网站，http://www.ausaid.gov.au/country/papua.cfm。

财政年度达 2900 万新西兰元。新西兰的援助主要用于改善社会服务，特别是教育和卫生条件，为农村地区的人们提供更多的机会，因此，援助主要集中在卫生、教育和农村经济发展等方面。新西兰的援助还包括对布干维尔自治区的援助，提高布干维尔自治区政府的政策能力和法律、规章的建设。1999 年，当巴布亚新几内亚遭遇经济危机之时，新西兰积极倡导成立"巴布亚新几内亚朋友集团"，为巴布亚新几内亚提供援助。此外，还在多边和地区场合，援助巴布亚新几内亚大约 700 万新西兰元。[①]

防务合作是巴布亚新几内亚和新西兰合作的又一个重要领域。两国军队在互相支援框架下进行防务合作。一些巴布亚新几内亚的军官在新西兰接受训练，一些新西兰军官在巴布亚新几内亚担任军事顾问。

第三节　与欧美国家的关系

一　与美国的关系

第二次世界大战中，美国就是在巴布亚新几内亚开始扭转了战略被动，巴布亚新几内亚在美国对外战略中的地位十分重要。1975 年巴布亚新几内亚独立时，美国随即与之建立了外交关系。

美国与巴布亚新几内亚签有防务合作和联合军事演习等协议，巴布亚新几内亚允许美军舰停靠其港口。根据与美的《国防安排规划》，巴布亚新几内亚派军官赴美进行培训。美向巴布亚新几内亚提供大量人道主义援助，为巴布亚新几内亚布干维尔自治区重建等提供帮助。2001 年"9·11"事件后，巴布亚新几内亚政府谴责国际恐怖主义，支持国际反恐行动。2005 年 5 月，美国医疗舰"迈尔西"号访问马当省，为马纳姆火山爆发灾区灾民提供医疗服务。2006 年 2 月，美国防部向巴布亚新几内亚军方提供 36 万美元捐款，用于艾滋病防控；12 月，美国前总统克林顿访巴布亚新几内亚，就克林顿基金会与巴布亚新几内亚防控艾滋病开展合作进行商谈。美目前

---

① 新西兰外交部网站，http：//www.mfat.govt.nz/Countries/Pacific/Papua－New－Guinea.php。

第六章 外 交

有100名和平队志愿人员在巴布亚新几内亚学校、医院服务。① 2015年6月至7月,美军"仁慈号"医院船访问巴新布干维尔自治区和东新不列颠省,为当地居民提供医疗服务,并开展防灾减灾合作演练与培训。

双边比较成功的合作还有签署《美国与太平洋岛屿多边金枪鱼保护协定》,根据该协定,美国每年向签约方提供1800万美元,美国渔船可以来签约方海域捕鱼。

美国国际发展机构每年向巴布亚新几内亚提供150万美元用于艾滋病防治工程。2008年,美国还向巴布亚新几内亚提供了人道主义援助。学校和卫生工程项目使巴布亚新几内亚2.5万人得到了医疗保险。

美国还支持巴布亚新几内亚政府保护生物多样性的努力,因为巴布亚新几内亚有丰富的热带珊瑚礁资源,保护珊瑚,有利于保护渔业资源和保障食品安全。

美国驻夏威夷的部队为巴布亚新几内亚军队提供训练和联合演习。同时,美国还为巴布亚新几内亚安全官员提供教育和培训。

2009年巴布亚新几内亚对美国出口不到1亿美元,从美国进口2.39亿美元。2010年11月,美国务卿希拉里·克林顿访问巴新。2011年10月,美将国际开发署太平洋岛国地区办公室(USAID)迁至巴新,并动工兴建3万平方米的美驻巴新使馆。2014年4月,美军太平洋司令部司令洛克利尔访问巴新。美埃克森美孚公司投资190亿美元建设巴新液化天然气项目(PNG-LNG),使美成为巴新目前最大的单一外来投资国。目前有100名美国和平队志愿人员在巴新学校、医院服务。

二 与欧洲国家的关系

巴布亚新几内亚是英联邦成员,与英国关系深厚,同英国签有防务合作协定,英国每年向巴布亚新几内亚提供约10万美元的援助。2002年4月,巴布亚新几内亚总督阿托帕尔赴英国出席女王执政50周年庆典。

---

① 中国外交部网站:《巴布亚新几内亚国家概况》,http://www.fmprc.gov.cn/chn/pds/gjhdq/gj/dyz/1206_47/sbgx/。

2008年7月，索马雷总理访问英国。2015年6月，奥尼尔总理赴英、比、法等欧洲三国访问，期间受到英国女王伊丽莎白接见。2015年7月，英国约克公爵安德鲁王子赴巴新出席太平洋运动会开幕式。①

法国一直关注南太平洋地区。法国于1996年12月同巴布亚新几内亚签订友好合作框架协议。2006年6月，巴布亚新几内亚总理索马雷出席在巴黎举行的第二届法国—大洋洲峰会。

欧盟在巴布亚新几内亚派有常驻代表。1977年以来，欧盟共向巴布亚新几内亚提供超过27亿基那的援助。2004年11月，巴布亚新几内亚前外长卡普廷当选非加太集团秘书长，主持该集团与欧盟的贸易与援助谈判工作。2006年2月，欧盟与巴布亚新几内亚政府签署协定，承诺6年内向巴布亚新几内亚提供1.56亿基那的教育援助。2007年11月，迫于欧盟对其金枪鱼和蔗糖增加进口税的压力，巴布亚新几内亚与欧盟签署临时《经济伙伴协议》。欧盟于2008年至2013年间向巴布亚新几内亚提供1.423亿欧元援助。2012年11月，英国王储查尔斯访问巴新。截至2013年10月，欧盟已向巴新累计提供4.15亿基那援助资金。

第四节　与亚洲国家的关系

一　同东盟国家的关系

东盟成员国的经济发展迅速，特别是近年来，邻国印度尼西亚的经济健康发展，对巴布亚新几内亚影响很大。另外，东盟一体化步伐在加快，也对巴布亚新几内亚的经济有所促进。因此，加强与东盟国家的关系是巴布亚新几内亚对外关系的重点之一。近年来，巴布亚新几内亚外长一直以观察员身份出席东盟外长会议。1994年，巴布亚新几内亚成为东盟地区论坛（ARF）成员。马来西亚是巴布亚新几内亚第二大投资国，仅次于澳大利亚。印度尼西亚、新加坡、菲律宾也有许多私营企业在巴布亚新几内亚

---

① 中国外交部网站：《巴布亚新几内亚国家概况》，http：//www.fmprc.gov.cn/chn/pds/gjhdq/gj/dyz/1206_47/sbgx/。

第六章 外 交

投资。2007年12月，巴布亚新几内亚总理索马雷出席在印度尼西亚巴厘岛举行的"气候变化大会"，期间会见了印度尼西亚总统苏西洛和新加坡总理李显龙。2009年4月，巴布亚新几内亚总理索马雷访问菲律宾。[①] 2013年3月，泰国总理英拉访问巴布亚新几内亚。2013年6月，巴新总理奥尼尔访问印度尼西亚。2013年11月，巴新总理奥尼尔赴印度尼西亚出席亚太经合组织第二十一次领导人非正式会议并会见印度尼西亚、越南等国领导人。

二　同日本的关系

日本是巴布亚新几内亚第二大贸易伙伴和第二大援助来源国。2009年巴布亚新几内亚对日本出口5.76亿美元，从日本进口1.73亿美元，对日贸易顺差4.03亿美元。2016年，巴新向日本出口额为8.29亿美元，进口额为1.81亿美元。1974年以来，日提供的援助共约32亿基那，年均援助额占外国援助总额的24%。近年来，两国政治和经贸关系发展迅速，人员往来增多（见图6-3、图6-4和图6-5）。2005年2月，巴布

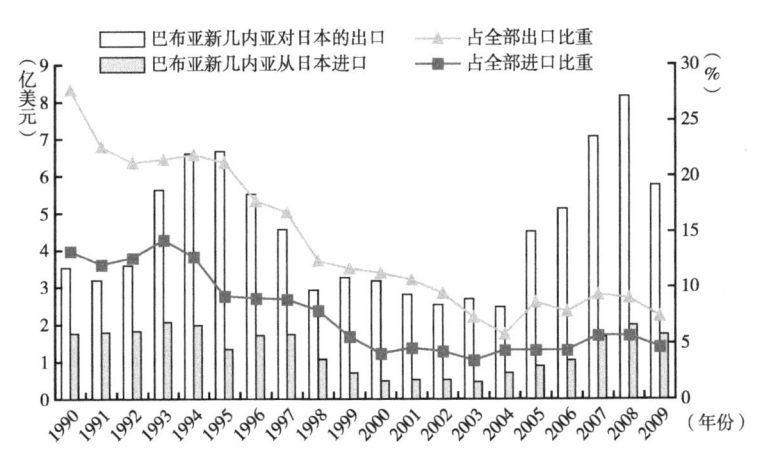

图6-3　1990~2009年巴布亚新几内亚对日本的进出口

资料来源：联合国贸易数据库。

---

① 中国外交部网站：《巴布亚新几内亚国家概况》，http://www.fmprc.gov.cn/chn/pds/gjhdq/gj/dyz/1206_47/sbgx/。

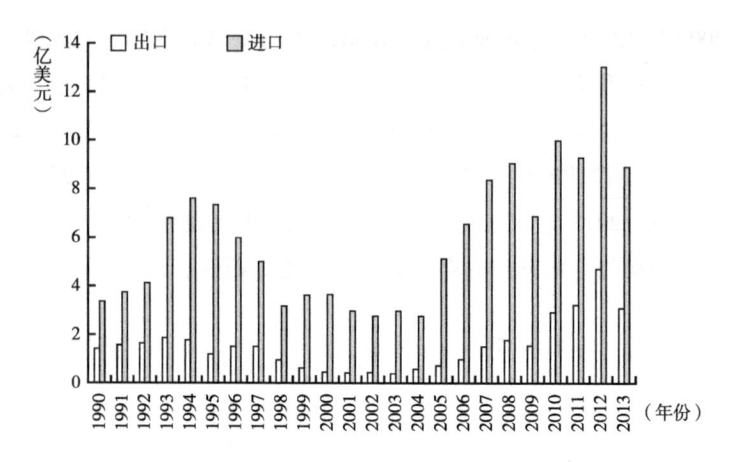

图6-4 日本对巴布亚新几内亚的进出口

资料来源：世界贸易一体化解决方案（WITS）。

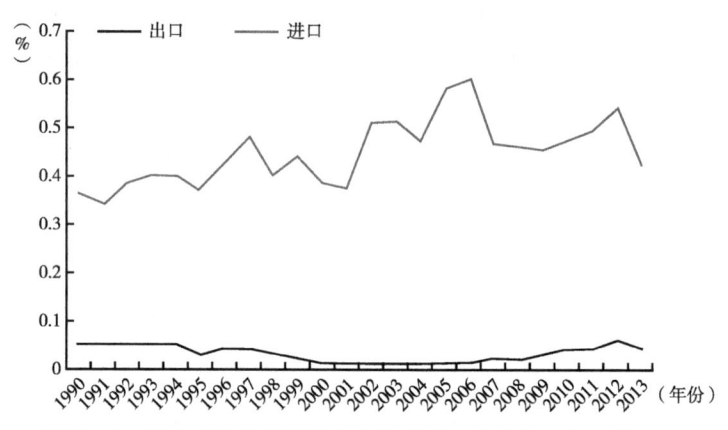

图6-5 日本对巴布亚新几内亚的进出口占全部进出口的比重

资料来源：世界贸易一体化解决方案（WITS）。

亚新几内亚总理索马雷访日，会晤日天皇明仁及首相。2006年2月，外长纳马柳访日，为第4届日本—太平洋岛国论坛（PALM 2006）做准备；5月，总理索马雷访日，会晤天皇及首相；7月，巴布亚新几内亚—日本第4届政策磋商会议在巴布亚新几内亚举行；8月，日本外务副大臣访巴布亚新几内亚。2009年5月，索马雷总理赴日本出席第5届日本—太平洋岛国论坛会议。① 2010年10月,副总理波利赴日本出席第五届日本—太平洋岛国领导人会议部长级会议。2011年3月日本发生强烈地震并引发海啸后,索马雷总理表示将向日捐款1000万基那用于灾后重建。2012年5月,巴新驻日大使代表奥尼尔总理出席在日举行的第六届日本—太平洋岛国领导人会议。2013年3月,奥尼尔总理访问日本。2013年5月,日本副外相山口壮访问巴新。2013年10月,外长帕托赴东京出席日本与太平洋岛国领导人会议(PALM)第二届部长级会议。2014年7月,日本首相安倍晋三访问巴新。2015年5月,巴新总理奥尼尔赴日出席第七次日本—太平洋岛国领导人会议,与日首相安倍晋三举行双边会见。2015年10月,奥尼尔总理正式访问日本。

三 同韩国的关系

韩国是巴布亚新几内亚第四大贸易伙伴。2003年12月,韩国海军舰艇编队访问巴布亚新几内亚,期间与巴布亚新几内亚国防军伊劳司令举行会谈。2004年12月,两国签署协议,韩国向巴布亚新几内亚提供2000万基那,用于韦瓦克排水项目。2005年2月,韩国就在巴布亚新几内亚投资8200万基那建造乙醇制造厂与巴布亚新几内亚签署协议。2006年7月,韩国商业、工业与能源副部长访巴布亚新几内亚并签署积极参加巴布亚新几内亚能源开发的备忘录。② 2011年5月,外长波利赴韩国出席首届韩国—太平洋岛国外长会议。

第五节 与中国的关系

随着两国政治交往升温和双方经济发展前景趋好,巴布亚新几内亚对中国经济的依赖在加深。巴布亚新几内亚愿意与中国继续发展双边和商业

---

① 中国外交部网站:《巴布亚新几内亚国家概况》,http://www.fmprc.gov.cn/chn/pds/gjhdq/gj/dyz/1206_47/sbgx/。
② 中国外交部网站:《巴布亚新几内亚国家概况》,http://www.fmprc.gov.cn/chn/pds/gjhdq/gj/dyz/1206_47/sbgx/。

关系，期望能够从中国及其作为全球经济力量不断增长的影响中获得收益。

中国—太平洋岛国经济发展合作论坛以促进中国和太平洋岛国地区经贸交流与合作、实现共同发展为宗旨，原则上每4年举办一次，在太平洋岛国地区和中国轮流召开，成员由中国和太平洋岛国地区各国组成，是一种以经济合作发展为主题的论坛。首届中国—太平洋岛国经济发展合作论坛于2006年4月5~6日在斐济楠迪召开。主要合作领域包括贸易、投资、旅游、农渔业、运输、金融、人力资源开发等领域的交流与合作。巴布亚新几内亚是其中重要成员。

2008年，9月7日，中国—太平洋岛国经济发展合作论坛投资、贸易、旅游部长级会议在厦门召开。此次会议提出双方发展目标为：扩大双边贸易、鼓励投资，加强旅游能源合作。

2014年11月，习近平主席会见参加"中国—太平洋岛国论坛"的巴新总理，双方领导人希望进一步推动渔业领域合作。

一 双边政治关系

1976年10月12日中国同巴布亚新几内亚建交。建交以来，两国关系发展基本顺利。1977年10月，中国首任兼职大使到任。1980年11月，中国驻巴布亚新几内亚使馆正式开馆。1983年6月，中国常驻大使赴任。1988年4月，巴布亚新几内亚在北京设使馆，并派常驻大使。

自建交以来，双方保持高层的互访，中方历年来访问巴布亚新几内亚的主要领导人有：国务院副总理李先念（1980年5月），副总理兼外长钱其琛（1996年7月），副总理曾培炎（2007年3月）、李克强（2009年11月），全国人大常委会副委员长朱学范（1982年12月）、田纪云（1994年4月）、王汉斌（1996年10月）、热地（2003年4月）、许嘉璐（2005年9月，出席巴布亚新几内亚独立30周年庆典），全国政协主席李瑞环（2001年11月），中共中央政治局委员、书记处书记、中宣部部长刘云山（2003年9月），中央军委委员、中国人民解放军总参谋长陈炳德（2009年10月），中联部部长王家瑞（2005年5

第六章 外　交

月）、外交部部长李肇星（2006年8月）、外交部副部长王光亚（2001年3月）、周文重（2004年1月）、杨洁篪（2005年10月）、外经贸部副部长孙振宇（2001年3月）、中国—太平洋岛国论坛对话会特使杜起文（2010年2月）等。

巴布亚新几内亚方访华的主要有：总督阿托帕尔（2003年7月底8月初）、马塔内（2006年10月）、总理莫劳塔（2001年5月）、索马雷（2004年2月、2009年4月），议长纳罗科比（2000年5月）、副总理兼林业部部长奥吉奥（2001年9月）、渔业部部长加纳拉福（2000年5月）、外交部部长卡普廷（2000年8月）、纳马柳（2005年7月）、阿巴尔（2009年4月），国防部部长吉尼亚（2001年7月）、古巴戈（2005年9月）、达达埃（2008年5月），卫生部部长汤姆斯科（2002年3月），石油和能源部部长阿韦（2003年10月、2005年5月）、杜马（2009年3月），教育部部长莱莫（2004年10月）、矿业部部长阿科伊泰伊（2005年4月）、商工部部长卡普里斯（2008年3月）、国企部部长阿瑟·索马雷（2009年8月）、国防军司令伊劳（2009年6月）、总理府秘书长卡利诺埃（2003年11月）。

巴布亚新几内亚与中国同为很多地区合作组织和国际组织的成员，在多边场合高层会见频繁，主要有：2003年至2008年，胡锦涛主席和索马雷总理每年在亚太经合组织（APEC）领导人非正式会议期间举行会见。2005年4月，胡锦涛主席在出席雅加达亚非峰会期间会见索马雷总理。2006年4月，温家宝总理在出席中国—太平洋岛国经济发展合作论坛首届部长级会议期间会见索马雷总理。2004年11月智利圣地亚哥APEC会议期间，李肇星外长和纳马柳外长举行会见。2007年9月悉尼APEC会议期间，杨洁篪外长和阿巴尔外长举行会见。2010年9月，温家宝总理在天津出席第四届夏季达沃斯论坛期间会见索马雷总理，李克强副总理在北京会见并宴请索马雷总理。2012年9月，李克强副总理在宁夏银川会见出席"中国（宁夏）国际投资贸易洽谈会"的奥尼尔总理。2013年10月，全国人大常委会委员长张德江会见来访的巴新议长佐伦诺克。2013年11月，汪洋副总理在广州会见出席"第二届中国—太平洋岛国经济发展合作论坛暨 2013 中国国际绿色创新技术产品展"的奥尼尔总理。2014 年 11 月，习近平主席在北京会见来华出席亚太经合组织（APEC）第二十二次领导人非正式会议的奥尼尔总理。同月，习近平主席在斐济楠迪同奥尼尔总理举行会晤。2015 年 9 月 1 日在北京习近平主席会见巴布亚新几内亚总督奥吉奥。2016 年 7 月 6 日在北京李克强总理同巴布亚新几内亚总理奥尼尔举行会谈。2016 年 7 月 7 日在北京习近平主席会见巴布亚新几内亚总理奥尼尔。

两国外交部有磋商机制，现已进行了 10 次磋商。

两国有友好省、市关系 4 对。

①1988 年　济南市与巴新首都莫尔兹比港市

②1998 年 6 月　山东省与巴新东塞皮克省

③2000 年 5 月　福建省与巴新东高地省

④2006 年 9 月 26 日　海南省与巴新东新不列颠省

两国关系曾经历波动。1997 年底，巴布亚新几内亚总理竞选，斯卡特接替陈仲民当选巴布亚新几内亚政府总理。斯卡特上台以后，完全违背陈仲民在对待台湾问题上的一贯政策，在斯卡特的操纵下，1999 年 7 月 5 日，巴布亚新几内亚外长同台湾当局在台北签署了"建交"公报。为此，中国政府随即于当天提出了强烈抗议。斯卡特于 1999 年 7 月 7 日，在国会通过不信任案之前宣布辞职。7 月 21 日，巴布亚新几内亚新任总理莫劳塔发表声明，宣布前任总理斯卡特于 7 月 5 日与台湾当局签署的所谓"建交"公报无效，不予承认，巴布亚新几内亚新政府坚持 1976 年中、巴布亚新几内亚建交公报的原则，继续执行"一个中国"的政策，保持同北京的外交关系。

二　双边经济关系

（一）双边贸易

中国与巴新之间的非官方贸易始于 20 世纪 60 年代。自 1976 年建交以来，双方各领域交流与合作不断扩大，经贸关系发展迅速。巴新矿产、林业、渔业等自然资源丰富，中国有广阔的市场和技术，双方在经济上有

第六章 外 交

较强的互补性，互利合作的前景十分广阔。中国与巴新两国于1991年签署了《关于促进和保护投资协定》，1994年签署了《避免双重征税和逃税的协定》，1996年签署了《渔业合作协定》《贸易协定》。2005年4月，巴新承认中国完全市场经济地位。中国与巴新贸易规模不大，但近年来贸易额保持快速增长。巴新已成为中国在南太地区除马绍尔群岛外的第二大贸易伙伴。根据中国海关统计[1]，2013年，中巴新贸易额为13.53亿美元，同比增长5.5%。其中中国进口8亿美元，同比增长24.5%，中国出口5.53亿美元，同比下降13.6%。据中国海关统计，近年来，中国对巴新出口商品主要类别包括：(1) 机械器具及零件；(2) 钢铁制品；(3) 电机、电气、音像设备及其零附件；(4) 塑料及其制品；(5) 橡胶及其制品；(6) 其他纺织制品、成套物品、旧纺织品；(7) 鞋靴、护腿和类似品及其零件；(8) 钢铁；(9) 车辆及其零附件，但铁道车辆除外；(10) 家具、寝具、灯具、活动房。中国从巴新进口商品主要类别包括：(1) 木及木制品、木炭；(2) 矿物燃料、矿物油及其产品、沥青等；(3) 谷物粉、淀粉等或乳制品。据中国海关统计，2014年中巴新贸易总额20.53亿美元，同比增长51.8%，其中中国对巴新进口额14.16亿美元，同比增长77.1%，出口额6.37亿美元，同比增长15.2%。巴新超过马绍尔群岛成为中国同太平洋岛国的最大贸易伙伴。[2]

巴布亚新几内亚与亚洲接壤，目睹东亚地区长期的高速发展，发展与亚洲关系的愿望越来越强。中国是东亚地区发展成功的大国，也是巴布亚新几内亚重点要发展关系的对象。中国与巴布亚新几内亚两国经济结构有很大的互补性，发展经济关系有天然的良好基础。

巴布亚新几内亚是中国南太平洋岛国中最大的贸易伙伴。据中国海关统计，2009年，中巴双边贸易额达8.9亿美元，同比增长4.7%，其中中国出口5.3亿美元，同比增长53.3%；进口3.6亿美元，同比下降

---

[1] 驻巴布亚新几内亚经商参处：《中国与巴新经贸合作简介》，2015年7月15日，http://pg.mofcom.gov.cn/article/zxhz/hzjj/201507/20150701045556.shtml。
[2] 驻巴布亚新几内亚经商参处：《巴新成为我太平洋岛国最大贸易伙伴》，2015年2月19日，http://pg.mofcom.gov.cn/article/jmxw/201502/20150200901009.shtml。

30.6%。中国主要从巴布亚新几内亚进口原材料等三大类产品,即木材、矿石和原油等,这三大类产品占全部进口产品的99%以上。中国成为巴布亚新几内亚最大的热带木材出口对象国,占巴布亚新几内亚原木出口总量的80%以上,约占中国进口原木总量的6.4%,占中国与巴布亚新几内亚贸易总额的88%左右,并呈逐年上升趋势。中国对巴布亚新几内亚出口的商品主要为谷物以及纺织品、服装、鞋类等轻工产品和机电产品等。这三大类产品出口中国对巴布亚新几内亚出口的16%。

由于中国近年经济增长很快,对原材料的需求增加迅猛,而巴布亚新几内亚又是个资源丰富的国家,因而也就扩大了对巴布亚新几内亚的原材料的需求。反过来,中国对巴布亚新几内亚的出口主要是中国的优势产品,中国物美价廉的产品深受当地人喜爱。过去12年,两国双边贸易显著增长,带来巴布亚新几内亚经济的稳定增长。

从双边贸易平衡情况来看,中国对巴布亚新几内亚的贸易一直是逆差,且有上升趋势。主要的原因是中国的进口需求上升,而巴布亚新几内亚是个比较落后的国家,购买能力有限,对中国产品的需求增长有限,导致中国对巴布亚新几内亚的贸易逆差。在一定时期内,这种逆差情况还会扩大。

两国之间的经贸关系显著成长并不断壮大(参见表6-1和表6-2)。两国在1990年签订了正式的经贸合作谅解备忘录和1997年7月签署了框架贸易协定。这些协议为两国不断探索如何增加和扩大贸易提供了基础。巴新是中国在南太平洋最大的贸易伙伴,而中国是巴新第六大贸易伙伴。2012年以来,两国之间的双边贸易已经增长到13亿美元。据中国海关统计,2014年,中巴新贸易额为20.53亿美元,同比增长51.8%,其中中国出口额为6.37亿美元,同比增长15.2%;进口额为14.16亿美元,同比增长77.1%。巴新超过马绍尔群岛成为中国同太平洋岛国最大贸易伙伴。2015年,中巴新贸易额为27.98亿美元,同比增长36.3%,其中中国出口额为9.89亿美元,同比增长55.4%;进口额为18.08亿美元,同比增长27.7%。①

---

① 中国外交部网站:《巴布亚新几内亚国家概况》,http://www.fmprc.gov.cn/chn/pds/gjhdq/gj/dyz/1206_47/sbgx/。

表 6-1　2008~2012 年巴布亚新几内亚同中国的贸易情况

单位：亿美元

年份	贸易总额 （出口和进口）	巴新出口中国	巴新进口中国	贸易差额
2008	1712.4	603.7	1108.7	-505.0
2009	2177.0	415.8	1761.2	-1345.4
2010	2065.2	996.1	1069.1	-73.0
2011	2299.1	985.3	1313.8	-328.5
2012	3904.3	1175.8	2728.5	-1552.7

注：• 自 2008 年以来，巴新同中国的贸易一直保持逆差。

• 自 2012 年以来，两国间的贸易总额已达 13 亿美元。同 2009 年的时候的 20 亿美元贸易额相比，虽然有一定滑落，但这也恰恰解释了巴新严重依赖中国的工业制品程度有所改善。同时，人民币升值，也使贸易额减小。

资料来源：中国商贸处，2013 年 10 月统计。

表 6-2　中国巴布亚新几内亚双边贸易主要商品结构

单位：亿美元，%

中国主要出口商品	金额	占比	中国主要进口商品	金额	占比
谷物	0.4	19.5	木及木制品；木炭	4.2	90.2
机器设备	0.4	19.0	加工过的植物油脂	0.4	9.5
电器设备	0.3	13.3			
服装及纺织品	0.3	13.1			
钢铁	0.1	5.1			
汽车等	0.07	3.2			

资料来源：联合国贸易数据库 2007 年数据。

（二）双边投资

截至 2009 年底，中国在巴布亚新几内亚非金融领域直接投资总额为 3.2 亿美元，目前巴布亚新几内亚尚未在中国开展投资业务。根据巴布亚新几内亚投资促进局统计，1993~2008 年，中国成为巴布亚新几内亚第五大外资来源国。

根据中国商务部统计，2009 年中国企业在巴布亚新几内亚新签承包工程合同 33 份，合同金额 7.4 亿美元。2009 年完成营业额 6.4 亿美元；

年末在巴布亚新几内亚务工人数 1879 人。新签大型项目包括中国恩菲工程技术有限公司承建的亚瑞木镍钴项目和该项目的设计采购、中国二十冶建设有限公司承担的瑞木镍钴项目等。

巴新已成为中国在南太平洋地区的最大的投资目的地。中国在巴新的投资规模迅速扩大，其中旗舰项目有中国冶金建设公司（CMCC）运作的瑞木镍钴项目，该项目的合作价值约可达到 15 亿美元。在马当，该矿以最快的速度开始出矿。在巴新还有一些大型投资项目同中国国有企业合作，如中国港湾建设公司（CHEC）、中国建筑材料集团有限公司（CNBM）、华为科技、中国中铁、中石化、中国新型建材等。中国在巴新的投资总额在 2013 年已经超过 20 亿美元。2014 年，中国在巴新非金融领域直接投资总额约为 4.48 亿美元。截至 2015 年，中国在巴新非金融领域直接投资总额约为 25 亿美元。

（三）重要合作项目

中国冶金建设集团投资 13 亿美元与巴布亚新几内亚共同开发的拉姆（Ramu）镍钴矿项目是迄今为止中国在太平洋岛国地区最大的一笔投资，同时也是中国企业在海外投资的最大的金属资源项目之一。目前巴布亚新几内亚还不生产镍、钴，拉姆镍钴矿位于巴布亚新几内亚马当省（Madang Province），根据矿产储量的估计，年产镍 33000 吨、钴 3000 吨，预计可开采 40 年。拉姆镍矿的投产将增加巴布亚新几内亚矿产品出口的种类。通过与巴布亚新几内亚政府的合作，中国冶金建设集团（下称"中冶集团"）与澳大利亚高地太平洋公司（Highlands Pacific）获得合资开发的权利，中冶集团拥有合资企业 85% 的股权，并负责该项目的工程建设、提供建设资金以及前期的开发和建设。而高地太平洋公司初期持有拉姆镍钴矿项目 8.56% 的股份，不过在偿还项目融资债务后其持股将提高至 11.3%，该公司还拥有以市场价再购入拉姆镍钴矿项目 9.25% 的股份的选择权，如果购入股权的话，其总持股将提高至 20.55%。当时估计，该项目的总投资约为 6.5 亿美元，是目前中国公司在海外除石油以外最大的矿产资源投资项目。矿山开采的矿石将通过一条 132 公里泥浆管道运往拉伊海岸（Rai Coast）巴萨穆克湾（Basamuk Bay）的一座加工厂。2006 年

第六章 外交

11月，拉姆镍钴矿项目正式起动，于2009年下半年投产，项目总投资约8亿美元，成为巴布亚新几内亚2009年经济增长的亮点。该项目的成功开发，将进一步促进巴布亚新几内亚矿业的发展，提升巴布亚新几内亚在国际社会中的形象与地位；同时也大大缓解我国镍钴资源供应的严重不足，更好地推动两国经贸合作向更广阔的领域发展。

巴布亚新几内亚投资促进局数据显示，2002~2006年上半年，共有198家中资企业在巴布亚新几内亚注册成立。中国仅位于马来西亚之后，保持着巴布亚新几内亚第二大亚洲投资国地位，协议投资金额为5773万美元，为当地居民创造就业1669个。投资主要集中在资源开发、工程承包、批发零售业、制造业等领域。批发零售企业138家，占企业总数的70%。其中，经商务部批准在经商处备案的中资企业11家，中方员工人数258人。中国投资对于巴布亚新几内亚近年来经济稳步发展提供了条件（见表6-3和表6-4）。

表6-3 中国企业在巴布亚新几内亚从事的主要项目

中资企业	项目
中国电工设备总公司	东高地扬开坝趾水电站项目[与巴布亚新几内亚电力公司合作,项目为设计采购施工(EPC)总包性质,是中资企业进军巴布亚新几内亚电力行业的第一个项目]
中国海外工程总公司	巴布亚新几内亚柏瑞那—马拉拉维公路项目(全长80公里)、睦蒙—巴洛洛公路改造项目(全长36公里)、卡卡公路项目(全长78公里)
江苏国际经济技术合作公司	巴布亚新几内亚科科博第三城区供水项目
中国山东省远洋渔业股份有限公司青岛捕捞分公司	同巴布亚新几内亚国家渔业局签订了入渔协议
中国石油集团	与巴布亚新几内亚政府签署开展油气一体化合作框架协议
中国冶金建设集团公司	与巴布亚新几内亚政府正式签署了"拉姆镍钴"项目合作备忘录
中海油集团旗下的中海油田服务股份有限公司（COSL）	与菲律宾国家石油公司正式签署了巴布亚新几内亚LIHIR公司固井作业合同,该合同的签订标志着COSL油田技术在海外市场又取得了新突破

资料来源：商务部网站。

表6-4　在巴布亚新几内亚主要的中国企业

公司	成立时间	经营范围	公司	成立时间	经营范围
中冶瑞木镍钴有限公司	2005	镍钴矿及其他矿产的投资、开采、冶炼、加工等业务。	巴布亚新几内亚龙港（中国）实业有限公司［China Long Kong（PNG）Industry Pty. Ltd.］	1996	从事原木生产、加工及各类木材制品出口
中国恩菲（巴布亚新几内亚）有限公司	2006	镍钴矿开发项目总承包商	广东建工对外建设公司巴布亚新几内亚分公司	2007	工程承包业务
巴布亚新几内亚盐业有限公司	1997	盐业生产	中江国际巴布亚新几内亚公司	1999	工程承包
吉鑫有限公司	1997	伐木业务	中巴合作公司	1987	经营服装轻工产品
北新巴布亚新几内亚有限公司	1992	建筑材料	华洋有限公司	1998	箱包轻工产品
中国海外工程巴布亚新几内亚公司	1996	工程承包	北方木材有限公司	2006	木材加工业务
山东威海巴布亚新几内亚公司	2007	工程承包业务	中国江苏国际经济技术合作公司巴布亚新几内亚办事处	1999	工程承包
巴布亚新几内亚福森实业有限公司［Fusen Industries（PNG）Pty. Ltd.］	1996	森林采伐、木材加工	海桥有限公司（Heybridge Pty. Ltd.）	1994	木材采伐、加工和销售
中国—巴布亚新几内亚合作公司（China-PNG Cooperation Ltd.）	1987	纺织品、服装的批发和零售	莫尔兹比港包装有限公司［POM Packaging（PNG）Pty. Ltd.］	1992	生产和销售包装用纸箱、纸板、装饰纸等
华洋公司（Hua Yang Ltd.）	1998	箱包、鞋帽的批发业务	南洋化工有限公司（Green Chemical Ltd.）	2000	利用椰壳生产活性炭

续表

公司	成立时间	经营范围	公司	成立时间	经营范围
陇波建筑工程有限公司（Double Cross Contractors Ltd.）	2000	工程承包	现代建筑工程公司（Modern Construction）	1991	承建中小规模建筑工程、装饰装修
中国四川国际合作股份有限公司（SIETCO）	1985	房地产	隆新贸易有限公司［Longxin Trading Company（PNG）Pty. Ltd.］	2001	粮油食品、轻工产品等的进口批发业务

资料来源：商务部网站。

（四）中国对巴布亚新几内亚的援助

中国是巴布亚新几内亚五大发展伙伴国之一，中国政府已在巴布亚新几内亚基础设施、教育、卫生和农业等领域实施多个援助项目，尽力帮助巴布亚新几内亚实现其社会和经济发展目标。根据巴布亚新几内亚"2010～2030发展战略规划"和"2050愿景"确立援助的经济技术合作项目，两国在贸易和投资等领域合作仍有进一步拓展的巨大空间。

2009年4月，巴布亚新几内亚总理索马雷访华期间，中国进出口银行与巴布亚新几内亚国库部正式签署了《优惠贷款融资谅解备忘录》。根据有关安排，在巴布亚新几内亚政府正式提交有关贷款申请、建设项目后，经双方一致评估通过，进出口银行将为巴布亚新几内亚政府提供8亿元人民币优惠贷款，发展社会经济建设。

2009年4月，两国签署了关于向巴布亚新几内亚政府提供援款的《经济合作协定》，以及援助巴布亚新几内亚首都地区体育健身设施项目和提供现汇援助建设SAMPUN乡村诊所项目的立项换文，进一步帮助巴布亚新几内亚社会、经济建设，推动两国友好关系健康稳步发展。

2009年11月，两国签署了《经济技术合作协定》《优惠贷款框架协议》和《援助巴布亚新几内亚国际会议中心项目立项换文》等三个政府间重要援助协议，将中国对巴布亚新几内亚的双边援助提升到一个新的高度，进一步深化、丰富了中、巴布亚新几内亚两国经济技术合作。

巴布亚新几内亚

2010年12月，两国政府正式签署了关于向巴布亚新几内亚政府提供无息贷款的《经济技术合作协定》以及关于提供优惠贷款实施巴布亚新几内亚电子政务网项目和社区学院远程教育网二期项目等两个政府间框架协议，其中，3500万美元用于社区学院项目和5300万美元用于电子政务网项目。贷款协议签署标志着巴布亚新几内亚与中国和人民长期、友好的关系开启了一个新的时期。

2011年1月19日，中冶集团公司与巴布亚新几内亚国家计划与监控部在莫尔兹比港正式签署了援巴布亚新几内亚尤亚公路项目施工合同。巴方表示该道路的建成不仅将服务于拉姆镍钴矿项目，也将造福于当地人民，方便出行、经商，促进当地经济发展。巴布亚新几内亚政府将提供一切必要的配合，协调解决土地、签证等施工中可能出现的困难，保证项目顺利进行。

三 科技、文化、卫生关系

中国政府每年向巴布亚新几内亚提供政府奖学金，供巴布亚新几内亚选派赴华留学生。自1986年开始，中国教育部每年向巴布亚新几内亚提供两个奖学金名额。1996年，中国杂技小组访问巴布亚新几内亚。2000年，山东省济南市杂技团访问巴布亚新几内亚。2011年，广东省艺术团访问巴新。2015年，重庆杂技艺术团参加巴新独立40周年庆典演出。2016年9月，文化部派深圳艺术团赴巴新参加庆祝中巴新建交40周年庆祝活动并进行演出。2007年11月，双方签署《关于中国旅游团队赴巴新旅游实施方案谅解备忘录》，巴新正式成为中国公民出国旅游目的地。2002年起，中国开始向巴新派遣医疗队并在莫港总医院开展义诊。截至2014年，中国向巴新派遣了六批医疗队。2014年，中国海军"和平方舟"号医院船访问巴新并在当地开展义诊。2016年4月，中国向巴新提供抗疟疾药品和物资。

四 抗战华工

二战期间被日军掳到巴布亚新几内亚的华人劳工也是涉及巴布亚新几

第六章 外 交　Papua New Guinea

内亚华人问题中的重要内容，它不仅受到国内关注，也涉及二战太平洋战场。这些劳工的经历揭示了一段鲜为人知的血泪史。在中国抗日战争期间被强征为日本干活的中国劳工有4万余人，这些劳工主要包括普通百姓和被俘的中国军人。其中大约有1500人在1943年从上海出发经过一个半月的海上漂泊，来到了巴布亚新几内亚的新不列颠岛。中国劳工在巴布亚新几内亚挖山洞、储存弹药、建造军事要塞。由于水土不服、蚊虫叮咬、热带疾病、环境恶劣等原因，加上日军的残暴管理，这1500名中国劳工最后只剩下了700多人。澳大利亚政府军队解放了新不列颠岛，然而并没有马上开始遣返中国劳工，而是在岛上组织中国劳工耕作，直到1947年年底，国际红十字会派船将劳工们分两批接回中国。

中国政府高度重视在巴布亚新几内亚抗战将士和劳工遗骸问题，正积极安排使馆核实寻找遗骸下落。中国政府将以隆重、庄严的方式纪念在太平洋岛国巴布亚新几内亚的抗战将士遗骸归国。

大事纪年

1511 年	葡萄牙人在赴香料群岛途中发现新几内亚岛。
1526 年	葡萄牙人 H. 德·梅内塞斯在由马来半岛至香料群岛的航程中抵新几内亚岛，见土著居民发多卷曲，遂以巴布亚命名。
1528 年	西班牙人 A. 德·萨维德拉首次对新几内亚岛北部海岸进行考察，并以黄金岛称之。
1545 年	西班牙人 I. H. 德·雷特斯远航抵新几内亚岛北岸，以当地居民与非洲几内亚人相似，遂以新几内亚名之。
1605～1607 年	L. V. 德·托雷斯从秘鲁出发考察新几内亚岛东岸及东北海岸，穿越托雷斯海峡。
1669 年	英国人 W. 丹皮尔远航至此，命名新不列颠岛，证实了新几内亚岛的存在。
1768 年	法国人 L.-A. 德·布干维尔航行驶抵布干维尔岛。
1793 年	英国东印度公司自称占有新几内亚岛的一部分。
1828 年	荷兰宣布吞并新几内亚岛西半部。
1873 年	英国人 J. 莫尔斯比航至新几内亚岛南岸一海湾，为纪念其父，以莫尔斯比命名该湾。
1882 年	德国在俾斯麦群岛辟建种植园。

巴布亚新几内亚

1883 年	英国派官员抵莫尔斯比港。同年澳大利亚要求和英国一起占有新几内亚东部及附近岛屿。
1884 年 9 月	英国通知德国，将占有新几内亚岛东部为保护地，范围限于南岸，称英属新几内亚。
1884 年 11 月	德国宣布占有新几内亚岛东北部，委任德商南海公司为政府管理该保护地的代理机构。
1885 年	荷兰划定荷属新几内亚的边界。
1888 年	特派专员被行政官代替。第一任行政官是威廉·麦格雷戈博士。
1889 年	德国政府接管德属新几内亚的行政管理权。
1890 年	武装警察队成立。
1895 年 5 月	英国、荷兰缔约，划定英属与荷属新几内亚之间的界线。
1899 年	德国政府接管了行政权，冯·贝宁森被委任为首任总督。
1900 年	新几内亚岛 New Guinea 被分成西面的荷兰殖民地、西北的德国殖民地和西南的英国保护国三部分。
1904 年	布干维尔岛和布卡岛从英属所罗门群岛转到德属新几内亚。
1905 年 11 月	澳大利亚接管了英属新几内亚。
1906 年 9 月	英属新几内亚改称"巴布亚领地"。
1906 年	澳大利亚接管英属新几内亚，更名巴布亚。
1909 年	英国、德国边界委员会考察巴布亚与新几内亚的边界，树立界标。第一次世界大战爆发后，澳大利亚占领德属新几内亚。
1917 年	德国在第一次世界大战中战败，澳大利亚得到布干维尔岛的管辖权。
1920 年 12 月	德属新几内亚在国联决议下由英国委任统治。

大事纪年 **Papua New Guinea**

1932 年	澳大利亚联邦议会通过修改后的新几内亚法，1933 年付诸实施。
1942 年 1 月	日机轰炸巴布亚新几内亚。同年 3 月，日军登陆该岛。
1943 年	盟军（包括美国、斐济、新西兰和澳大利亚四国军队）和日本在布干维尔岛岛上及附近海域展开激战，日本战败退出布干维尔岛。
1943～1944 年	美澳军队收复巴布亚新几内亚日占各地。
1946 年 12 月	英国委任统治地又在联合国下成为澳大利亚的托管地。
1949 年	澳大利亚联邦议会将巴布亚、新几内亚合并为一个行政单位，称巴布亚新几内亚领地，首府为莫尔斯比港。
1950 年 3 月	恩伯岛、萨卡尔岛和托洛基瓦岛从新不列颠区改归莫罗贝区，东中央区并入中央区，东部区和东南区合并组成米尔恩湾区。
1950 年 11 月	基埃塔区更名为布干维尔区。
1951 年 9 月	巴布亚的行政地位由分区转为区；中部高地区（兼跨巴布亚地区和新几内亚地区）在划入塞皮克、西部和马当区的部分土地的同时分裂为东高地、南高地和西高地 3 个区；三角洲区并入海湾区。
1962 年	澳大利亚、荷兰两国政府曾就新几内亚岛塞皮克区应由澳管辖的领土问题进行谈判。
1963 年 5 月	印度尼西亚接管原荷属新几内亚。同年，废除原白人控制的巴布亚新几内亚立法会议。
1964 年	巴布亚新几内亚举行首次大选，选出以巴布亚新几内亚人为主的议会。
1966 年 6 月	钦布区设立，由东部高地区、海湾区、南高

巴布亚新几内亚

	地区和西部高地区 4 区的部分地区析置；塞皮克区分成东塞皮克区和西塞皮克区；新不列颠区分成东新不列颠区和西新不列颠区。
1967 年	迈克尔·索马雷和一些志同道合的同事组织了潘古党。
1968 年	澳大利亚政府修改巴布亚新几内亚法，给予更多的自治权。
1968 年	陈仲民（Sir Julius Chan）创建了人民进步党。
1971 年 7 月	巴布亚新几内亚议会决定，将巴布亚新几内亚领地改称巴布亚新几内亚。
1972 年	巴布亚新几内亚独立，北所罗门岛为其一部分，岛上成立布干维尔省。
1973 年 12 月 1 日	巴布亚新几内亚成立了自治政府。
1973 年	恩加省设立，由南高地省和西高地省的部分地区合并成。
1974 年	国家首都区从中央区中分离出来。
1974 年 12 月 1 日	澳大利亚对巴布亚新几内亚的托管结束。
1975 年 8 月 15 日	巴布亚新几内亚制定宪法，9 月生效。
1975 年 9 月 16 日	巴布亚新几内亚宣告独立，并加入英联邦。约翰·吉斯（John Guise）就任第一届总督。迈克尔·索马雷（Michael Somare）为首任总理。
1975 年	布干维尔省更名为北所罗门省。省会为索哈拉城。
1977 年 3 月 1 日	托儿·洛科洛克（Tore Lokoloko）就任第二届巴布亚新几内亚总督。
1978 年	米尔恩湾省省会从萨马莱迁往阿洛陶，北所罗门省省会迁往阿拉瓦。
1980 年 3 月 11 日	陈仲民（Julius Chan）参加巴布亚新几内亚总理竞选成功，接替了迈克尔·索马雷出任巴

大事纪年 Papua New Guinea

	布亚新几内亚总理。
1982年8月～1985年11月	迈克尔·索马雷再次出任总理。
1983年3月1日	金斯福德·迪贝拉（Kingsford Dibela）就任第三任总督。
1985年	潘古党内发生分裂，对当时的党首、正在执政的索马雷总理提出了不信任案，并获得通过，导致索马雷政府垮台。索马雷从此也离开了潘古党。
1985年11月	帕亚斯·温蒂（Paias Wingti）就任总理。
1988年7月	拉比·纳马柳出任总理，迈克尔·索马雷就任外长。
1989年	西塞皮克省（West Sepik）更名为桑道恩省。
1989年3月1日	伊格内休斯·基拉奇（Ignatius Kilage）就任第四任总督。
1990年	巴布亚新几内亚布干维尔岛"革命军"宣布脱离巴新，成立"布干维尔共和国"，并得到所罗门群岛政府的支持。巴布亚新几内亚与所罗门群岛关系因此恶化。
1991年	巴布亚新几内亚成为东盟观察员。
1991年11月11日	维瓦·科罗维（Wiwa Korowi）就任第六任总督。
1992年	巴布亚新几内亚被接纳为不结盟运动正式成员。
1992年7月17日	帕亚斯·温蒂（Paias Wingti）就任巴布亚新几内亚总理。
1993年11月	巴布亚新几内亚加入亚太经济合作组织。
1993年8月	迈克尔·索马雷辞去潘古党领袖职务。
1994年7月25日	东盟地区论坛在曼谷举行首次会议，巴布亚新几内亚在这次会议中成为东盟地区论坛（ARF）成员。

1994 年 8 月 30 日	陈仲民（Julius Chan）再次出任总理。
1995 年 9 月 13 日	南太平洋论坛第 26 届年会在巴布亚新几内亚的马当开幕。来自论坛 15 个成员的领导人将在 3 天的会议上讨论本地区面临的问题，协调对一些地区和国际问题的立场。
1996 年	北所罗门省恢复原名布干维尔省，随后省会从阿拉瓦（Arawa）迁到布卡（Buka）。
1996 年 8 月	国民联盟党创建，迈克尔·索马雷任领袖。国家联盟 1995 年成立。
1996 年 12 月	法国同巴布亚新几内亚签订友好合作框架协议。
1997 年 6 月 14 日	巴布亚新几内亚举行大选，选举产生议员 109 人。
1997 年 7 月 22 日	巴布亚新几内亚第六届议会选举新总理，人民全国代表大会党领袖比尔·史凯特以 71 票对 35 票的绝对优势当选。约翰·蓬达里（John Pundari）当选为新议长。
1997 年 11 月 20 日	巴布亚新几内亚总督西拉斯·阿托帕尔（Silas Atopare），宣誓就职，阿托帕尔是巴布亚新几内亚第七任总督。
1998 年 4 月 15 日	巴布亚新几内亚第一党创建，由原人民全国代表大会党、独立人士和基督教国家党等成员组成。
1998 年 12 月 2 日	斯卡特总理为了排除反对党在 1999 年 1 月底对政府提出不信任案的可能性，使议会做出了休会至 1999 年 7 月的决议。
1999 年 5 月 22 日	巴布亚新几内亚与台湾省表示相互完全承认。
1999 年 7 月 5 日	巴布亚新几内亚与台湾当局签署"建交"公报，中国政府对此提出强烈抗议。

大事纪年 **Papua New Guinea**

1999 年 7 月 21 日	巴布亚新几内亚新任总理莫劳塔发表声明，宣布巴新前政府于 7 月 5 日与台湾当局签署的所谓"建交"公报无效，不予承认。
2001 年 6 月 22 日	巴布亚新几内亚政府与布各派就全面解决布问题达成协议，包括布自治、全民公投以及武器处理等内容。
2001 年 8 月 30 日	巴布亚新几内亚政府与布干维尔达成全面和平协议，签署了《布干维尔和平协定》，同意布干维尔省在巴新宪法框架内建立自治政府，布干维尔可在自治政府成立 10~15 年内就未来政治地位举行公投。布干维尔和平协议正式签署，标志着长达 12 年战争的结束，布干维尔开始走上恢复和重建道路。
2001 年 11 月	迈克尔·索马雷率国民联盟党代表团访华。
2001 年 10 月 21 日	中国国家主席江泽民在上海会见了巴布亚新几内亚总理梅克雷·莫劳塔。
2002 年 4 月	阿托帕尔总督赴英国出席女王执政 50 周年庆典。
2002 年 4 月	莫劳塔总理签署欧洲发展基金（EDF）国家战略报告，为巴新带来欧盟提供的 3.5 亿基那赠款。
2002 年	巴布亚新几内亚通过法案，宣布北所罗门为其高度自治省，内部自治。
2002 年 8 月 5 日	迈克尔·索马雷第三次当选总理。
2003 年 12 月	韩国海军舰艇编队访问巴新，期间与巴布亚新几内亚国防军伊劳司令举行会谈。
2004 年	巴布亚新几内亚与澳大利亚达成的"加强合作计划"，澳于 5 年内增加对巴新援助 8 亿澳元。

2004年5~6月	杰弗里·纳佩议长代理巴布亚新几内亚总督。
2004年6月29日	巴布亚新几内亚第八任总督保莱阿斯·保莱阿斯·马塔内（Paulias Matane）上任。
2004年11月	巴布亚新几内亚前外长卡普廷当选非加太集团秘书长，主持该集团与欧盟的贸易及援助谈判。
2004年12月	巴布亚新几内亚与韩国签署协议，韩国向巴新提供2000万基那，用于韦瓦克排水项目。
2005年1月	巴布亚新几内亚中央政府批准《布干维尔宪法》。
2005年2月	索马雷总理访日，会晤明仁天皇及小泉纯一郎首相。日企业承诺增加对巴新投资。
2005年2月	韩国政府与巴布亚新几内亚签署协议，拟在巴新投资8200万基那建造乙醇制造厂。
2005年3月	莫劳塔总理与新西兰总理克拉克在英联邦政府首脑会议期间举行会谈，双方就布干维尔武器收缴进程、非法移民等问题进行商谈。
2005年3月	所罗门总理凯马凯扎访问巴布亚新几内亚，签署两国《发展合作协定》。
2005年4月	索马雷总理访问新喀里多尼亚，顺访所罗门群岛和瓦努阿图。
2005年4月	索马雷总理率团出席在印度尼西亚举行的第二届亚非峰会和纪念万隆会议50周年大会，并顺访印度尼西亚。
2005年5月	巴布亚新几内亚最高法院裁定"加强合作计划"给予澳派驻巴新的230名警察及64名官员的有关豁免权及裁判权的条款违反巴新宪法，澳方警察被迫撤回国。澳方同意免除豁免权后，该计划于8月重新启动。

大事纪年 **P**apua New Guinea

2005年5月	美国医疗舰"迈尔西"号访问巴布亚新几内亚马丹省,为马纳姆火山爆发灾区灾民提供医疗服务。
2005年5月20日	布干维尔自治政府大选开始。
2005年6月4日	布干维尔人民代表大会党候选人约瑟夫·卡布伊当选自治政府主席。
2005年6月5日	巴布亚新几内亚独立国国家农业检疫检验局(NAQIA)代表团访问中国质检总局,双方签订了《中华人民共和国国家质量监督检验检疫总局和巴布亚新几内亚独立国国家农业检疫检验局关于出入境动植物检疫和食品安全的合作谅解备忘录》。
2005年6月15日	布干维尔自治政府正式成立,困扰中央政府长达15年的布问题基本得到解决。
2006年1月	巴布亚新几内亚副总理兼石油与能源部部长阿韦访华,会见商务部及中石油的有关领导,签订能源合作框架协议。
2006年2月	巴布亚新几内亚外长纳马柳访日,为第四届日本—太平洋岛国论坛(PALM 2006)做准备。
2006年2月	巴布亚新几内亚总督保莱阿斯·马塔内访问新西兰。
2006年2月	欧盟与巴布亚新几内亚政府签署协定,6年内向巴新提供1.56亿基那的教育援助
2006年2月	美国防部向巴布亚新几内亚军方提供36万美元捐款,用于艾滋病防控。
2006年5月	巴布亚新几内亚总理索马雷访日,会晤天皇及首相。
2006年5月	新西兰外长彼得斯访巴布亚新几内亚。

巴布亚新几内亚

2006 年 6 月	总理索马雷出席在巴黎举行的第二届法国—大洋洲峰会。
2006 年 7 月	巴布亚新几内亚—日本第四届政策磋商会议在巴新举行。
2006 年 7 月	韩国商业、工业与能源部副部长访问巴布亚新几内亚并签积极参加能源开发的备忘录。
2006 年 8 月	日本外务副大臣访问巴布亚新几内亚，拜会总理、外长、财长等。
2006 年 12 月	美国前总统克林顿访巴布亚新几内亚，就克林顿基金会与巴新防控艾滋病开展合作进行商谈。美国目前有 100 名和平队志愿人员在巴新学校、医院服务。
2007 年	巴布亚新几内亚前总理和人民民主运动党领袖马克雷·莫拉塔（Mekere Morauta）成立了巴布亚新几内亚党。
2007 年 3 月	第 23 届澳大利亚—巴新商业论坛在澳城市凯恩斯举行。
2007 年 8 月 13 日	国民联盟党领袖迈克尔·索马雷在第八届议会选举中连任总理，当日宣誓就职。
2007 年 8 月	杰弗里·纳佩再次当选议长。
2007 年 11 月	迫于欧盟对其金枪鱼和蔗糖增加进口税的压力，巴布亚新几内亚与欧盟签署临时《经济伙伴协议》。
2007 年 12 月	新西兰外长彼得斯访问巴布亚新几内亚，并与巴新外长阿巴尔共同主持两国外长双边磋商会议。
2007 年 12 月	巴布亚新几内亚总理索马雷出席在印度尼西亚巴厘岛举行的"气候变化大会"，期间会见了印度尼西亚总统苏西洛和新加坡总理李显龙。

大事纪年 **P**apua New Guinea

2008 年 1 月	所罗门群岛总理西库阿访问巴布亚新几内亚。
2008 年 3 月	澳总理陆克文访问巴布亚新几内亚,双方发表了《莫尔斯比港宣言》,签署了《森林碳伙伴协议》。
2008 年 4 月	巴布亚新几内亚总督保莱阿斯·马塔内访问所罗门群岛。
2008 年 6 月	巴布亚新几内亚布干维尔自治政府(Autonomous Bougainville Government)第一任主席约瑟夫·卡布伊(Joseph Kabui)去世。
2008 年 7 月	索马雷总理访问英国。
2008 年底	詹姆斯·泰尼斯(James Tanis)在举行的补选中当选巴布亚新几内亚布干维尔自治政府主席,2009 年 1 月就职。
2009 年 4 月	巴布亚新几内亚总理索马雷访问菲律宾。
2009 年 4~5 月	巴布亚新几内亚总理索马雷访问澳大利亚。
2009 年 5 月	索马雷总理赴日本出席第 5 届日本—太平洋岛国论坛会议。
2009 年 5~6 月	巴布亚新几内亚相继爆发针对华人的骚乱事件。
2009 年 6 月	澳大利亚—巴布亚新几内亚第 19 次部长级论坛年会在澳城市布里斯班举行。
2009 年 9 月至 10 月	新西兰新总督萨特亚南德访问巴布亚新几内亚。
2010 年 3 月 21 日	巴布亚新几内亚海域发生里氏 6.2 级地震。
2010 年 10 月 11 日	巴布亚新几内亚内阁批准了《中期发展规划》(MTDP),该规划是巴新政府二十年《战略发展规划》(2010 年~2030 年)的一部分。
2010 年 12 月	巴布亚新几内亚总督空缺的情况再次发生,杰弗里·纳佩议长依法再次代理总督一职。
2010 年 12 月 13 日	萨姆·阿巴尔(Sam Abal)当选巴布亚新几内亚总理。

2011年2月25日	米切尔·欧吉奥正式就任巴布亚新几内亚第9任总督,巴新政府高级官员、驻巴新外国使节参加了就职典礼。
2012年9月	巴布亚新几内亚总理赴俄罗斯参加APEC会议。
2012年12月	巴布亚新几内亚参加西部太平洋渔业委员会会议。
2013年1月	亚行与巴新签订海事安全贷款合同。
2013年2月	亚行副行长访问巴布亚新几内亚。
2013年3月	泰国总理英拉访问巴新。
2013年6月	巴新总理奥尼尔访问印度尼西亚。
2013年7月	澳大利亚总理陆克文访问巴布亚新几内亚。
2013年9月	IMF代表团访问巴布亚新几内亚。
2013年11月	巴新总理奥尼尔赴印度尼西亚出席亚太经合组织第二十一次领导人非正式会议并会见印度尼西亚、越南等国领导人。
2013年12月	巴布亚新几内亚工商部部长赴印度尼西亚参加WTO部长级会议。
2013年12月	巴布亚新几内亚与澳大利亚举办部长级贸易论坛。
2014年2月	澳大利亚外长访问巴布亚新几内亚。
2014年2月	彼得·奥尼尔会见美国国会议员杰森查费兹(Jason Chaffetz)。
2014年3月	澳大利亚时任总理阿博特与巴新总理奥尼尔签署《澳巴经济合作协定》(The Australia-Papua New Guinea Economic Cooperation Treaty)。
2014年5月	巴布亚新几内亚向所罗门提供援助。
2014年5月	巴布亚新几内亚与韩国签署矿业可持续发展备忘录。

2014 年 5 月	欧盟与巴新签订援助协议。
2014 年 10 月	巴新国家航空公司与卡塔尔航空公司签订电子机票合作协议。
2014 年 10 月	巴布亚新几内亚在新加坡举办投资研讨会和贸易展览会。
2015 年 3 月	日本政府援助建巴布亚新几内亚一座市场。
2015 年 4 月	巴新西新不列颠省长访问中华人民共和国驻巴布亚新几内亚大使馆经济商务参赞处。
2015 年 5 月	澳大利亚贸易和投资部部长访问巴布亚新几内亚。
2015 年 5 月	印度尼西亚准许巴布亚新几内亚公民申请"落地签证"。

附录一　中国和巴布亚新几内亚关系大事年表

（一）中方访问巴布亚新几内亚

1975年8月，中国贸易代表团访问巴布亚新几内亚。

1977年10月，中国首任驻巴布亚新几内亚兼职大使到任。

1980年5月，国务院副总理李先念访问巴布亚新几内亚。

1982年12月，全国人大常委会副委员长朱学范访问巴布亚新几内亚。

1985年4月，中共中央总书记胡耀邦访问巴布亚新几内亚。

1994年4月，全国人大常委会副委员长田纪云访问巴布亚新几内亚。

1996年，中国杂技小组访问巴布亚新几内亚。

1996年7月，副总理兼外长钱其琛访问巴布亚新几内亚。

1996年7月，《中华人民共和国政府和巴布亚新几内亚独立国政府关于巴布亚新几内亚在中国香港特别行政区保留名誉领事协定》签署。

1996年7月，《中华人民共和国政府和巴布亚新几内亚独立国政府渔业合作协定》签署。

1996年7月，《中华人民共和国政府和巴布亚新几内亚独立国政府贸易协定》签署。

1996年10月，全国人大常委会副委员长王汉斌访问巴布亚新几内亚。

1997年3月，《中华人民共和国政府和巴布亚新几内亚独立国政府关于中国香港特别行政区与巴布亚新几内亚互免签证协定》签署。

2000年，山东省济南市杂技团访问巴布亚新几内亚。

2000年9月,中国政府特使、卫生部部长张文康(代表朱镕基总理)出席巴布亚新几内亚独立25周年庆典。

2001年3月,外交部副部长王光亚访问巴布亚新几内亚。

2001年3月,外经贸部副部长孙振宇访问巴布亚新几内亚。

2001年11月,全国政协主席李瑞环访问巴布亚新几内亚。

2003年4月,西藏自治区人大常委会主任热地访问巴布亚新几内亚。

2003年9月,中共中央政治局委员、书记处书记、中宣部部长刘云山访问巴布亚新几内亚。

2004年1月,中国外交部副部长周文重访问巴布亚新几内亚。

2005年5月,中联部部长王家瑞访问巴布亚新几内亚。

2005年9月,全国人大常委会副委员长、中华民族文化促进会名誉主席许嘉璐出席巴布亚新几内亚独立30周年庆典。

2005年10月,外交部副部长杨洁篪访问巴布亚新几内亚。

2006年8月,外交部部长李肇星访问巴布亚新几内亚。

2007年3月,副总理曾培炎访问巴布亚新几内亚。

2007年11月,中巴双方签署关于中国旅游团队赴巴布亚新几内亚旅游实施方案谅解备忘录,巴布亚新几内亚正式成为中国公民出国旅游目的地。

2008年年底,中国向巴布亚新几内亚派遣了第四批医疗队。

2009年10月,中央军委委员、中国人民解放军总参谋长陈炳德访问巴布亚新几内亚。

2009年11月,李克强副总理访问巴布亚新几内亚。

2010年2月,中国—太平洋岛国论坛对话会特使杜起文访问巴布亚新几内亚。

2010年4月,中国政府向巴布亚新几内亚派遣第五期医疗队协议在巴签署。

2010年5月,中国侨联代表团访问巴布亚新几内亚。

2010年6月,中联部刘结一副部长访问巴布亚新几内亚。

2010年8月,中国海军舰艇编队首次访问巴布亚新几内亚。

2010年12月，中巴新签署两国经济技术合作协定。

2011年1月，中国巴布亚新几内亚签署援巴新尤亚公路施工合同。

2012年9月，李克强会见巴布亚新几内亚总理奥尼尔。

2012年9月，外交部副部长崔天凯会见巴新总理奥尼尔。

2013年1月，商务部副部长钟山访问巴布亚新几内亚。

2013年7月，王毅会见巴布亚新几内亚外长要求巴新政府保护中国公民安全。

2013年8月，中国—太平洋岛国论坛对话会特使李强民大使赴巴布亚新几内亚进行工作访问。

2014年5月，中国政府与巴新政府签署关于中国派遣第七批医疗队赴巴新工作的议定书。

2014年7月，广东省友好暨医疗代表团访问巴新。

2014年9月，中国海军和平方舟医院船抵达巴布亚新几内亚莫尔兹比港访问并开展医疗服务。

2015年9月1日，习近平主席在北京会见巴布亚新几内亚总督奥吉奥。

2016年2月29日，外交部副部长郑泽光对汤加、巴布亚新几内亚进行工作访问。

2016年7月6日，在北京李克强总理同巴布亚新几内亚总理奥尼尔举行会谈。

2016年7月7日，在北京习近平主席会见巴布亚新几内亚总理奥尼尔。

（二）巴布亚新几内亚访华

1975年1月，巴布亚新几内亚国防、外交、外贸部部长基基爵士应邀前来我国进行友好访问。

1976年10月，迈克尔·索马雷总理访华并签署建交公报。

1978年10月，陈仲民副总理访华。

1981年5月，拉马巴基·奥库克副总理访华。

1985年2月，帕亚斯·温蒂副总理访华。双方签署中国向巴布亚新几内亚提供无息贷款的协定。

1990年4月，陈仲民副总理访华。

1991年4月，拉比·纳马柳总理访华。

1992年12月，外交部秘书长加布里埃尔·杜萨瓦访华，并与中华人民共和国外交部副部长刘华秋就建立两国官员磋商制度签订了谅解备忘录。

1993年1月，陈仲民副总理访华。

1993年8月，比尔·史凯特议长访华。

1994年7月，陈仲民副总理访华。

1998年5月，约翰·蓬达里议长访华。

1999年5月，彼得·瓦伊恩国防部部长访华。

1999年10月，迈克尔·索马雷外长访华。

2000年5月，议长纳罗科比访华。

2000年5月，渔业部部长加纳拉福访华。

2000年8月，外交部部长卡普廷访华。

2001年5月28日，总理马克雷·莫拉塔访华。

2001年7月，国防部部长吉尼亚访华。

2001年9月，副总理兼林业部部长奥吉奥访华。

2001年10月21日，马克雷·莫拉塔总理访问上海。

2002年3月，卫生部部长汤姆斯科访华。

2002年，总理马克雷·莫拉塔访华。

2003年7月29日至8月4日，巴布亚新几内亚总督西拉斯·阿托帕尔对中国进行友好访问。

2003年10月，石油与能源部部长阿韦访华，并与中国的几家石油和天然气公司签署了四项备忘录。

2003年11月，总理府秘书长卡利诺埃访华。

2004年2月9日，巴布亚新几内亚总理迈克尔·索马雷访华。

2004年10月，巴布亚新几内亚教育部部长莱莫访华。

2005年4月，巴布亚新几内亚矿业部部长阿科伊泰伊访华。

2005年5月，巴布亚新几内亚石油与能源部部长阿韦访华。

2005年7月，巴布亚新几内亚外交与移民事务部部长拉比·纳马柳访华。

2005年9月，巴布亚新几内亚国防部部长马修·古巴戈访华。

2006年10月，巴布亚新几内亚总督马塔内访华。

2006年11月3日，中国冶金集团与巴布亚新几内亚方合作开发的拉姆镍钴矿项目奠基。

2008年3月，巴布亚新几内亚商业与工业部部长卡普里斯访华。

2008年5月，巴布亚新几内亚国防部部长鲍勃·达达埃访华。

2008年7月，首届巴布亚新几内亚—中国贸易洽谈会在巴布亚新几内亚首都莫尔兹比港举行。

2008年9月，巴布亚新几内亚商业与工业部部长卡普里斯、渔业部部长塞姆里、文化和旅游部部长埃布尔、教育部部长艾莫率巴布亚新几内亚代表团出席在中国厦门举行的中国—太平洋岛国经济发展合作论坛投资、贸易、旅游部长级会议。

2009年3月，石油与能源部部长杜马访华。

2009年4月15日，巴布亚新几内亚总理索马雷来华进行正式访问并出席博鳌亚洲论坛2009年年会。两国总理会谈后，共同出席了两国政府经济技术合作协定等双边合作文件的签字仪式。

2009年4月，巴布亚新几内亚外长萨姆·阿巴尔访华。

2009年6月，巴布亚新几内亚国防军司令伊劳访华。

2009年8月，巴布亚新几内亚国企部部长阿瑟·索马雷访华。

2010年10月，巴布亚新几内亚布干维尔自治区主席莫米斯访华。

2011年3月，巴布亚新几内亚财政与国库部部长普鲁埃奇访华。

2011年4月，巴布亚新几内亚安全部部长马伊怕卡伊访华。

2011年10月，巴布亚新几内亚矿业部长拜伦·陈访华。

2012年9月，巴布亚新几内亚总理会见中国外交部副部长崔天凯。

2013年1月，巴布亚新几内亚总理彼得·奥尼尔在总理府会见了由钟山副部长率领的中国政府经贸代表团。

2013年6月，巴布亚新几内亚议长佐伦诺克到中国使馆做客。

2013年10月，巴布亚新几内亚议长祖伦诺克率巴布亚新几内亚议会代表团访华。

2013年11月，巴布亚新几内亚代表团访问寄生虫病所。

2014年8月，巴新总理访问我国援建的国际会议中心项目工地。

（三）多边场合会见

2000年9月12日，江泽民主席在奥克兰会见了巴布亚新几内亚总理马克雷·莫拉塔。

2003年10月19日，中国国家主席胡锦涛在曼谷会见了巴布亚新几内亚总理索马雷。

2004年11月21日，中国国家主席胡锦涛在智利首都圣地亚哥APEC会议期间会见了巴布亚新几内亚总理索马雷。

2004年11月，圣地亚哥APEC会议期间，李肇星外长和纳马柳外长举行会见。

2005年4月22日，胡锦涛主席在出席雅加达亚非峰会期间会见索马雷总理。

2006年4月，温家宝总理在出席中国—太平洋岛国经济发展合作论坛首届部长级会议期间会见索马雷总理。

2007年9月7日，国家主席胡锦涛在悉尼会见巴布亚新几内亚总理索马雷。

2007年9月，悉尼APEC会议期间，杨洁篪外长和巴布亚新几内亚阿巴尔外长举行会见。

2008年11月22日，国家主席胡锦涛在利马会见了巴布亚新几内亚总理索马雷。

2010年9月，温家宝总理在天津出席第四届夏季达沃斯论坛期间会见索马雷总理，李克强副总理在北京会见并宴请索马雷总理。

2012年9月，李克强副总理在宁夏银川会见出席"中国（宁夏）国际投资贸易洽谈会"的奥尼尔总理。

2014年11月，习近平主席在北京会见来华出席亚太经合组织（APEC）第二十二次领导人非正式会议的奥尼尔总理。

2014年11月，习近平主席出访南太平洋，在斐济楠迪同奥尼尔总理举行会晤。

2015年9月12日，中国—太平洋岛国论坛对话会特使杜起文出席第27届太平洋岛国论坛会后对话会。

（四）两国外交官互换

中国与巴布亚新几内亚于1976年10月12日建立了外交关系。巴布亚新几内亚于1988年4月在北京开设大使馆，并委派常驻大使。

1977年10月，中国首任兼职大使到任。

1980年11月，中国驻巴布亚新几内亚使馆正式开馆。

1983年6月，中国常驻大使赴任。

1988年4月，巴布亚新几内亚在北京设使馆，并派常驻大使。

巴布亚新几内亚派驻中华人民共和国的大使包括：

诺埃尔·列伟大使（1988~1990年）

拉里·胡洛大使（1990~1993年）

梅穆·拉可诺大使（1993年3月至1997年3月）

巴尼·龙加普大使（1997年8月至2003年6月）

马克斯·拉伊大使（2003年7月至2007年4月）

约翰·莫米斯大使（2007年7月至2011年3月）

克里斯多夫·梅罗大使（2011年3月至今）

（五）友好城市关系

1988年，济南市与巴布亚新几内亚首都莫尔兹比港市建立了友好城市关系。

1998年6月，山东省与巴布亚新几内亚东塞皮克省结成友好关系。

2000年5月，福建省与巴布亚新几内亚东高地省缔结友好关系。

2006年9月26日，海南省与巴布亚新几内亚东新不列颠省结成友好关系。

（六）巴布亚新几内亚与中华人民共和国之间重要的双边协定

1.《中华人民共和国和巴布亚新几内亚独立国关于建立外交关系的联合公报》，1976年10月12日。

2.《中华人民共和国政府和巴布亚新几内亚独立国政府关于巴布亚新几内亚在中国香港特别行政区保留名誉领事协定》，1996年7月。

3.《中华人民共和国政府和巴布亚新几内亚独立国政府渔业合作协定》，1996年7月。

4.《中华人民共和国政府和巴布亚新几内亚独立国政府贸易协定》，1996年7月。

5.《中华人民共和国政府和巴布亚新几内亚独立国政府关于中国香港特别行政区与巴布亚新几内亚互免签证协定》，1997年3月。

6.《中华人民共和国政府和巴布亚新几内亚独立国政府经济技术合作协定》，2010年12月16日。

7.《巴新计划部和中国国家开发银行签订合作协议》，2013年3月。

8.《中华人民共和国政府和巴布亚新几内亚独立国政府优惠贷款框架协议》，2014年2月。

9.《中华人民共和国政府和巴布亚新几内亚独立国政府关于中国派遣第七期医疗队赴巴新工作的协定书》，2014年5月23日。

10.《中华人民共和国和巴布亚新几内亚独立国联合新闻稿》，2016年7月7日。

11.《中华人民共和国政府与巴布亚新几内亚独立国政府关于开展产能合作的框架协议》，2016年7月。

12.《中华人民共和国政府与巴布亚新几内亚独立国政府民用航空运输协定》，2016年7月。

附录二 重要文件

中华人民共和国和巴布亚新几内亚独立国
关于建立外交关系的联合公报

中华人民共和国政府和巴布亚新几内亚独立国政府根据两国人民的利益和共同愿望，决定自一九七六年十月十二日起建立大使级外交关系。两国政府商定，按双方实际可能尽快互相委派大使，并根据国际惯例，在各自首都为他们履行外交职务提供一切必要的协助。

两国政府同意，在相互尊重主权和领土完整、互不侵犯、互不干涉内政、平等互利和和平共处的原则基础上，发展两国的外交、友好和合作关系。

中华人民共和国国务院　　巴布亚新几内亚独立国

总理　　　　　　　　　　总理

华国锋　　　　　　　　　迈克尔·托马斯·索马雷

（签字）　　　　　　　　（签字）

一九七六年十月十二日于北京

巴布亚新几内亚

中华人民共和国和巴布亚新几内亚独立国联合新闻公报（全文）

应中华人民共和国国务院总理温家宝的邀请，巴布亚新几内亚独立国总理迈克尔·索马雷于二〇〇四年二月九日至十二日对中华人民共和国进行正式访问。温家宝总理与迈克尔·索马雷总理在热情友好的气氛中就双边关系、地区形势和共同关心的问题深入交换了意见，达成了广泛共识。

一、双方认为在互相尊重主权和领土完整、互不侵犯、互不干涉内政、平等互利、和平共处原则的基础上，推动两国关系长期、稳定、全面发展符合两国的根本和长远利益。双方重申恪守《中华人民共和国和巴布亚新几内亚独立国关于建立外交关系的联合公报》。

二、双方对目前两国领导人和官员保持频繁互访表示满意。双方愿意加强各级别的政治对话，鼓励和支持两国政府、议会及其他官方机构、地方政府和社会团体开展交流与合作，以增进两国间的友谊与相互理解。双方领导人对此次访问期间签署的有关经济技术合作、农业、矿业、教育等协议表示满意，相信上述协议和本联合新闻公报中达成的共识，以及2004年1月两国外交部官员在莫尔兹比港磋商时达成的一致，将成为两国政府进一步开展合作的基础和动力。

三、双方认为应加强两国经贸合作。两国建交以来贸易和投资关系不断密切。两国政府将鼓励开展两国贸易和投资活动，并为此提供便利。

双方愿意在市场经济条件下，鼓励和支持两国企业加强接触，加深了解，开展多种形式的互利合作，推动两国经贸关系不断发展。

巴新方欢迎中方在巴新矿业、石油、农业、渔业、林业等领域开展投资。双方将认真履行已达成的各项协议和谅解，加强双方在上述资源开发领域的合作。中方重视同巴新的友好合作关系，愿继续为巴新发展经济提供力所能及的援助。巴新方对此表示感谢。双方将继续采取积极措施，进一步促进两国文教、卫生、政党和民间等领域的交流与合作。

四、巴新方重申支持中华人民共和国政府的立场，即世界上只有一个中国，中华人民共和国政府是代表全中国的唯一合法政府，台湾是中国领土不可分割的一部分。巴新方认为，台湾问题纯属中国内政，巴新方奉行一个中国的政策，尊重和支持中国为维护国家统一所做的努力，希望中国早日实现和平统一。巴新方反对台湾当局采取包括"公投"在内的旨在导致台湾独立的任何单方面举动。巴新方支持维护台湾海峡乃至本地区的和平与安全。据此，巴新方再次向中华人民共和国政府保证，巴新与台湾之间的所有往来将严格限于经济范畴内，巴新不会以任何形式与台湾进行有悖于一个中国立场的接触。中方高度赞赏巴新方在台湾问题上的明确立场。

五、中方重申，支持巴布亚新几内亚独立国的独立、主权和领土完整，支持巴新为维护国家独立、主权和领土完整所做的积极努力。中方希望巴新社会稳定，民族和睦，经济发展，并为维护和促进南太地区的稳定与繁荣做出积极贡献。巴新方重视中国在国际事务中发挥的重要作用，高度评价中国作为联合国安理会常任理事国为维护世界和平做出的积极贡献，并期待中方继续发挥作用。

六、双方认为，国际关系民主化符合并反映国际社会绝大多数国家和人民的要求和愿望。国家不分大小、贫富、强弱，都是国际社会的平等一员。双方愿加强在地区和国际问题上的磋商与合作，在联合国等国际组织中加强协调，保持对话，与国际社会一道共同致力于建立公正、合理、平等的国际政治、经济新秩序。

七、巴新总理以其个人名义并代表巴新政府及代表团，对在访问期间受到的热情欢迎和盛情款待，向温家宝总理和中华人民共和国政府表示诚挚的谢意。

二〇〇四年二月九日在北京发表

中华人民共和国和巴布亚新几内亚独立国
联合新闻稿（全文）

应中华人民共和国国务院总理李克强邀请，巴布亚新几内亚独立国总理彼得·奥尼尔于 2016 年 7 月 5 日至 10 日对中国进行正式访问。

访问期间，中华人民共和国主席习近平会见奥尼尔总理，李克强总理与奥尼尔总理举行会谈。双方就发展两国关系等共同关心的问题深入交换意见，达成广泛共识。

一、双方热烈庆祝中巴新建交 40 周年，积极评价两国关系取得的历史性发展，重申继续致力于建设相互尊重、共同发展的战略伙伴关系，拓展广泛领域的交流与合作，更好地造福两国人民。

二、双方同意保持两国高层交往势头，加强两国政府部门、立法机构、政党及地方之间的交流与合作，充分发挥两国外交部政治磋商机制作用，不断增进相互了解与政治互信。

三、双方重申尊重彼此国家的主权和领土完整，尊重彼此国家人民根据本国国情选择的发展道路。巴新方重申坚持一个中国政策。

四、中方重申了在南海问题上的原则立场，强调致力于维护南海和平稳定，以及自身在南海的正当合法权益，有权依法自主选择争端解决方式。巴新方尊重中方的立场，支持有关海上争议应由直接当事方根据国际法通过磋商和谈判和平解决。

五、双方同意以中国全面实施"十三五"规划、推进"一带一路"建设和巴新实施"2010～2030 年发展战略规划"为契机，加强发展战略对接，实现互利共赢，共同发展。

六、双方同意加强贸易投资、下游加工、制造业、农林渔业、能源资源、民用航空、旅游、建筑、基础设施、交通通信等领域合作，尽早启动中巴新自由贸易协定联合可行性研究，并加强中国国土资源部与巴新矿业部在矿产勘探与开发方面的合作。中方将继续向巴新方提供经济技术援助，支持巴新发展经济、改善民生。

七、双方同意扩大教育、文化、青年、卫生等领域的交流与合作，增进两国人民的相互了解与友谊。

八、双方同意加强在联合国、亚太经合组织、太平洋岛国论坛等多边机制中的沟通与协调，共同维护发展中国家利益。双方支持安理会改革，主张通过改革增强权威和效率，提升发展中国家的代表性和发言权，认为应通过充分、民主协商，凝聚共识，寻求全面解决方案，不强行推动各方尚存巨大分歧的改革方案。中方愿为巴新方主办2018年亚太经合组织领导人会议提供支持和帮助。

九、访问期间，双方签署了《中巴新两国政府民用航空运输协定》《中巴新两国政府关于开展产能合作的框架协议》等合作文件（附后）。

二〇一六年七月七日于北京

巴新总理奥尼尔访华期间中巴新签署的合作文件清单

一、《中华人民共和国政府与巴布亚新几内亚独立国政府关于开展产能合作的框架协议》

二、《中华人民共和国政府与巴布亚新几内亚独立国政府民用航空运输协定》

三、《中华人民共和国商务部与巴布亚新几内亚贸易、商业和工业部关于开展中国和巴布亚新几内亚自由贸易协定联合可行性研究的谅解备忘录》

四、《中华人民共和国政府和巴布亚新几内亚独立国政府关于中国向巴新提供优惠贷款实施莱城港西侧物流仓储开发项目的框架协议》

五、《中华人民共和国政府和巴布亚新几内亚独立国政府关于中国向巴新提供优惠贷款实施西高地省公路升级改造项目的框架协议》

六、《中国进出口银行与巴布亚新几内亚国库部关于巴新使用中方优惠出口买方信贷实施国家海底光缆项目的贷款协议》

七、《中国进出口银行与巴布亚新几内亚国库部关于巴新使用中方优惠贷款实施莱城港西侧物流仓储开发项目的贷款协议》

参考文献

一 中文文献

〔美〕安德鲁·斯特拉森、〔美〕帕梅拉·斯图瓦德:《人类学的四个讲座——谣言·想象·身体·历史》,梁永佳、阿嘎佐诗译,中国人民大学出版社,2005。

刘昭华:《巴布亚新几内亚农业发展现状与展望》,《热带农业工程》2010年第1期。

二 外文文献

EIU, *Country Report: Papua New Guinea*, 2010 and 2011.

PRSGroup, *International Country Risk Guide Report*, 2008.

Fraser Institute, *Annual Survey of Mining Companies*, 2006/2007.

http://www.pngjudiciary.gov.pg/.

http://www.commonwealthgovernance.org/countries/pacific/papua_new_guinea/judicial-system/.

https://www.alrc.gov.au/publications/30.%20Indigenous%20Justice%20Mechanisms%20in%20some%20Overseas%20Countries%3A%20Models%20and%20Comparisons/pa.

三 主要网站

亚洲开发银行网站:https://www.adb.org/。

中华人民共和国外交部网站：http：//www.fmprc.gov.cn/web/。

中华人民共和国商务部网站：http：//www.mofcom.gov.cn/。

中华人民共和国驻巴布亚新几内亚大使馆经济商务参赞处网站：http：//pg.mofcom.gov.cn/。

巴布亚新几内亚总理政务网站：http：//www.officeofprimeminister.com/。

巴布亚新几内亚中央银行巴布亚新几内亚银行网站：https：//www.bankpng.gov.pg/。

美国地质调查局（USGS）网站：https：//www.usgs.gov/。

中国百科网——巴布亚新几内亚历史：http：//www.chinabaike.com/article/baike/1049/2008/200808021570531.html。

维基百科——巴布亚新几内亚国防力量：https：//en.wikipedia.org/wiki/Papua_New_Guinea_Defence_Force。

维基百科——保莱阿斯·马塔内：https：//en.wikipedia.org/wiki/Paulias_Matane。

中华人民共和国外交部——巴布亚新几内亚国家概况（最近更新时间：2017年4月），http：//www.fmprc.gov.cn/web/gjhdq_676201/gj_676203/dyz_681240/1206_681266/1206x0_681268/。

索　引

艾滋病　18，70，71，184～187，195，199～201，227，228

澳大利亚　1，10，13，24，25，27～30，33，35，40，54，56～61，63，67，75，76，79，87，95，97～99，102，103，107，109～111，115，117，121，122，124，127～129，133，138，140，141，144～150，153，166，184，191～199，202，212，217，220～222，225，228～231

巴布亚新几内亚银行　138，140～142，163

巴新商业许可法　173

保莱阿斯·马塔内　32，41，226，227，229

布干维尔和平进程　60，63，64

陈仲民　34～37，44，55，208，222，224，235，236

村庄法院　50～52

地方法院　47，50，51

二元化　67，68

国家法院　47～50

国民联盟　34，37，53，55，224，225，228

基那　19，21，51，65，69，70，77，78，82，83，85，86，88～95，97，99，103，107～110，117，120～123，132～138，141，142，145～147，149，152，153，157，160，162，163，166～168，172，173，175～179，181～183，202，203，205，225～227

矿业管理　103

拉姆镍钴项目　20

旅游业　5，6，74，75，107～110，115，116，118～121

迈克尔·索马雷　30，33，44，53，54，222～225，228，235，236，242

美拉尼西亚先锋集团　144，171，194

莫尔兹比港　3，4，9，13～15，17，29，34，45，47，52，54，56，57，59，72，77，89，91，96，98，103，109，112，113，118，124，127～132，151，171，179，182，183，192，195，198，208，214，216，235，237，239，242

莫尔兹比港证券交易所　140

南太平洋论坛　224
人民全国代表大会党　53，224
社会治安　15，65，117，170，171，182，195，198
石油勘探公司　8，97～99，102，103，150

天堂鸟　12，22，23
投资促进局　82，119，141，159，160，165，167，211，213
土地使用制度　25，30，70，122
议会民主制　39
中长期发展战略　74

新版《列国志》总书目

亚洲

阿富汗
阿拉伯联合酋长国
阿曼
阿塞拜疆
巴基斯坦
巴勒斯坦
巴林
不丹
朝鲜
东帝汶
菲律宾
格鲁吉亚
哈萨克斯坦
韩国
吉尔吉斯斯坦
柬埔寨
卡塔尔
科威特
老挝
黎巴嫩
马尔代夫
马来西亚
蒙古国
孟加拉国
缅甸
尼泊尔
日本
沙特阿拉伯
斯里兰卡
塔吉克斯坦
泰国
土耳其
土库曼斯坦
文莱
乌兹别克斯坦
新加坡
叙利亚
亚美尼亚
也门
伊拉克
伊朗
以色列
印度
印度尼西亚
约旦
越南

巴布亚新几内亚

非洲

阿尔及利亚
埃及
埃塞俄比亚
安哥拉
贝宁
博茨瓦纳
布基那法索
布隆迪
赤道几内亚
多哥
厄立特里亚
佛得角
冈比亚
刚果共和国
刚果民主共和国
吉布提
几内亚
几内亚比绍
加纳
加蓬
津巴布韦
喀麦隆
科摩罗
科特迪瓦
肯尼亚
莱索托
利比里亚
利比亚
卢旺达
马达加斯加
马拉维
马里
毛里求斯
毛里塔尼亚
摩洛哥
莫桑比克
纳米比亚
南非
南苏丹
尼日尔
尼日利亚
塞拉利昂
塞内加尔
塞舌尔
圣多美和普林西比
斯威士兰
苏丹
索马里
坦桑尼亚
突尼斯
乌干达
赞比亚
乍得
中非

欧洲

阿尔巴尼亚
爱尔兰
爱沙尼亚
安道尔

新版《列国志》总书目

奥地利	斯洛伐克
白俄罗斯	斯洛文尼亚
保加利亚	乌克兰
比利时	西班牙
冰岛	希腊
波黑	匈牙利
波兰	意大利
丹麦	英国
德国	
俄罗斯	**美洲**
法国	
梵蒂冈	阿根廷
芬兰	安提瓜和巴布达
荷兰	巴巴多斯
黑山	巴哈马
捷克	巴拉圭
克罗地亚	巴拿马
拉脱维亚	巴西
立陶宛	玻利维亚
列支敦士登	伯利兹
卢森堡	多米尼加
罗马尼亚	多米尼克
马耳他	厄瓜多尔
北马其顿	哥伦比亚
摩尔多瓦	哥斯达黎加
摩纳哥	格林纳达
挪威	古巴
葡萄牙	圭亚那
瑞典	海地
瑞士	洪都拉斯
塞尔维亚	加拿大
塞浦路斯	美国
圣马力诺	秘鲁
	墨西哥

尼加拉瓜	巴布亚新几内亚
萨尔瓦多	斐济
圣基茨和尼维斯	基里巴斯
圣卢西亚	库克群岛
圣文森特和格林纳丁斯	马绍尔群岛
苏里南	密克罗尼西亚
特立尼达和多巴哥	瑙鲁
危地马拉	纽埃
委内瑞拉	帕劳
乌拉圭	萨摩亚
牙买加	所罗门群岛
智利	汤加
	图瓦卢
大洋洲	瓦努阿图
	新西兰
澳大利亚	

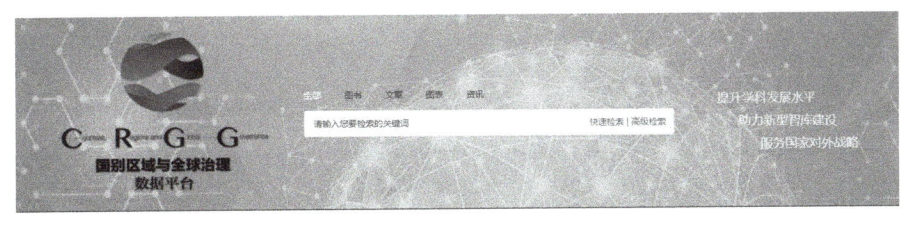

国别区域与全球治理数据平台

www.crggcn.com

"国别区域与全球治理数据平台"（Countries, Regions and Global Governance, CRGG）是社会科学文献出版社重点打造的学术型数字产品，对接国别区域这一重点新兴学科，围绕国别研究、区域研究、国际组织、全球智库等领域，全方位整合基础信息、一手资料、科研成果，文献量达30余万篇。该产品已建设成为国别区域与全球治理数据资源与研究成果整合发布平台，可提供包括资源获取、科研技术服务、成果发布与传播等在内的多层次、全方位的学术服务。

从国别区域和全球治理研究角度出发，"国别区域与全球治理数据平台"下设国别研究数据库、区域研究数据库、国际组织数据库、全球智库数据库、学术专题数据库和学术资讯数据库6大数据库。在资源类型方面，除专题图书、智库报告和学术论文外，平台还包括数据图表、档案文件和学术资讯。在文献检索方面，平台支持全文检索、高级检索，并可按照相关度和出版时间进行排序。

"国别区域与全球治理数据平台"应用广泛。针对高校及国别区域科研机构，平台可提供专业的知识服务，通过丰富的研究参考资料和学术服务推动国别区域研究的学科建设与发展，提升智库学术科研及政策建言能力；针对政府及外事机构，平台可提供资政参考，为相关国际事务决策提供理论依据与资讯支持，切实服务国家对外战略。

数据库体验卡服务指南

※100元数据库体验卡，可在"国别区域与全球治理数据平台"充值和使用

充值卡使用说明：
第1步 刮开附赠充值卡的涂层；
第2步 登录国别区域与全球治理数据平台（www.crggcn.com），注册账号；
第3步 登录并进入"会员中心"→"在线充值"→"充值卡充值"，充值成功后即可使用。

声明
最终解释权归社会科学文献出版社所有

客服QQ：671079496
客服邮箱：crgg@ssap.cn

卡号：741398737337

欢迎登录社会科学文献出版社官网（www.ssap.com.cn）和国别区域与全球治理数据平台（www.crggcn.com）了解更多信息

图书在版编目（CIP）数据

巴布亚新几内亚/韩锋，赵江林编著. ——2版. ——北京：社会科学文献出版社，2018.1（2020.4重印）
（列国志：新版）
ISBN 978 - 7 - 5201 - 1708 - 1

Ⅰ.①巴… Ⅱ.①韩… ②赵… Ⅲ.①巴布亚新几内亚－概况 Ⅳ.①K961.3

中国版本图书馆CIP数据核字（2017）第267702号

·列国志（新版）·
巴布亚新几内亚（Papua New Guinea）

编　　著／韩　锋　赵江林

出 版 人／谢寿光
项目统筹／张晓莉
责任编辑／崔　鹏　叶　娟

出　　版／社会科学文献出版社·国别区域分社（010）59367078
　　　　　地址：北京市北三环中路甲29号院华龙大厦　邮编：100029
　　　　　网址：www.ssap.com.cn
发　　行／市场营销中心（010）59367081　59367083
印　　装／北京盛通印刷股份有限公司

规　　格／开本：787mm×1092mm　1/16
　　　　　印张：17.75　插页：0.75　字数：262千字
版　　次／2018年1月第2版　2020年4月第2次印刷
书　　号／ISBN 978 - 7 - 5201 - 1708 - 1
定　　价／79.00元

本书如有印装质量问题，请与读者服务中心（010 - 59367028）联系

▲ 版权所有 翻印必究